사랑의 짧은 역사

KB208551

〈감사의 말〉
내 인생의 사랑 마야와 밀란에게
내 형제에게, 그리고 내게 사랑을 가르쳐주신
돌아가신 아버지께
그리고 언제나 곁에 있어 주는
내 사랑 에레즈에게

이 책의 한국어판 저작권은 PubHub 에이전시를 통해
Watkins Media Ltd.와 독점계약한 아모르문디에 있습니다. 저작권법에 의해
한국 내에서 보호를 받는 저작물이므로 무단 전재와 무단 복제를 금합니다.

A Brief
History of
Love

사랑의
짧은 역사

리야트 야키르 지음 **진영인** 옮김

아모르문디

사랑의 짧은 역사

초판 1쇄 펴낸 날 2025년 3월 28일

지은이 | 리야트 야키르
옮긴이 | 진영인
펴낸이 | 김삼수
디자인 | 권대흥

펴낸곳 | 아모르문디
등 록 | 제313-2005-00087호
주 소 | 서울시 마포구 월드컵북로5길 56 401호
전 화 | 070-4114-2665 팩스 | 0505-303-3334
이메일 | amormundi1@daum.net

ISBN 979-11-91040-48-7 (03180)

서문

철학자들이 수백 년 동안 정의하려 했고, 화가들이 그림으로 담고자 했으며, 시인들이 애도해 온 주제가 있다. 셀 수 없이 많은 이야기가 쓰였고 연극과 영화가 만들어졌으나 여전히 미스터리로 남아 있는 이 주제는 바로 사랑이다. 그렇다면 21세기의 과학은 사랑에 관해 무엇을 알려줄 수 있을까? 사랑은 생각일까? 감정일까? 정서? 욕구? 아니면 본능?

사랑은 인간이 경험하는 가장 복잡하고 혼란스러운 감정 가운데 하나임이 분명하다. 우리는 요람에서 무덤까지, 선사 시대의 기원부터 오늘날의 디지털 시대까지 평생토록 우리 존재의 핵심적 부분인 사랑 생각에 골몰한다. 그렇지만 이 말을 무작정 믿지는 말기를. 작은 실험을 직접 한번 해보자. 구글 검색창에 '사랑'이라는 단어를 입력해보는 것이다. 화면에 약 130억 개의 결과가 뜰 텐데, 검색 엔진에서 가장 큰 결과값이다. '섹스'라는 단어를 입력하면 약 83억 개가 뜨고, '돈'을 입력하면 약 95억 개, '신'은 대략 45억 개가 나올 것이다. 이 수치를 보고 놀라는 사람이 많은데, 강의를 진행할 때 청중에게 어떤 단어가 가장 많이 나올 것 같으냐고 물어보면 다들 언제나 이구동성으로 '섹스'라고 외친다.

그렇지만 사실은 이렇다. 전 세계 여러 문화권의 사람들을 대상으로 한 심리 실험에서, "당신이 보기에 삶의 의미는 무엇입니까? 당신을 아침에 일어나게 하는 건 뭔가요?"라고 물어보면 90퍼센트는 사랑 혹은 강력한 정서적 관계를 언급했다. 이때 사람들이 말하는 사랑이 다 같은 종류인 것은 아니다. 대부분은 삶의 의미를 주는 것은 자식 사랑이라고 말할 것이다(아이들은 대략 일곱 살까지는 부모 사랑이라고 하겠으나 나중엔 아닐 것이다). 연애가 하루를 살아갈 힘을 준다고 말하는 사람이 있을 테고, 가족 및 친구와의 유대가 그렇다고 할 사람도 있다. 반려동물(특히 개와 고양이)에 대한 사랑이 인생에서 가장 큰 의미라는 사람도 있을 것이다.

사랑에 대해 이렇게나 보편적인 관심이 많은데, 정작 우리가 사랑에 관해 알고 있는 것은 그리 많지 않으니 이상하다. 사랑은 학교 교과과정에서 다루는 주제가 아니며, 부모가 자식에게 사랑에 대한 지식을 전달하지도 않는다. 대체로 우리 대부분은 사랑에 관해 이야기하지 않는 편이다.

가까운 사람들에게 "네게 사랑은 어떤 의미야?"라고 물어보았다. 열세 살 아들 밀란은 "꼭 껴안고 입 맞추고 싶으면 사랑이야"라고 말했다. 여덟 살 요아비는 "사랑은 말로 표현할 수 없어"라고 말했다. 친구 마야는 "사랑은 같이 있고 싶고, 같이 호흡하고 싶고, 마음에 품고 싶은 욕망으로 내게 힘을 실어 줘"라고 말했다. 내 파트너의 누이인 레나나는 "사랑이란 강한 애정을 느끼는 마음으로, 큰 희생을 치러야 한다고 해도 곁에 있고 싶고 필요한 것을 채워주고 싶은 욕망이지"라고 말했다. 친한 친구 에프라티는 같은 내용을 달리 표현했다. "내가 가장 사랑하는 사람들이 위기나 질병, 어려움을 겪을 때 내 몸이 육체적 고통을 느끼게 되는 것이 사랑이야." 내 파트너인 에레즈는 "사랑은 삶을 더 아름답게 만들고 끝없는 낙관주의를 심어줘"라고 말했다. 친구 토발은 사랑이 두 가지와 연결되어 있다고 말했다. "그 사람과 쭉 같이하고 싶은 욕망, 그리고 그 사람이 잘 지내기를 바라는 욕망."

이 모든 답에서 반복되는 모티프는 사랑이란 강렬하고 큰 기쁨을 주는 감정으로, 친밀감을 향한 갈망과 타인에게 헌신하고픈 욕망을 부른다는 것이다. 그런데 이 감정은 어디에서 생겨나는 것일까? 사랑은 어디에서 유래하며, 어떤 신경과학적 메커니즘이 이를 맡고 있을까? 우리 안에 어떤 감정이 존재하는지, 감정이 어떻게 우리에게 활기를 불어넣어 주는지, 나이와는 상관없이 우리를 움직이게 하는 가장 강렬한 감정인 사랑은 과연 무엇인지 완벽하게 알기 위해 깊은 내면으로 향하는 환상적인 여정을 여러분과 함께하고 싶다.

사랑의 과학 탐구하기

이제부터 사랑의 과학을 탐구하는 여정을 떠나려 한다. 생물학적, 화학적, 유전적으로 사랑을 살펴보고 사랑을 생성하는 뇌의 메커니즘은 무엇인지 알아볼 것이다. 나라는 사람은 속속들이 생물학자이다. 생명과학을 향한 사랑은 학창 시절 생물학 수업에서 시작되었다. 생물 선생님은 학생들의 거울 뉴런(나중에 더 설명하겠다)을 몽땅 점화할 줄 아셨고, 자연의 무궁무진한 복잡성과 아름다움에 대한 사랑과 찬탄을 전해주셨다. 학부 시절, 텔아비브 대학에서 생명과학을 공부하며 바이러스의 매혹적인 세계를 접했다. 레호보트의 바이츠만 과학 연구소에서 석사 과정을 이어나갔고 분자유전학 분야 연구로 박사 과정을 밟았다. 남동생 아사프는 내게 사랑의 힘을 가르쳐주었다. 희귀유전질환에 시달린 아사프는 삶을 일찍 끝내야 하는 저주를 받았다. 동생의 DNA를 구성하는 30억 개의 문자 가운데 단 하나의 변화가 내린 저주였다. 이 일을 계기로 우리 존재를 결정짓는 이 부호의 서열 연구에 더 깊이 파고들게 되었다.

박사 과정 동안 나는 사랑스러운 두 아이를 낳았고 5년 동안의 결혼 생활을 정리했다. 이혼이 처음은 아니었다. 이스라엘에서 군복무를 하던 시절, 키가 크고 잘생긴 어느 남자와 처음으로 깊은 사랑에 빠졌다. 키스도, 성관계도, 결혼도 처음이었다. 제대 즉시 결혼했다. 그렇지만 2년 후 뭔가 달라졌고, 우리가 너무 서둘렀다는 것을 깨달았다. 우리는 아이가 없었고, 그래서 그 이후로 만날 일은 없었다. 두 번째 결혼은 상황이 조금 더 복잡했다. 가족 관계를 어떻게 끝낼 수 있을까? 아이들이 어떤 생각을 할까? 엄마와 아빠가 왜 더 이상 서로 사랑하지 않는지 궁금할 테지. 돌연 주변에 이혼을 진행 중인 부부들이 나타났다. 우리는 서로를 도왔고 대안적 가족 관계를 만들었다. 셀 수 없이 많은 대화를 나누며 알게 되었다. 거의 모든 이혼 이야기는 반복적이다. 모든 사람이 거의 같은 이유로 이혼하며, 같은 이야기를 하고 또 하는 것 같았다. 이혼 후에는 어느 정도 괜찮은 관계를 몇 번 경험했고 독이 되는 관계도 한 번 맺었다. 유독한 관계가 보내는 경고 신호를 일부러 무시했고, 그 결과 흉터가 남았다.

나와 내 친구들이 겪은 여정은 과학자로서 사랑이 정말 무엇인지 이해하고 싶게 만들었다. 내게 친숙한 생물학의 언어로 보면 사랑은 호르몬과 뉴런, 유전자와 관련된 것이었다. 우리는 뉴런을 통해 사랑에 빠진다. 사랑에 빠지면 몇 분, 몇 시간, 며칠 혹은 몇 년 동안 호르몬이 효과를 발휘한다. 그렇지만 우리가 보란 듯이 사랑에 빠지기 전 수백만 년 동안 무슨 일이 일어났을까? 그건 우리의 유전자에 새겨져 있다. 어쩌면 우리는 사실 사랑에 관한 잘못된 개념에 사로잡혀, 세대에서 세대로 이어진 환상을 만들고 있는 것은 아닐까?

이 책의 구조

1장에서는 정서의 생물학적 기반을 살펴볼 것이다. 2장에서는 우리가 어떤 대상에 왜 끌리는지 살펴볼 것이다. 3장에서는 동성 간의 사랑을 살펴보고 사랑의 생물학이 성적 지향과는 상관없이 모든 인간에게 어떻게 적용되는지 알아볼 것이다. (이와 관련하여 이 책 전반에서 남성과 여성의 차이에 대해 언급할 때는 각 개인의 생식 기관이나 성적 지향과 상관없이 수컷과 암컷의 차이 및 테스토스테론과 에스트로겐의 흐름을 다루는 것이다). 다음으로 4장에서는 사랑에 빠지는 과정을, 특히 호르몬의 역할을 중심으로 다룰 것이다. 5장에서는 둘이 셋이 되면 어떤 일이 일어나는지, 가족이 된다는 것이 우리의 연애와 결혼 생활에 어떤 영향을 미치는지 알아볼 것이다. 우리가 배우자에게 충실하도록 프로그램되어 있는지 알아보기 위해 6장에서는 성적 포화 효과의 영향을 살필 것이고, 7장에서는 알파 수컷과 남성의 역할에 관해 전체적으로 살필 것이다. 8장에서는 인간이 타고난 일부일처 존재인지 아닌지 골치 아픈 문제를 다룰 것이다. 9장에서는 사랑의 미래에 관해 생각해 볼 것이고, 10장에서는 장기적 관계를 지향하는 사람에게 필요한 처방전을 소개할 것이다.

이런 설명이 다소 정 없고 분석적으로 보여도 오해하지 말기를 바란다. 나는 온 마음으로 사랑을 믿는다. 사랑 없이는 삶의 의미도 없다. 내 생각에, 우리가 무언가를 이해하면 비로소 그것에서 벗어날 수 있다. 사랑의 과학을 잘 안다면, 우리 자신을 더 잘 이해할 수 있게 되고 진화의 구속에서 벗어나 더 건강하고 애정이 넘치는 좋은 관계를 만들 수 있게 될 것이다. 어쨌든, 우리 대부분은 우리를 움직이는 운영 체계에 대해 배운 적이 한 번도 없다. 시행착오를 거쳐 스스로 배운다. 이 점을 고려해서 잦은 고통과 죄책감, 부끄러움, 불필요한 고통을 걷어낼 기회를 가져보는 건 어떨까?

우리 인간은 역사의 발전 과정에서 구세계가 더 이상 작동하지 않는 지점에 이르렀고, 새로운 세계를 세울 필요가 있다. 사랑의 이전 모델은 자유와 민주주의를 기반으로 삼지 않는다. 진화는 개인의 행복이 아니라 무수한 세대에 걸친 유전자의 계승에 관심이 있다. 과거 제국들과 지배자들 또한 사랑이 아니라 사람들을 통제하는 일에 관심이 있었다. 지금 우리는 그 옛 세계를 버리고 있으나 아직 새 구조를 갖추지는 못했고, 혼란스럽고 무력한 시대를 살고 있다. 우리가 어디로 가는지 알려면, 먼저 우리가 누구이고 어디에서 왔는지 이해하는 일이 아주 중요하다.

차 례

1장

정서 기계로서의 인간

사랑을 상징하는 이모티콘은 크고 빨갛고 맥이 뛰는 심장이다. 우리는 사랑에 빠지면 '심장이 두근거리고' 사랑이 끝나면 '심장이 아프다.' 물론, 사랑의 정서가 정말로 심장에서 생겨나는 것은 아니다. 사랑은 마음에서 생겨난다.

심장은 뇌에서 일어나는 정서 과정에 큰 영향을 받기 때문에 정서적으로 흥분하면 심장 박동이 강하게 뛰고 가슴에서 열이 번지는 느낌이 난다. 사랑에 빠지면 뱃속에서 "울렁거림"을 느낄 수도 있는데, 우리 소화기관에는 뇌에서 일어나는 모든 일에 크게 좌우되는 5억 개의 뉴런이 있기 때문이다.

그렇다면 정서는 정확히 어떻게 만들어질까? 이 질문에 대답하기 위해서는, 먼저 뇌에 친숙해질 필요가 있다. 6주 된 태아 시절부터 함께하는 뇌는 약 1.5킬로그램의 뉴런, 혹은 대략 900억 개의 신경세포가 시냅스라는 수조 개의 연결 부위로 이어져 있다. 이 연결 부위를 타고 흐르는 것들이 우리라는 존재를, 우리의 꿈과 열망과 기억과 정서를 형성한다.

우리의 뇌는 단일한 기관이 아니라 5억 년 동안 진화를 거쳐 발달한 구조물의 집합체이다. 가장 최근에 생긴 부분은 가장 진보한 종인 인간에게만 존재하는 전전두엽 피질로, 바로 이마 뒤쪽에 자리하고 있다. 이 부위에는 300억 개의 뉴런이(뇌의 1/3에 해당한다) 약 500만 년 전에 축적되었는데, 인간이 사촌 침팬지에게 작별을 고한 시점이다. 전전두엽 피질은 합리적 사고 과정, 정서 조절 및 제어, 장기적 계획, 양심과 도덕성 같은 고등 인지 능력을 담당한다. 또한 천천히 발달하는 부위라서, 20대 후반이나 30대 초반이 되어야 다 자란다. 그렇지만 우리는 서른 살 한참 전에 사랑에 빠지고 강한 정서에 사로잡히니, 운 나쁘게도 사랑과 합리적 사고는 아무 관계가 없다. 다른 모든 정서와 더불어 사랑의 근원을 알려면, 2억 년 전으로 거슬러 올라가 가장 최근에 생긴 뇌의 바깥층을 벗겨내고 오래된 구조로 가야 한다. 관자놀이와 눈 뒤쪽 사이, 뇌의 가장 안쪽에 해당하는 파충류의 뇌 위에 자리한 변연계가 바로 정서의 신성한 사원이다. 고대의 변연계 뇌는 여러 구조물로 이루어져 있으며, 이 구조물이 함께 인간의 정서와 기억 기계를 형성한다. 공포, 분노, 슬픔, 혐오, 놀라움, 기쁨 같은 기본적인 정서를 포함하여 온갖 정서를 만드는 발전소 같은 곳이다.

정서적 뇌는 우리 행동의 대부분을 담당한다. 의사결정 분야의 연구자들은 우리가 살면서 내리는 결정의 90퍼센트는 정서에 근거하고 있으며, 그렇기에 소위 '비합리적 행동'으로 이어진다는 결과를 얻었다. '비합리적인' 정서적 뇌의 경로가 합리적 뇌에 해당하는 전전두엽 피질의 경로보다 7배 빠르게 작동한다는 점에 주목할 필요가 있다. 그런데 우리 행동과 결정의 90퍼센트가 비합리적이라니 어떻게 그럴 수 있을까? 진화의 완벽한 실패일까, 아니면 합리성의 정의에 결함이 있는 것일까? 이를 이해하려면 먼저 정서가 무엇이고 그 역할이 무엇인지, 그리고 정서가 우리의 생존에 어떤 이득을 주는지 알아야 한다.

정서의 본질

정서emotion는 뇌에 작용하는 신경 화학물질의 방출에 따른 뇌의 의식 상태 변화이다. 신경 화학물질 9종이 우리의 모든 정서를 맡고 있다. 사랑, 즐거움, 분노, 공포 등의 정서를 담당하는 화학물질이 있다. '정서'라는 단어 자체가 단서를 제공한다. 'emotion'에서 'e(ex, 밖으로)'와 'motion(움직임)'을 나누어 보면, 생명체가 내면에 발생한 욕구에 따라 움직이도록, 즉 욕구를 행동으로 나타내도록 한다는 뜻이다.

인간의 근본 욕구는 먹기, 생존하기, 번식이다. 그러므로 우리에게 생겨나는 가장 강렬한 정서는 이런 욕구와 관련이 있을 것이다. 어떤 자극에 대한 반응으로 부정적 정서가 생긴다면, 우리의 특정 욕구가 충족되고 있지 않다는 뜻이다. 이때 정서는 우리의 행동에 변화를 주어 욕구를 충족하고 평형 상태로 돌아오도록 동기를 부여하는 역할을 맡는다. 소파에 편안하게 앉아 있는데 밖에서 경고음이 들려온다고 해보자. 부신은 즉시 코르티솔과 아드레날린(스트레스 호르몬)을 약간 분비할 것이다. 이 호르몬들이 뇌에 도달하면 경계심과 긴장감이 생겨날 것이고, 대피할 곳을 급히 찾을 것이다. 외부의 자극(경고음)이 욕구(다치지 말기)를 촉발하였고, 이 욕구가 적절한 화학물질인 스트레스 호르몬으로 바뀌었으며, 이 호르몬이 뇌에서 적절한 감정(공포)을 일으켜 결국 행동의 변화로 이어진 것이다(대피할 곳 찾기).[1]

우리의 정서는 밖으로 방출되어 행동으로 표현되려고 분투하는 에너지이다. 우리가 정서를 억압하거나 표현하지 않는다면, 이 에너지를 가두는 셈이다. 이렇게 되면 생명력이 고갈되어 불안과 우울, 심지어 망상에 노출되고 만다.

정서는 우리의 기억에 그대로 새겨진다. 민권 운동가이자 작가 마야 안젤루Maya Angelou는 "사람들은 당신이 한 말을 잊을 것이고 당신이 한 일도 잊겠지만, 당신 때문에 느낀 감정은 절대 잊지 않을 것이다"라고 말했다. 정서와 연결된 화학물질은 뇌의 기억 부위 및 전체 신경계의 활동을 늘린다. 대부분의 기억은 정서적이어서, 우리는 비슷한 상황을 다시 마주하면 무엇이 좋았는지 무엇이 상처를 주었는지 기억한다.

우리의 기본 정서는 공포, 분노, 슬픔, 혐오, 놀라움, 기쁨이다. 즉 '긍정적' 정서(기쁨)는 한 가지이고, '중성적' 정서(놀라움)도 한 가지이며, '부정적' 정서가 네 가지라는 뜻이다. 거기다 정서에도 서열이 있다. 공포는 기쁨보다 크고, 질투는 다정보다 더 크다. 이 모든 특징은 뇌가 우리에게 긍정적인 대상보다 해로운 대상에, 감지된 위험과 채우지 못한 욕구에 관심을 더 기울이도록 프로그램되어 있음을 시사한다. 이 저변에는 진화의 논리가 있다. 대부분의 동물에게 세상은 태어난 순간부터 위험한 곳이다. 먹히거나 굶거나 공격당하거나 혹은 배제당할 가능성이 만족스러운 삶을 살 가능성보다 더 크다. 그러므로 동물이 정서에 근거한 본능적 반응으로 부정확하게 행동할 위험이 있어도, 그 순간에는 개체에 언제나 최고 이익이 되지 않는다고 해도 종의 유전자 측면에서 장기적으로 보면(예를 들면 수백만 년) 아주 합리적이다. 일반적으로 유전자는 개별 존재의 행복이 아니라, 종이 번식을 계속 이어가는지에 관심을 둔다. 정서에 근거한 의사결정은 아주 훌륭한 생존 도구이다. 그러므로 성적 사랑이 배고픔, 피로, 삶의 의지를 포함하여 다른 모든 정서보다 앞서는 것은 당연하다.

의사소통 수단으로서의 정서

정서는 우리가 나누는 의사소통의 기반도 형성한다. 우리는 무엇보다도 정서적 뇌의 창문인 눈을 통해 타인의 정서를 확인할 수 있다. 정서의 화학물질은 눈과 얼굴의 근육에 영향을 미치며, 뇌는 눈에 담긴 표정을 근거로 약 1,000분의 15초 만에 사람의 정서 상태를 탐지한다. 반면, 뇌가 "나는 당신을 사랑한다" 같은 말을 해석하려면 이보다 20배 긴 1,000분의 300초가 걸린다. 사람 사이의 의사소통은 95퍼센트가 말이 아니라 감정을 통해 이루어진다. 실로, 우리 앞에 있는 사람이 눈으로 전달하는 내용과 말로 표현하는 내용이 어긋날 수 있다. 예를 들어 눈으로는 거부를 표현하면서 말로는 애정을 전하는 것이다. 우리 마음은 그 차이를 감지하고, 이 신호들이 정말로 무엇을 의미하는지 혼란에 빠질 수 있다. 연인들의 다툼이 때로 귀가 들리지 않는 두 사람이 눈과 입으로 엇갈리는 메시지를 전달하여 혼란에 빠진 상황과 비슷할 수 있다는 것은 놀라운 일이 아닐 것이다.

게다가, 정서는 전염성이 있다. 한 사람의 정서 상태는 거울 뉴런 시스템을 통해 다른 사람의 뇌에 반영될 수 있다. 거울 뉴런은 우리와 다른 사람을, 인간이라는 종의 일원으로서 즉각 이어주는 일종의 메커니즘이다. 이 메커니즘을 통해 우리는 타인의 감정에 동조할 수 있고, 지적인 차원에서 그 사람을 이해할 수 있다.

이탈리아 파르마 대학의 신경과학자 자코모 리졸라티Giacomo Rizzolati 교수가 발견한 거울 뉴런은, 지난 30년 동안의 뇌 연구에서 가장 중요한 발견 가운데 하나이다. 리졸라티 교수와 연구팀은 짧은 꼬리 원숭이의 뇌에 전극을 부착하고, 원숭이가 다양한 과제를 수행하는 동안 뉴런의 활동을 기록했다. 어느 날 저녁, 견과를 먹는 원숭이의 뇌 활동을 기록하는 임무를 맡은 박사 과정 학생이 늦게까지 연구실에 있다 보니 배가 고파졌다. 학생은 원숭이의 먹이 그릇으로 가서 견과 하나를 집어 껍데기를 벗긴 다음 열매를 먹기 시작했다. 원숭이는 넋을 잃고 그 모습을 바라보았다. 견과를 다 먹은 학생은 컴퓨터를 보고 깜짝 놀랐다. 학생이 견과를 먹는 모습을 원숭이가 관찰하는 동안, 평소에 견과를 먹을 때 활동하는 뉴런의 20퍼센트가 활성화된 것이다. 이것이 모방 행위이다.[2]

거울 뉴런을 대략 정의하면, 우리의 어떤 행동을 다른 사람이 똑같이 수행하는 모습을 볼 때 활성화되는 뉴런 집단이다. 정서와 관련해서도 이 과정이 일어난다. 예를 들어 우리가 고통을 경험할 때 활성화되는 부위는, 다른 사람이 고통을 경험하는 모습을 볼 때도 활성화된다. 그래서 우리에게 상대의 감정을 느낄 수 있는 능력인 공감력이 있는 것이다. 사람들이 모여 있을 때 하품하기, 미소 짓기, 웃기, 울기 같은 표정을 지어보면 거울 뉴런의 활성화를 확인해 볼 수 있다. 누가 우리 앞에서 하품하거나, 미소 짓거나, 웃거나, 울면 거울 뉴런 덕분에 이런 표정이 우리 얼굴에 나타나기도 전에 뇌에서 자동 재현된다. 그래서 얼굴이 알아서 자동 반응하는 것처럼 보인다. 거울 뉴런 시스템 덕분에 우리의 주요 의사소통은 정서 및 신체 언어로 이루어진다. 사랑은 사랑을 낳고 분노는 분노를 부르며, 기쁨은 기쁨을 가져온다….

공감 실험에 따르면, 여성이 공감을 더 잘하며 눈과 표정을 근거로 타인의 감정을 읽어내는 일 또한 더 잘한다. 나중에 더 살펴볼 텐데, 남성과 여성의 정서적 의사소통 차이 때문에 때로 커플의 의사소통이 아주 어려울 수 있다.[3]

사랑의 화학적 구성요소

옥시토신 호르몬은 사랑 호르몬, 키스 호르몬, 포옹 호르몬, 안아주기 호르몬, 출산 호르몬, 모유 수유 호르몬, 오르가슴 호르몬, 사회적 호르몬 등 명칭이 여러 가지다. 이 모든 상황에서 옥시토신이 분비된다. 신경 화학물질로 쓰이는 짧은 단백질인 옥시토신은, 뇌세포 사이와 뇌세포와 몸 사이에서 신경 메시지를 전달한다.

이 호르몬은 정서적 뇌에 속하는 시상하부에서 만들어지는데, 아몬드 크기의 작은 기관인 시상하부는 정서, 배고픔, 갈증, 체온, 심장 기능, 스트레스, 성적 행동의 조절을 맡고 있다. 옥시토신이 시상하부에서 만들어지면 뇌하수체를 통해 혈류로 분비된다. 뇌하수체는 시상하부가 생성한 호르몬의 양을 조절한다.

옥시토신은 우리가 친밀함을 느끼는 사람들과 같이 있으면 언제나 분비된다. 서로의 눈을 보고, 미소 짓고 웃고, 안고 키스하고, 어루만지고 사랑을 나눌 때, 칭찬받을 때, 누가 내 말을 경청할 때(공감할 때), 모든 일이 다 잘될 거라는 말을 들을 때, 음악을 들을 때도 그렇고, 심지어 반려동물을 껴안을 때도 우리와 우리의 털북숭이 친구 모두 아주 비슷한 방식으로 옥시토신을 분비한다.

놀랍게도, 옥시토신(및 그 변종)의 생성은 벌레부터 포유류까지 다양한 생명체에서 진화가 일어난 7억 년 동안 후대로 전해졌다. 이 호르몬은 출산과 해산, 산란 때 고농도로 분비되어 자궁 수축을 유도한다(벌레의 경우 옥시토신 유사 펩타이드 안티마이신이 알을 품는 행동을 장려한다). 옥시토신은 포유류의 수유에도 중요한 역할을 맡는다. 젖꼭지에 닿는 행위가 옥시토신의 분비를 자극하여, 유선 수축으로 이어진다. 출산 및 수유 시 옥시토신이 고농도로 분비되는 까닭에 어미와 새끼의 애착은 자연에서 가장 강력한 유대 관계 가운데 하나가 된다. 진화를 통해 옥시토신의 생성은 완성되었고 동물의 왕국에서 가장 사교적인 집단인 포유류에서 정점에 도달했다. 침팬지나 얼룩말, 버펄로, 양 혹은 인간이 무리 지어 여기저기 옮겨 다닐 때 옥시토신이 분비된다.

옥시토신은 우리 인생의 모든 사랑을 연결해주는 공통의 실이다. 배우자, 아이, 가족 일원, 친구에다 앞서 보았듯 동물을 향한 사랑까지도 옥시토신이 이어준다. 그래서 우리는 타인에게 느낄 수 있는 다양한 종류의 감정을 설명할 때도 똑같은 단어인 사랑을 쓴다. 옥시토신이 유도하는 감정으로는 공감, 애착, 애정, 신뢰, 평온, 안심, 성적 흥분(맥락에 따라) 같은 것들이 있다. 옥시토신은 스트레스와 불안감도 줄여주는데, (미주 신경을 통해) 부교감 신경계를 활성화하기 때문이다. 부교감 신경은 신체에 "이완, 소화, 사랑" 반응을 촉발하는데, 결과적으로 코르티솔 의존적인 "투쟁, 도피 혹은 경직" 반응(스트레스 호르몬에 따른 반응)을 활성화하는 교감 신경계를 억제하게 된다. 일상에서 이 두 신경계는 끊임없이 다투는 관계로, 주변 사람들의 우정과 사랑은 우리가 긴장을 풀고 스트레스와 압박감에 대처하도록 도움을 준다. 진화론적으로 보면, 고대의 조상은 사냥하고 싸우고 적을 없애는 데는 스트레스 반응에 의지했으며, 사회적이고 로맨틱한 유대를 강화하거나 번식하고 강한 공동체를 꾸려나가는 데는 옥시토신의 이완 반응에 의지했다.[4]

옥시토신은 우리에게 안정과 평온을 주는 좋은 존재를 기억할 수 있도록, 즉시 도파민의 분비를 촉발한다. 도파민은 즐거움, 학습, 동기의 호르몬이다. 이 즐거움 호르몬이 사랑 호르몬과 연결되면, 사랑하는 사람과 같이 있을 때마다 조건화가 이루어진다. 우리는 연인에 대한 사랑 혹은 일반적인 사랑에 의존하게 되고, 중독에 빠질 수도 있다. 그러다 보니 안정과 평온을 위해 사랑할 사람을 찾아 나설 수 있고, 사랑 없는 삶을 무의미하다고 느낄 수도 있다.

그렇지만 앞서 살펴보았듯 정서의 일반적인 역할은 걱정 없이 안정되고 즐거운 느낌을 불러오는 것만이 아니라, 우리가 행동에

나서도록 동기를 부여하는 것이다. 무엇보다도 옥시토신은 우리가 타인을 위해 개인적 이익을 버리게 만드는데, 적어도 행동의 관점에서 보면 이것이 사랑의 진정한 의미이다. 사랑에 빠지면, 우리는 우리 자신의 욕구보다 타인의 욕구를 먼저 생각하게 되고 자기 자원을 나누게 된다. 우리는 다들 자기 자신만 챙기게 되어 있는 이기적인 생명체라서, 이런 행동은 절대 자연스럽지 않다. 옥시토신을 통해 우리는 상대방의 욕구를 생각하고, 때로는 우리 자신의 것보다 우선시하는 믿기 어려운 일을 하게 된다.

이런 일이 우리 유전자의 이익에 얼마나 정확히 부합할까? 왜 타인을 위해서 내가 가진 것을 포기해야 할까? 사랑의 진화적 논리란 무엇일까?

앞서 살펴본 바와 같이, 자연에서는 옥시토신이 출산 시기에 고농도로 만들어진다. 궁극적 희생이란 우리의 아이들, 우리의 유전자를 미래로 운반해 줄 자손을 위한 희생이다. 이와 비슷하게, 형제자매와 사촌 같은 가족의 일원을 사랑하고 그들을 위해 희생하는 일 또한 유전적 근접성을 고려하면 진화적으로 합리적인 일이다.[5]

그런데 가장 복잡하고 복합적인 사랑은 장기적 사랑 관계이다. 기존의 유전적 친족 관계도 없는 낯선 두 사람이 평생 함께하기를 희망하며 옥시토신을 연료 삼아 희생과 증여가 특징인 강한 유대 관계를 맺는다니. 감탄할 만한 시도이다. 원칙적으로, 두 성별의 장기적 관계 및 결합은 생식과 양육이 주요 목적이다. 지구상 모든 종의 암컷과 수컷은 자기 유전자를 다음 세대로 전달하기 위해 일시적인 혹은 장기적인 애착 관계를 맺으려는 목적으로 매일 짝을 찾으러 다닌다.

　그렇다면, 섹스와 사랑은 어떤 관계일까? 서로 다른 종의 암컷과 수컷들은, 유전자를 후대에 전달하기 위한 둘의 관계에서 옥시토신을 얼마나 만들도록 프로그램되어 있을까? 임의의 파트너와 나누는 가벼운 섹스는 언제 이점이 있을까? 장기적 관계가 더 바람직할 때는 언제일까? 유전자는 일부다처(여러 파트너)를 선호할까? 아니면 일부일처(평생 파트너 한 명)를 선호할까? 일부일처는 어떤 환경에서 발전할까? 우리 인간은 선천적으로 일부일처일까? 아니면 일부다처일까?

　사랑을 다룬 그 모든 노래며 이야기, 연극, 영화들에도 불구하고 우리 인간은 사랑을 발명하지 않았다. 사랑과 사랑의 재료들은 수백만 년의 진화 동안 지구상에 존재했다. 또한 생식 말고 다른 이유로도 사랑을 나누고 옥시토신을 생성하는 생명체는 인간만이 아니다. 보노보 원숭이 또한 우리처럼 재미와 휴식, 집단의 사회적 유대 강화를 위해 사랑을 나눈다. 그렇다고는 해도 우리 인간은 왜 우리가 익히 아는 방식대로 사랑에 빠질까? 끌림의 법칙을 자세히 살펴볼 때이다….

끌림의 법칙

첫사랑에 푹 빠진 순간을 기억한다. 6학년 때 반 친구가 당시 인기 많던 그룹 '뉴 키즈 온 더 블록'을 알려주었다. 친구는 카세트테이프 와 청소년 잡지에서 오려 낸 기사며 실물 크기 포스터를 가지고 있 었다. 우리는 친구 방에 틀어박혀 노래를 들으면서 키 큰 근육질 몸 매에 구릿빛 피부를 지닌 아이돌 생각에 빠졌다. 나는 대니 우드에 게 반했는데, 지금 생각해 보니 그는 존 트라볼타와 내 아버지의 젊 은 시절을 합친 모습 같다. 그런데 우리가 어떤 사람에게는 끌리고 다른 사람에게는 끌리지 않는 이유는 무엇일까? 끌림의 법칙은 무엇 인지, 그 법칙은 어떻게 밝혀졌는지 살펴보자.

자연 선택, 특히 성 선택에 관한 그의 이론에도 불구하고 찰스 다윈Charles Darwin은 말년에야 깨달았다. 암컷이 짝짓기할 수컷, 끌리는 상대를 선택하는 방식이 궁극적으로 지구상 모든 생명체의 특징을 결정짓는다는 것을. 나아가 암컷의 선택은 임의적일 수 있고, 종의 생존 가능성을 높이는 형질과 반드시 관계가 있는 것도 아니다. 사실 정반대의 효과를 낼 때도 있다.6)

예를 들어, 음경은 정자가 난자에 가 닿아 수정이 일어날 가능성을 크게 키운다는 점에서 아주 기능적인 기관이다. 그렇지만 수컷 새의 97퍼센트는 사실 음경이 없다. 퇴화한 것이다. 어떻게 된 일일까? 예컨대 오리의 음경은 뻣뻣한 발기 상태가 되면 꽤 먼 거리에서 기록적으로 빠른 속도로 사정한다. 즉, 암컷이 원치 않아도 수정할 수 있다는 뜻이다. 암컷 오리의 경우, 위협적인 음경이나 암컷에게 집착하는 수컷에게 별 관심이 없다는 사실이 밝혀졌다. 암컷 오리는 작은 음경을 지닌 더 섬세한 수컷을 선택하게 되었고, 그렇게 신체 기관 자체가 사라지는 방향으로 진화한 것이다.

음경이 있든 없든 상관없이, 새틴정원사새 수컷은 암컷의 마음에 딱 맞는 근사한 집을 열심히 만들지 않으면 번식할 가능성이 없다는 사실을 잘 알고 있다. 그래서 으깬 블루베리로 푸르게 염색한 나뭇가지를 모아 거대한 정자를 정성껏 만든다. 암컷은 이 푸른색 저택에 살 마음이 없어도, 부동산을 꼼꼼히 관찰한다. 수컷의 창조성과 독창성, 혁신을 기준 삼아 암컷은 가장 근사한 둥지를 만든 수컷의 정자를 받아들일 것이다. 이후 그곳을 떠난 암컷이 혼자 새끼들을 키우는 동안, 수컷은 다음 오디션을 위해 둥지를 마련한다.

독창성은 암컷에게 중요한 특질이다. 심지어 인류를 보아도, 가장 많은 관심을 끄는 수컷은 무리에서 눈에 띄는 존재이다. 이를 보여주는 흥미로운 사례가 인구 집단에서 푸른 눈이 퍼진 경로이다. 원래 모든 인간은 눈이 갈색이었는데, 6,000년에서 1만 년 전 유전자에 홍채에서 멜라닌 생성이 어려워지는 돌연변이가 일어나 갈색이 옅어져 푸른색으로 변했다. 그런데 같은 조상으로부터 이런 특질이 어떻게 퍼져나갔을까? 바로 이 경로가, 성 선택을 가장 잘 보여주는 사례이다. 생존의 관점에서, 푸른 눈은 아무런 이점이 없다. 멜라닌의 핵심 역할 가운데 하나가 햇빛에서 DNA 돌연변이를 유발하는 해로운 자외선을 흡수하는 것이다. 자연 선택설에 따르면 푸른 눈 돌연변이는 종의 생존에 도움이 안 되므로 집단에서 사라져야 한다. 그렇지만 성 선택의 법칙에 따라, 우리는 별안간 나타난 푸른 눈의 조상이 갈색 눈을 지닌 여느 사람들과 다르다는 바로 그 이유로 여성들 사이에서 큰 인기를 누렸다고 추정할 수 있다. 우리 대부분은 무언가 특별해 보이는 사람, 다른 모두와는 같지 않은 사람에게 끌린다. 우리의 눈은 다양성과 새로움을 사랑한다. 심지어 수천 년의 시간이 흐른 오늘날에도, 이 아찔하게 매력적인 특성이 거둔 성공적인 결과를 목격할 수 있다. 전 세계 인구의 8퍼센트가 푸른 눈의 소유자이고 브래드 피트는 매해 세계에서 가장 아름다운 남자라는 칭호를 얻고 있다.[7]

유전자에 전부 다 있다

그렇다면 우리가 파트너를 선택하는 방식은 어떤 진화의 메커니즘이 담당할까? 틴더Tinder를 비롯한 데이트 앱을 훑어보면 수백만 년 동안 암컷과 수컷이 진화하는 방향을 결정지은, 인간의 복잡한 메커니즘을 엿볼 수 있다. 놀라운 일도 아니지만 인간 또한 다른 동물처럼 파트너를 선택할 때 겉모습이며 생식력을 보여주는 신호, 사회적 지위를 어마어마하게 중요시한다.

앞서 언급했듯 생물학적 관점에서 친밀한 관계를 맺는 목적은 무엇보다도 번식이다. 심지어 우리가 임신 가능한 나이가 아니고 당장은 아이에 관심 없거나 전혀 관심이 없다고 해도, 우리의 진화 프로그램은 유전자를 섞어 다음 세대에 물려주는 일에 적합한 파트너를 찾도록 짜여 있다. 우리의 뇌는 좋은 유전자를 찾아서 끌리도록 고안된 것이다.

좋은 유전자는 어떻게 확인할까? 앞을 볼 수 있는 사람들의 경우, 뇌로 들어오는 정보의 90퍼센트가 눈을 통한다. 시신경은 바깥 세계의 데이터를 원시적인 정서적 뇌(변연계)로 바로 전달하는 핵심 정보 전선이다. 이 정보를, 눈 바로 뒤에 있는 한 쌍의 정서 조절 기관인 편도체가 1차로 처리한다. 편도체는 30초 안에 "외모가 근사한지" "근사하지 않은지", "통과" 아니면 "탈락"으로 첫인상을 판단한다. 원시적인 뇌에서 본능적이고 흔히 무의식적인 정서적 결정을 내리는 것이다. 편도체는 이전의 정서적 기억 및 진화적 부호를 근거로 부정적 선택지를 제외하는 과정을 주로 담당한다. 크기는 작아도 아주 중요한 이 기관은 긍정적인 쪽보다 부정적인 쪽에 3배 이상 관심을 기울이며, 좌우명은 "조심해서 나쁠 거 없지"이다. 이 말은, 선택지가 너무 많아 어쩔 줄 모르는 상황에서도 특히 과거의 실망스러운 경험에서 벗어나지 못한 처지라면 그냥 혼자로 남을 수 있다는 뜻이다.

사람의 첫인상은 대체로 얼굴이 결정한다. 얼굴은 데이트에서 명함 역할을 한다. 인간의 아름다움은 주관적이지 않고 수학적이다. 인간의 눈은 수학적 형태와 구조를 선호한다. 우리는 무의식적으로 얼굴의 좌우 균형과 이목구비의 황금률을 찾는다. 약 2,500년 전 고대 그리스인은 직사각형 두 변의 비율이 1대 1.618일 때 특히 아름다워 보인다는 사실을 발견했는데, 이 비율이 황금률(혹은 황금분할)이다. 얼굴의 경우 눈과 눈, 눈과 입, 이마와 입술 등 이목구비 사이에서 이 비율이 성립하면 우리 눈에 더 아름답게 비칠 것이다. 균형 잡힌 외모를 지닌 남성은 데이트 사이트에서 인기가 더 좋고, 아기들은 균형 잡힌 얼굴을 더 오래 쳐다본다.[8]

　　우리의 뇌는 왜 수학적 균형을 지닌 얼굴을 아름답고 매력적이라고 해석할까? 이런 유형의 균형은, 우리가 아름답다고 여기는 사람이 초기 배아 단계에서 정상적으로 발달했다는 뜻이기 때문이다. 발달 단계가 시간에 딱 맞게 문제없이 이루어졌다는 것은, 질 좋은 유전자의 존재를 뜻한다. 유전 증후군이 있거나 태아 발달 과정에서 문제가 있던 개인의 경우, 얼굴 이목구비에서 흔히 차이가 나타나는데 뇌는 이를 덜 매력적이라고 해석한다. 앞서 언급했듯, 우리 뇌의 소프트웨어는 번식을 위해 좋은 유전자를 찾도록 만들어져 있다.[9]

　　일반적으로 여성은 남성적인 외양의 얼굴에 유전적으로 끌리며, 남성의 경우 여성적인 얼굴에 끌린다. 보통 여성적 얼굴은 둥글고, 피부가 부드러우며, 턱이 작고, 얼굴에 털이 적으며, 크고 둥근 눈과 반달 모양의 눈썹과 도톰한 입술이 특징이다. 이런 특징은 에스트로겐의 영향으로, 여성 성호르몬 에스트로겐은 여성이 소녀에서 성인으로 성장하는 사춘기 시절에 가장 많이 분비된다. 한편 남성적 얼굴은 넓적한 턱, 쑥 들어간 눈구멍, 넓은 얼굴, 두드러진 광대뼈, 거친 피부와 얼굴에 난 털이 특징이다. 이는 남성 성호르몬 테스토스테론의 영향으로, 테스토스테론 또한 소년이 성인으로 자라는 사춘기에 가장 많이 분비된다.

남성이 배아 발달 동안 테스토스테론에 과도하게 노출되면 두 귀 사이 거리(안면 너비)와 눈썹 선 및 입술 선 사이의 거리(안면 길이) 비율이 여성보다 더 커지게 된다. 즉 더 넓적한 얼굴을 가진다는 뜻이다. 여성은 보통 테스토스테론에 더 노출되어 안면 너비 대 길이의 비율(fWHR facial width to height ratio)이 큰 남성에게 끌린다.[10]

비슷하게, 에스트로겐에 노출된 수준 또한 여성이 남성에게 얼마나 매력적으로 보이는지에 영향을 미친다. 잉글랜드에서 진행된 어느 연구에서는 29명의 실험 참여자에게 배란 및 월경 시기까지 포함하여 1개월 동안 여러 번 찍은 여성들의 사진을 보여주었다. 실험 참여자들은 각 사진이 언제 촬영된 것인지 몰랐으나, 배란기에 찍은 여성의 사진이 월경 때 찍은 사진보다 더 매력적이라는 평가가 유의미하게 많았다. 왜 이런 결과가 나왔을까? 여성의 혈중 에스트로겐은 월경 주기에 따라 농도가 변한다. 배란기의 농도는 매우 높은 한편 월경 중에는 크게 떨어진다. 에스트로겐이 피부로 가는 혈류며 신체 수분 함량에도 영향을 미치기 때문에, 월경 때 에스트로겐이 감소하면 피부가 더 건조하고 얇아 보이며 눈도 흐릿해 보인다. 즉, 당신이 여성이고 파트너를 구하고 있다면 중요한 데이트는 배란기 무렵에 하고 월경 때는 횟수를 줄이는 것이 좋다는 뜻이다(호르몬의 영향으로 태도 또한 긍정적일 수 있다).[11]

같은 맥락에서, 여성들은 배란기 혹은 오르가슴 때처럼 에스트로겐의 영향을 받은 외모를 연출하기 위해 화장을 한다. 눈은 더 크고 밝아 보이게, 뺨은 달아오르게, 입술은 붉게, 피부는 부드럽고 빛이 나도록 단장한다. 이 모든 특징은 피부로 가는 혈류를 자극하는 에스트로겐의 농도가 높다는 뜻이다. 모든 화장 및 화장품 산업은 배란기 여성의 얼굴 특징 및 피부 결을 모방하고자 한다.

우리는 사랑에서 무엇을 찾을까?

누구나 건강과 번식력을 알려주는 신호에 끌리긴 하나, 이성애자 여성이 중요하게 여기는 남성의 특징과 이성애자 남성이 중요하게 여기는 여성의 특징에는 차이가 있다. 현재 데이트 사이트에서는 이 차이에 관한 여러 연구가 진행되고 있다. 데이트 플랫폼들은 어마어마한 규모의 사회적 실험과도 같은데, 여성과 남성이 파트너가 될 사람을 찾을 때 어떤 특징을 선호하며 또 어떤 판단을 하는지 대량의 정보를 수집할 수 있기 때문이다. 예를 들어, 미시간 대학의 사회학자 연구팀은 어느 인기 있는 데이트 사이트에서 1,855명이 주고받은 150만 건의 대화를 무작위로 분석했다. 사이트에서 메시지를 주고받을 때 데이트의 성사를 막는 남녀 공통의 요인을 찾았다. 그렇게 찾아낸 요인이 연령이다. 나이가 적절하지 않아 보이면, 대화가 더는 이루어지지 않았다. 조사에 따르면 연령은 남자에게 더 중요한데, 이들은 한결같이 젊은 여성을 선호했다. 여성의 경우 임계 기준이 키였다. 만일 남성이 여성보다 17센티미터 더 크면, 여성이 그 남성의 프로필을 살필 가능성이 10배 더 컸다. 반면 남성

은 여성의 키가 자신보다 17센티미터 작으면 관심을 보일 가능성이 3배 더 컸다.[12]

여러 데이트 사이트 연구에 따르면 키 문제는 여성에게 핵심적인 고려 사항이다. 키 큰 남성은 삶의 모든 분야에서 더 많은 성공을 거둔다. 학교에서, 군대에서, 직장에서도 그렇고 이성에게도 그렇다. 침팬지 및 다른 유인원이 그렇듯, 보통의 테스토스테론 수치를 지닌 남성은 여성보다 덩치가 평균 15퍼센트 더 크다. 사춘기가 오면 테스토스테론은 성장 호르몬과 함께 소년의 뼈대를 키우고 근육량을 늘린다. 그래서 여성은 자기보다 테스토스테론 수치가 평균 약 15배에서 최고 100배에 이르는 남성을 찾는 경향이 있다(테스토스테론은 여성의 난소에서도 소량 생성되며 여성 성욕에 일조한다). 남성의 키 외에도, 어떤 여성들은 큰 손에 끌리는데 안정감과 보호받는 느낌을 준다고 한다. 손과 발의 크기 또한 사춘기 동안 테스토스테론 및 성장 호르몬의 노출에 영향을 받는다.[13]

남성의 사회적 지위 또한 여성이 볼 때 비슷하게 중요하다. 싱가포르와 미국에서 진행된 한 연구에서, 연구진은 평균 연령 22세의 남학생과 여학생 약 600명이 데이트 사이트에서 나누는 대화를 토대로 이들의 행동을 관찰했다. 그리고 나중에 그들에게 질문지를 작성하도록 하였다. 결과를 분석해보니, 남학생은 외모를 기준으로 여성을 거절할 가능성이 더 큰 한편 여학생은 사회적 지위를 기준으로 남성을 거절할 가능성이 더 컸다.[14]

남성의 사회적 지위는 다양하게 표현될 수 있다. 어떤 민족이고 어느 나라 출신인지, 연봉 수준이나 직업, 학위, 학력, 군대 경력 혹은 스포츠 분야의 성취도 해당한다. 데이비드 버스[David Buss] 교수는 미시간 대학 재직 시절, 1986년과 1994년에 상하이부터 이란, 독일, 아프리카의 줄루족 등 서부부터 극동부 지역까지 37개의 다양한 문화권 출신인 남성과 여성 1만 명을 대상으로 파트너 선택에서 중시하는 요인을 조사했다. 조사 결과, 남성들은 여성의 나이와 외모에 큰 중요성을 부여하는 한편 여성은 남성의 사회적 지위와 물질적 자원을 제공할 능력, 야망의 수준을 가리키는 요소를 더 중시한다고 밝혀졌다. 이 결과를 진화론적으로 설명하면, 당연히 사회적 서열이 높은 남성의 경우 자손을 건강하고 안전하게 보호할 수 있으며 심지어 남성이 곁에 없고 여성이 홀로 아이를 기르게 되어도 그럴 수 있다는 것인데 사실 종 대부분에 해당하는 이야기이다. 게다가, 남성이 자원과 권력을 축적할 능력을 시사하는 유전자를 보여준다면 여성 또한 자신의 아이를 위해 그 유전자를 원할 것이다. 우리가 이런 설명을 선호하든 말든, 특히 생식 문제에는 우리가 내리는 많은 결정에 유전자의 장기적 이득이 숨어 있다.[15]

옥시토신, 끌림의 연료

우리는 파트너가 될 상대를 찾을 때 성호르몬의 영향 말고도, 사랑 호르몬 옥시토신의 신호를 찾는다. 이 신호는 상대의 눈과 표정을 살피면 탐지할 수 있다. 미소, 웃음, 친절한 눈빛, 공감력과 사교성. 앞서 언급했듯 눈은 진실로 영혼의 창문, 더 정확히 말하면 정서를 담당하는 정신의 창문 역할을 맡고 있다. 감각 수용기의 70퍼센트는 피부가 아니라 눈에 있으며, 뇌는 타인의 눈을 보면 1,000분의 15초 내로 정서 상태를 감지할 수 있다. 정서와 관련된 모든 화학물질은 눈을 움직이는 근육 6개에 영향을 미친다. 우리는 눈을 보고 기쁨, 슬픔, 분노, 공포, 사랑, 공감, 스트레스 등 많은 정서를 인식할 수 있다.

당연한 얘기지만, 우리는 얼굴에 나타난 다른 표정으로도 정서를 감지할 수 있다. 얼굴에는 43개의 근육이 있고, 이를 통해 약 30가지 표정을 만들 수 있다. 옥시토신이 만들어낸 표정은 친근하고 신뢰를 주며 마음을 끌어당긴다. 옥시토신 "생산자들", 즉 잘 웃고 재미있고 공감을 잘해주며 사교적이고 항상 환한 사람이 흔히 타인을 사로잡는 매력을 지닌 것도 이 때문이다. 이런 사람들과 어울리면 누구든 거울 뉴런 시스템을 통해 옥시토신 시스템이 활성화되어 안정감과 편안함, 친밀감이 솟아나기 때문에 즐겁다. 옥시토신 생산자들은 흔히 성적 매력이 있다는 평가도 받는데, 옥시토신이 생식기를 자극하며 성적 흥분을 불러오기 때문이다.

1997년, 뉴욕주립대학교 스토니브룩의 심리학과 교수 아서 애런 Arthur Aron은 36가지 유명한 질문 목록을 개발했다. 첫 데이트의 어색한 분위기를 풀기 위해 옥시토신을 쉽게 얻기 위한 유용한 도구이다. 애런 교수에 따르면 서로를 모르는 블라인드 데이트에서 이 질문 목록을 사용한 사람들은, 지루한 잡담으로 서먹해진 사람들과는 달리 서로 친해졌고 더 빨리 가까워졌다. 애런 교수의 질문들은 내밀하며 삶의 본질을 다룬다. 정서적 기억을 환기하고, 공감을 자아내고, 함께 공유하는 가치를 언급하고, 약점을 숨기지 않는 솔직한 태도를 장려한다. 이 질문지의 어느 버전에서는, 참여자들이 번갈아 가며 몇 번씩 말을 멈추고 상대를 세 번 칭찬하는데, 이것은 긍정적 강화를 주기 위함이다('블라인드 데이트'의 다른 유형인 면접과 극명한 대조를 이룬다). 애런의 실험 참여자들은 솔직하고 정서적이고 공감적이며 서로를 칭찬하는 대화를 나누면서 옥시토신이 생성된 덕분에 유대와 신뢰를 쌓을 수 있었다.16)

체형과 끌림

완벽한 파트너를 찾아가는 여정에서, 얼굴과 표정의 정보(행복한 표정일 수도 있고 아닐 수도 있지만)를 모은 다음 단계로 몸매를 자세히 관찰할 것이다. 역시 이번에도 번식력과 건강을 알려주는 신호, 즉 성호르몬인 에스트로겐과 테스토스테론의 신호를 찾을 것이다.

에스트로겐의 영향으로 여성은 가슴과 엉덩이가 커지고, 허리가 가늘어지고, 골반과 둔부가 넓어지고, 피부가 부드러워지고, 피하지방이 축적된다. 보통 신체에서 근육 대비 지방량이 늘어난다. 반대로 테스토스테론의 영향으로 남성은 근육이 늘어나고 어깨가 넓어지며 골반이 좁아져 삼각형 모양의 체격이 된다. 또한 지방 대비 근육 비율이 늘어나고 피부가 거칠어지며 털도 많이 자란다. 여성과 남성은 각각 남성적 혹은 여성적 외모에 끌린다. 이는 남자의 경우 사춘기 시절 테스토스테론에 크게 노출된 결과이고 여성의 경우 사춘기 시절 에스트로겐에 크게 노출된 결과이다.

그렇다면 왜 이 같은 외모가 우리를 자극하며 매력을 발휘하는 것일까? 수컷과 암컷에게, 성호르몬에 의해 만들어진 신체가 지닌 진화적 장점은 무엇일까?

여성의 신체 구조부터 시작해 보자. 우리 종은 두 발로 서기 위해 큰 희생을 치렀다. 동물의 세계와 비교하면, 인류의 초기 번식은 어쨌든 그리 인상적인 성공을 거두지는 못했고 직립을 시작하면서 훨씬 더 감소했다. 직립보행으로 변하면서 인간의 골반 구조가 변했고, 거의 동시에 뇌가 커졌다. 그래서 태아의 큰 뇌가 자궁 안에서 발달할 수 있도록 넓은 골반을 소유한 여성을 진화적으로 선호하게 되었다. 허리 대비 골반이 넓은 신체는 아기가 산도를 통해 잘 나올 수 있는 최적의 구조이다. 의학이 발달하기 전에는, 많은 여성이 출산으로 사망했다는 사실을 기억하자.

비너스부터 비욘세와 킴 카다시안까지 풍만한 엉덩이를 지닌 여성들의 아찔한 매력을 보면 알 수 있듯, 여성의 엉덩이가 아주 많이 커지는 이유 또한 아기의 뇌와 관련이 있다. 인간처럼 지방을 엉덩이에 많이 축적하는 사례는 자연의 다른 동물에서는 찾아볼 수 없다. 뇌가 이토록 큰 동물이 없기 때문이다. 아기의 뇌가 여성의 자궁에서 발달하려면 뇌의 신경세포를 키울 많은 지방산이, 특히 오메가3 지방산이 필요한데 이는 엉덩이에 풍부하게 분포되어 있다. 굶주리는 조건에서, 엉덩이의 지방 세포는 다른 지방 조직처럼 반응하지 않는다. 임신과 모유 수유 동안 아기에게 이득이 되도록 계속 비축된다. 그래서 다이어트를 해도 엉덩이의 지방은 가장 나중에 빠진다. 곡선미와 둥근 엉덩이를 지닌 여성의 신체는 여성이 건강하고 똑똑한 아기를 낳을 수 있다는 뜻으로, 이 모든 특징이 남성의 마음을 자극한다.[17]

그렇다면 남성의 신체 구조가 가진 이점은 무엇일까? 자연의 암컷이 임신과 모성에 특화된 존재라면 수컷은 전쟁에 특화된 존재이다. 파시스트이자 독재자 베니토 무솔리니Benito Mussolini는 이런 말을 했다. "남성에게 전쟁이란, 여성에게 모성과 같다." 자연에서 여러 종의 암컷은 본능적으로 전사를 찾는다. 근육이 많고, 뿔이나 다른 전투용 장식을 지닌 덩치 큰 수컷을 찾는다는 의미이다. 암컷은 가장 크고 가장 멋진 알파(우두머리) 수컷을 원하며, 그게 여의치 못하면 수컷끼리의 몸싸움으로 정해지는 사회적 서열에서 알파 수컷 밑의 수컷을 선택한다.

심지어 인간 세계에서도 남성은 여전히 전사로 여겨진다. 많은 나라에서 군대는 여전히 사회 질서를 결정했고, 지금도 그러하다. 인류 역사에서, 전사는 서열에 따라 특권을 누려왔다. 그러므로 21세기가 되어도 여성은 전쟁과 사회적 지위의 호르몬인 테스토스테론이 빚어낸 신체를 지닌 남성에게 여전히 의식적으로나 무의식적으로 끌린다.

음악이 사랑의 양식이라면…

성적 끌림에 기여하는 요인으로 또 무엇이 있을까? 데이트 사이트에서 진행한 연구에 따르면, 흥미롭게도 남성이 기타를 잡은 사진을 올리면 직업과는 상관없이 데이트 신청을 두 배나 더 받는다고 한다. 프랑스의 어느 연구에 따르면 기타 가방을 들고 거리를 걷는 남성이 여성에게 다가가면, 그렇지 않은 남성보다 긍정적 반응을 더 많이 얻는다고 한다. 여성이 본능적으로 전사 유형에게 끌린다는 점을 고려하면, 음악과 성적 끌림 사이에는 어떤 관계가 있을까? 다윈은 성 선택이 음악의 발달과 밀접한 관계가 있다고 주장한 최초의 학자이기도 하다. 수컷(새나 곤충)의 노래는 공작새의 거대한 꼬리 깃털과 비슷한 메시지를 암컷에게 보낸다. "날 좀 봐, 난 건강하고 능력 있고 자신감도 있어서, 포식자의 주의를 끈다고 해도 개의치 않고 큰 소리를 낼 거야. 위험하다고 해도 몸 사리지 않고 당신에게 구애할 거야, 내 사랑!"18)

고故 아모츠 자하비Amotz Zahavi 교수는 이 "나를 봐" 메시지를 비용 이론으로 공식화했다. 자하비에 따르면, 이 메시지는 발신자가 메시지의 내용처럼 정말로 크고, 강하고, 건강하고, 성공적인 존재라면 그만큼의 비용을 감수하고 보낼 만한 내용이다. 그런데 메시지 전달의 성공으로 받는 보상(예를 들면 짝짓기 기회)이 너무나 중요하고 실패 상황의 처벌이 감당하기 어렵다면, 부담감 또한 커져서 상대를 속이거나 절차를 무시하게 된다는 점 또한 흥미롭다. 예를 들어 크기가 작고 소리가 약한 긴꼬리 귀뚜라미는 속임수를 터득했다. 이들은 커다란 잎을 찾아 가운데 구멍을 내고 안으로 기어들어간다. 우는 소리를 인공적으로 크게 키워주는 일종의 확성기를 만든 것이다. 큰 수컷 귀뚜라미는 속일 필요가 없다. 우는 소리가 크고, 어쨌든 암컷이 찾아온다. 이렇게 구애 행위에 속이는 기술을 갈고 닦는 수컷과 점점 의심하며 까다롭게 구는 암컷 사이에 일종의 균형이 자연스럽게 성립한다.19)

기타 소리는 이 같은 이론을 환기할 뿐 아니라 앞서 언급했듯 믿음, 친밀감, 안정감을 만들어내는 사랑 호르몬 옥시토신의 분비를 자극한다. 음악이 사람들을 하나로 모을 수 있는 이유이자 아득한 옛날부터 사람들의 사회생활에 동반된 이유이다. 모든 문화에는 음악이 있다. 세대에 걸쳐 전해지는 음악은 우리를 하나로 모아 집단 정체성을 창조하는 옥시토신 기억을 만들어낸다. 음악을 창조하고 연주하는 사람들은 최면을 거는 듯한 매력을 발휘하는데, 옥시토신 덕분이다. 이들과 같이 있으면 즐거우며, (음악의 장르에 따라) 분위기가 즉시 유쾌하고 느긋해질 수 있다.

그러나 기타를 든 여성의 사진은 남성을 상대로는 같은 반응을 얻지 못한다. 미소를 지으며 따뜻함과 기쁨을 내뿜는 여성의 사진이라면 데이트 사이트에서 유의미하게 많은 반응을 얻을 테지만. 옥시토신이 이번에도 힘을 발휘한다. 알다시피, 옥시토신 생산자 무리와 같이 있으면 뉴런을 통해 긴장이 풀리고 느긋해지며 타인에 대한 공감이 생겨 기분이 좋다.

여성들이 차례로 개발한 선택 전략 가운데 하나는 남성에 관한 다른 여성의 의견을 중요시하는 것이다. 젊고 잘생긴 남성이 길을 걷다 지나가는 사람에게 혹시 같이 자고 싶은지 물어보는 실험에서, 모든 여성은 그 남성을 피했다. 그렇지만 여성 '친구'가 옆에서 남성이 상대를 잘 배려하며 세심하다고 칭찬하자, 거절 비율이 80퍼센트까지 줄었다. 반대 실험에서, 젊은 여성이 혼자서 지나가는 남성에게 같이 자겠냐고 제안했을 때 결과가 어땠는지 예측할 수 있을 것이다. 다른 남성의 추천을 기다릴 필요도 없이 80퍼센트가 "좋다"고 답했다.[20]

그렇다면 이 실험에서 어떤 결론을 얻을 수 있을까? 진실로 매력적인 존재가 되기 위해서는, 자기 몸을 너무 걱정해도(체중이나 덩치, 생김새, 노화의 흔적에 지나치게 집착하기) 소용이 없다. 자기만의 평화를 가꾸고 기쁨과 유머를 곁에 두고 긍정적인 마음으로 살아가면서, 과거의 상처와 맞서고 자기 자신에게 한계를 설정하는 행동 패턴에서 벗어나는 편이 훨씬 나을 것이다. 아마도 기타 연주를 진짜 배우는 것도 좋을 것이다.

그런데 후각처럼 우리가 거의 의식적으로 통제하지 못하는 감각 또한 영향을 미칠 수 있다는 점도 알아둘 만하다.

냄새와 맛을 통한 끌림

한 여성이 닫힌 방에 들어가서 탁자 앞에 앉는다. 탁자에는 뚜껑이 닫힌 상자 7개가 놓여 있다. 여성은 상자를 차례로 열고 냄새를 맡은 다음 칠판에 무언가 적는다. 여성이 떠나면, 다음 여성이 방에 들어가서 상자의 냄새를 맡는다. 향수 회사의 소비자 집단이 아니라, 스위스의 동물학자이자 교수 클라우스 베데킨트Claus Wedekind의 베른 대학 연구실의 풍경이다.

1995년, 베데킨트는 "땀에 젖은 티셔츠 실험"을 최초로 진행했다. 여성 49명에게 남성 44명이 사흘 동안 입었던 땀에 젖은 셔츠의 냄새를 맡게 했다. 여성들은 냄새가 얼마나 좋은지 그 냄새에 얼마나 끌리는지 평가하게 되었다. 실험 결과를 심도 있게 분석한 베데킨트는 면역계 형성을 담당하는 6개 유전자(MHC 유전자, 주조직적합성 복합체Major Histocompatibility Complex)를 기준으로, 여성들이 본인과 유전적으로 거리가 먼 남성들의 체취에 더 끌린다는 결론을 얻었다. 즉, 여성과 남성이 이 6개 유전자에서 차이가 클수록 여성이 그 남성의 체취에 끌린다는 뜻이다. 이 유전자들이 만드는 개인 단백질은, 우리 세포의 신분증처럼 기능하며 고유한 체취도 생산한다.[21]

이 현상은 인간에게만 해당하지 않는다. 암컷 쥐 또한 면역계 유전자가 다른 수컷의 냄새에 끌린다. 기본적으로, 근친상간을 막기 위해 후각을 이용하는 메커니즘이다. 진화론적 설명은 명쾌하다. 어머니와 아버지의 면역계 유전자가 다를수록, 자손은 더 다양해질 것이다. 그리고 유전자 구성이 다양할수록, 아이들은 질병에 더 잘 견딜 것이다. 면역계 유전자가 다르다는 것은, 실제로 장래의 파트너와 유전적으로 다르다는 표시이다. 사람의 눈이 영혼의 창문이라면 겨드랑이는 유전자의 창문에 해당하며, 알다시피 유전자는 언제나 세대에서 세대로 전달될 가능성을 높이기 위해 다음 세대의 다양성을 추구한다. 우리와는 다른 존재에게 성적으로 끌리면서, 친척처럼 우리와 전체적으로 비슷한 존재에게는 끌리지 않아야 당연히 유전자에 이득이 된다. 친척 간의 결혼은 후세대에 돌연변이를 전달하여 번식에 해를 입힐 가능성을 키운다.

그러므로 배우자 사이의 "화학 반응"은 냄새의 화학 반응으로 시작된다. 인간이 DNA 실험 없이 서로 냄새를 맡고 성적 끌림 및 각성을 실험하는 자연스러운 방식이 바로 키스다.

영화 〈귀여운 바람둥이Mermaids〉에서 셰어Cher는 "그 사람과 키스해 보면 알아"라고 현자처럼 노래한다. 세상 사람들의 90퍼센트는 키스를 하며, 이누이트족처럼 키스하지 않는 사람들조차 서로 코를 문지른다. 키스와 그 이점에 관해 연구하는 과학 '키스학'도 있다. 키스의 목적은 무엇보다도 코를 서로 가까이 가져가, 상대의 체취를 맡아 보고 맛과 향이 풍부한 점액을 교환하는 것이다. 키스는 실제로 아주 중요한 유전적 건강 진단으로, 향에 관한 여러 가지 가치 있는 데이터를 모아서 분석하는 행위이다. 키스가 끝날 무렵이면 상대와 성적 관계를 맺어 유전자를 섞을지 말지 결정하게 될 것이다. 베데킨트의 연구가 알려주듯 체취는 우리의 유전자에 관해, 또한 건강 및 위생에 관해서 아주 중요한 정보를 준다. 적어도 5,000만 마리의 박테리아가 키스하는 동안 입에서 입으로 전달된다. 또한 키스 행위는 우리의 성호르몬 농도가 어느 정도인지, 얼마나 남성적인지 혹은 여성적인지를 알려준다.

우리의 체취는 세포와 우리 몸에 사는 박테리아, 성페로몬이 생성하는 다양한 화학물질로 구성된다. 페로몬은 성호르몬인 테스토스테론이나 에스트로겐처럼 작용하는 휘발성 화학물질로, 땀과 생식기 분비물에서 방출된다. 우리는 페로몬 냄새를 의식적으로 탐지할 수 없으므로, 실험실에서 만든 페로몬 시험관을 코 아래 가져다 대도 냄새를 잘 맡지 못한다. 그렇지만 페로몬 자체는 비강의 후각 상피를 통해 뇌에 도달하여, 뇌의 성적 흥분 부위에 정보를 전달하는 수용기와 결합한다.[22]

바이츠만 과학연구소 노암 소벨Noam Sobel 교수의 연구에 따르면 남성의 땀에서 추출한 남성 페로몬은 여성의 뇌 부위를 활성화하고 기분을 변화시키며 성적 흥분을 유도한다. 또한 남성 페로몬의 영향을 받은 여성은 남성을 더 매력적으로 평가한다.[23] 스웨덴과 포르투갈의 연구자들은 여성 호르몬 또한 남성에게 좋은 기분을 유도한다는 결과를 얻었으나, 시험관을 건네주는 사람이 남성인지 여성인지에 따라 달라질 수 있다고 한다. 즉 페로몬의 효과는 사회적 맥락에 달려 있다는 뜻이다.[24]

곤충부터 포유류까지 동물의 세계 전체에서 페로몬은 종끼리 소통하는 주요 수단이다. 처음에 연구자들은 인간의 두 성별 사이의 의사소통에 페로몬이 미치는 효과가 유의미한 수준이 아니라고 생각했다. 다른 동물에는 존재하는 페로몬에 특화된 감각 기관인 야콥슨 기관이 인간의 경우 퇴화했기 때문이다. 그렇지만 코 후각상피에는 냄새 수용기가 최소 400종이나 존재한다. 다른 기관과 비교해 보면, 눈에 있는 빛 수용기는 세 가지 유형이고 귀의 소리 수용기는 두 가지 유형이다. 세 가지의 빛 수용기만으로도 그토록 화려한 색깔과 모양과 형태로 구성된 시각적 세계를 만들어내니, 400가지나 되는 냄새 수용기를 통해 뇌에서 만드는 자극의 세계는 과연 어떠할지 그저 상상이나 할 수 있을 뿐이다.

인간의 두 성별이 냄새로 소통하는 내용에 대해서는 여전히 알려지지 않은 바가 많다. 그렇지만 오늘날 분명한 사실은, 냄새가 성적 끌림에 실제로 한몫한다는 것이다. 나아가, 이 지식을 실험실에서 끄집어내 실제 생활에 적용한 사람들도 있다. 2010년, "땀에 젖은 티셔츠 실험"에 관한 기사를 읽은 미국인 예술가 주디스 프레이스Judith Prays는 싱글 남녀가 냄새를 통해 "짝"을 찾도록 도와주는 "페로몬 파티"를 열기로 했다. 파티 참석자들은 사흘 동안 흰 플란넬 셔츠를 입고 잠을 잔 다음, 셔츠를 가방에 담고 밀봉해서 파티장에 가져와야 했다. 파티 주최자들은 각 가방에 숫자를 쓰고, 댄스 무대 근처에 놓인 두 개의 긴 탁자 위에 그 가방들을 두었다. 탁자 하나에는 여성의 셔츠를, 나머지 하나에는 남성의 셔츠를 배치했다.[25]

파티가 열리는 동안 참석자들은 탁자에 가서 셔츠 냄새를 맡았다. 특별히 끌리는 냄새가 있으면, 그 가방을 들고 옆방에 간다. 그러면 사진사가 사진을 찍어준다. 사진 이미지는 댄스 무대 옆의 큰 화면에 나오고, 화면 속 사진에 뜬 숫자의 주인공은 셔츠의 냄새에 이끌린 상대를 찾으러 가게 된다. 다음 단계는 물론, 키스를 나누며 냄새와 유전자 검사를 마치고 서로를 알아가는 것이다.

첫 페로몬 파티는 브루클린에서 열렸고 그 이후 미국 말고도 잉글랜드 등 여러 곳에서 개최되었다. 이 페로몬 파티에서 이어진 사람들 가운데 몇 명이나 관계를 계속 이어갔는지는 관련 연구가 없으나, 페로몬에 근거한 성공적인 섹스의 기반이 만들어졌으리라 추정할 수 있다.

반대가 끌리는, 그리고 비슷한 사람에게도 끌리는

체취의 핵심 역할인 근친상간 금지를 다시 확인해 보자. 근친상간을 막는 사회적 금기는 어느 사회에나 존재한다. 핀란드의 사회학자이자 인류학자인 에드바르드 베스테르마르크Edvard Westermarck는 이 주제에 관한 사람들의 혐오감을 연구하여 1921년 《인간 결혼의 역사The History of Human Marriage》라는 논문을 발표하였다. 형제자매가 서로에게 느끼는 성적 거부감을 설명하기 위해 베스테르마르크는 '역각인reverse imprint'이라는 가설을 세웠다. 형제자매 사이에는 끌림 대신 반발이 생겨난다는 가설로, 같은 집에서 사는 아주 어린 아이들에게 나타난다고 보았다. 근친상간을 방지하는 이 같은 반발 및 거부 효과는 그의 이름을 따 베스테르마르크 효과라고 한다.26)

조지프 셰퍼Joseph Shepher는 이스라엘의 공동체인 키부츠의 아이들을 연구하여 베스테르마르크 효과를 입증하였다. 키부츠는 사회주의 원칙에 따른 공동체로, 친족이 아닌 아이들이 함께 자란다. 오랫동안 키부츠에서는 아이들이 부모의 집과 분리되어 독립적인 수면 생활을 영위하는 것이 관습이었다. 이 같은 숙소 공유는, 연령대가 같은 어린이 집단이 유전적 관련성이 없어도 형제자매처럼 자랐음을 의미한다. 인간의 진화 과정에서, 서로 가깝게 자란 사람들은 대체로 가까운 친척 관계였다. 그런데 유전적 관련성이 없는 사이라고 해도 키부츠의 아이들은 서로 가족처럼 대했다. 반발 메커니즘이 활성화되어, 연령대가 같은 집단 일원이 서로에게 성적으로 끌리는 일을 막았다.[27]

셰퍼의 연구 결과는 흥미로웠는데, 키부츠에서 유아 시절부터 침실을 공유하며 함께 자란 남성과 여성이 결혼한 사례는 단 한 건도 없었다. 커플이 생겨도, 연령대가 다른 집단 사이에서 생기거나 한쪽이 나중에 키부츠에 온 경우였다(보통 4세 이상). 이 같은 결과는, 같은 숙소에서 자란 키부츠 일원들이 서로를 형제자매처럼 대한다는 것을 알려준다. 또한, 공동생활이 길어질수록 남성과 여성은 사귀는 관계를 꺼리는 경향이 컸다.

베스테르마르크 효과에 대한 다른 증거는, 민며느리제shim-pua라는 중국의 전통적인 중매 결혼에서 볼 수 있다. 이 제도는 아이들이 아주 어릴 때 결혼을 주선한다. 두 가문이 결혼을 합의하면, 여자아이는 흔히 미래의 남편이 될 사람의 집으로 옮겨간다. 기본적으로 형제자매처럼 자란 두 아이는, 서로 성관계를 가지는 일에 거부감이 생긴다. 이 유형의 결혼은 나중에 만나서 결혼하는 커플과 비교할 때, 자손 수가 훨씬 적었다. 또한 이혼할 가능성이 아주 크고, 각자 다른 파트너를 만나는 비율도 평균보다 높았다.[28]

유전자는 집단의 유전자풀을 증진할 목적으로 유전적 다양성을 추구한다. 그러므로 유전적으로 다른 존재에게 끌리게 하는 다양한 수단이 존재한다. 그렇지만 장기간에 걸쳐 커플의 행복과 만족도를 살핀 연구에 따르면, 어떤 면에서 서로 비슷한 커플이 서로 아주 다른 커플보다 더 오래 함께하며 더 행복하다고 한다. 성적 끌림은 유전적 다양성이 명백히 필요한 만큼 중요하긴 해도, 상황이 그리 단순해 보이지는 않는다.

왕실 및 카자흐스탄과 에티오피아의 몇몇 공동체에서는, 신부와 신랑이 혈연관계가 없는지 7대까지 거슬러 올라가 확인하는 관습이 여전히 존재한다. 세계의 여러 지역에서 거의 동시에 생겨난 이 관습은, 유전적 다양성의 필요성을 따진 결과로 보인다. 다음 세대에 건강한 유전자를 제공한다는 관점에서, 이상적인 상황이라면 두 사람의 유전자에 어느 정도 차이가 있어야 하지만 너무 많이 차이가 나서도 안 된다. 유전적으로 가까운 사람들끼리의 결합은 장기적으로 번식을 줄일 돌연변이를 후세대에 전달할 가능성을 키우므로 피하는 쪽이 최선이다. 그렇지만 두 사람의 유전자가 같은 민족, 같은 인종 등 포괄적으로 같은 유전적 집단에 계속 속하도록 유전적 차이가 너무 크지 않은 쪽이 좋다. 수학적으로, 이는 대략 7대까지 이어진다.[29]

대부분의 인간 사회는 관습과 금지법을 통해서 구성원의 생식 문제, 특히 여성의 생식 선택 문제에 골몰하는데 흔히 집안의 남성들에 의해 관리될 수 있다. 그렇지만 문화에 뿌리내린 관습이며 가혹한 사회적 금지가 없어도, 우리 뇌는 잠재적 파트너를 만나면 이와 비슷하게 유전적 친족 관계를 자체적으로 계산한다. 각자 오래된 알고리즘과 새로운 알고리즘을 통해 무의식적으로 근접성 계산을 수행하여, 미래의 파트너와 어울릴지 아닐지 결론을 얻게 된다.

유전적으로 얼마나 가까운지 계산하기 위해 먼저 피부색, 얼굴 구조, 눈, 모국어, 억양, 좋아하는 음식과 옷 스타일을 짚으며 우리와 잠재적 파트너의 차이를 살핀다. 이 모든 특성은 우리가 속한 민족성과 잠재적 파트너가 속한 유전자풀을 가리킨다. 인간의 얼굴은 이목구비 패턴이 복잡해서, 사람을 구별하는 주요 수단이 된다. 연구에 따르면, 사람들은 같은 민족 출신인 사람의 얼굴을 더 잘 기억한다. 앞서 언급했듯, 끌림의 원칙에서 얼굴은 아주 중요하다. 얼굴 구조는 강력한 유전적 기반을 지니고 있어, 우리 유전자의 기원과 유전자의 특성이 어떤지 알리는 일종의 광고 역할을 한다. 배우자끼리 얼굴이 닮는 현상은 여러 다양한 문화권에서 나타난다. 2013년의 어느 연구에서는 실험 참가자에게 그들의 파트너 사진에다 참가자 본인의 얼굴 특징이나 낯선 사람의 얼굴 특징을 합성한 이미지를 보여주었다. 이들은 매번 낯선 이의 얼굴 특징을 넣은 합성물보다 본인의 얼굴 특성을 넣은 합성물이 더 매력적이라고 답했다.[30]

유사성을 선호하는 이 같은 메커니즘을 '유사 선택'이라고 한다. 이런 현상은 인간만이 아니라 동물의 세계 전체에 나타난다. 예를 들어, 연푸른색 직박구리 암컷은 연푸른색 수컷 곁에 더 오래 머물며, 진푸른색 암컷은 진푸른색 수컷 곁에 더 오래 머무른다. 큰 일본 두꺼비는 흔히 자신과 비슷한 크기의 두꺼비 수컷을 골라 짝짓기를 한다. 이외에도 도마뱀의 경우 암컷이 자신과 흡사한 외양을 지닌 수컷을 선택하는 종이 많다. 연구자들이 이 도마뱀들의 유전체(유전체는 우리가 물려받은 유전 물질의 총합이다)를 분석하여 유전적 친족 관계를 검사하였더니, 유사성이 명백히 존재했다.

인간을 대상으로 부부의 유전적 특성과 신체적 특성을 비교한 연구 또한, 배우자 간의 유전적 유사성을 찾아냈다. 연구자들은 인간이 자신과 닮은 파트너를 고르는 개인적, 사회문화적 성향이 인간 유전체의 진화에 유의미한 영향을 미쳤다고 본다. 2017년 오스트레일리아에서 진행된 어느 연구에서 유전학자들은 부부 2만 4,000쌍의 신체적, 유전적 특성 등을 수집한 데이터베이스를 분석하였다. 키 및 키와 몸무게의 비율(체질량 지수, BMI) 같은 특성의 유전 표지자를 비교한 결과, 부부의 유전 표지자 사이에는 강한 통계적 상관성이 존재한다는 결론을 얻었다.[31]

'유사성 선호' 메커니즘은 뇌의 차원에서 어떻게 작동할까? 전전두엽 피질이 잠재적 파트너가 지닌 얼굴과 피부색 및 여러 특징을 모아서 유전적 근접성을 계산하는 한편 정서적 뇌는 이런 특징이 어떤 감정을 환기하는지, 상대를 얼마나 친숙하게 느끼는지 분석한다. 때로 우리는 마치 이전에 알고 지낸 것처럼 신뢰와 편안함, 안락함이 느껴지는 사람에게 어떤 화학적 끌림을 느낄 수 있다. 다른 사람에게서는 생겨나지 않을 편안한 감각이다. 이 같은 끌림은 실제로 사랑 호르몬 옥시토신, 그리고 이 호르몬이 우리 마음에 남긴 기억과 관련이 있다. 이런 기억은 우리가 파트너를 고를 때면 몇 번이고 다시 출몰한다.

각인과 끌림의 기반

인생의 첫 5년 동안 우리를 키워 준 사람의 시각 이미지는 옥시토신의 활동을 통해 뇌의 기억 부위에 새겨지는데, 이 과정을 '각인'

이라고 한다. 이 사람들의 이미지에는 강한 애착 또한 형성되는데, 이들은 인생의 출발점에 선 우리에게 (바라건대) 아낌없이 사랑을 주었다. 일단 우리의 젊은 부모 이미지가 이에 해당하며 형제자매, 삼촌, 숙모, 조부모도 포함된다. 사춘기 이후 잠재적 파트너를 만나면, 유년 시절 우리에게 사랑을 듬뿍 준 이성의 보호자에 대한 모든 기억이 살아난다. 물론 아버지 혹은 어머니를 닮은 사람이면 아무나 즉시 사랑하게 된다는 말은 아니지만, 잠재적 파트너가 지닌 내외적 특징이 유년 시절 우리를 사랑한 사람들과 연결된 옥시토신 기억을, 다른 집단 말고 그들과 있을 때 느낀 친밀감과 안정감을 되살려낼 수 있다.32)

각인 과정은 파충류, 조류, 포유류 등 거의 모든 동물이 세상에 태어나는 즉시 뇌에서 일어난다. 오스트리아 연구자 콘라트 로렌츠 Konrad Lorenz는 1930년대에 이 현상을 최초로 정의했다. 로렌츠의 집에서 기른 거위 새끼는, 태어나서 처음 본 움직이는 존재가 로렌츠 본인이라는 이유로 어디나 졸졸 쫓아다녔다. 새끼들이 물에 들어가 헤엄치게 하려면, 로렌츠가 먼저 물에 들어가야 했다. 거위 새끼들은 로렌츠에 각인되었고, 이를 바꿀 방법은 없었다. 로렌츠를 본 이후 이들은 로렌츠를 선호했고 주변의 같은 종은 무시했다.33)

뇌의 각인 배선은 매우 단단하고 강하여 커플의 끌림에도 영향을 줄 수 있는데 1999년 옥스퍼드 대학 연구진의 실험이 우회적으로 증명한 바 있다. 연구진은 갓 태어난 염소 새끼를 생물학적 어미와 즉시 분리하고, 역시 갓 출산한 암양에게 데려다 놓았다. 암양은 염소를 자기 새끼처럼 키우게 되었다. 어린 수컷 염소가 성 성숙에 도달하고 다 자라자, 이제 이 염소가 어느 쪽을 쫓아가 환심을 사려할지 연구진은 궁금했다. 암컷 염소일까, 아니면 암컷 양일까. 수컷 염소는 암컷 양을 쫓을 뿐 암컷 염소를 무시했다. 이처럼 어린 염소의 뇌에 배선된 '엄마 양' 각인 효과는 암컷 염소의 페로몬에 성적으로 끌리게 되어 있는 진화적 배선을 능가했다(페로몬이 종의 특수한 냄새이며, 특히 발정기 동안 생식기에서 고농도로 분비된다는 점을 기억하자). 연구진은 어미 오리가 갓 부화한 병아리를 기르도록 입양 실험을 반복했는데, 같은 결과를 얻었다. 생애 초기에 엄마 역할의 대상에게 형성된 각인과 애착은 나중에 나타나는 성적 페로몬을 향한 끌림을 넘어선다.34)

2002년 헝가리 연구진들은 인간이 파트너를 선택할 때 나타나는 각인 효과를 알아보기 위해, 해당 연구와는 아무 관계가 없는 '공정한' 개인 9명에게 젊은 여성과 나이 든 여성 사진을 다양하게 제시하고 닮은 사람을 찾도록 했다. 사진 속 여성에 관한 정보를 하나도 모르는데도, 참여자들은 신부와 그 시어머니의 사진이 닮았다고 유의미한 수준으로 응답하였다. 즉 이 사진 속 여성들과 결혼한 남성들은 자기 어머니를 떠오르게 하는 여성에게 더 끌려서 결혼하게 되었다는 뜻이다. 또, 실험 참여자들은 아버지의 사진과 그 딸들이 선택한 남편의 사진을 짝지었다. 젊은 남자와 나이 든 남자가 어떤 관계인지 미리 알지 못한 상태였다. 나아가 자신과 성이 다른 부모를 떠오르게 하는 파트너의 특징에 우리가 끌리는 현상은 단순히 시각적 차원에만 한정되지 않는다. 연구에 따르면, 배우자와 부모의 외모적 유사성보다 개인적 특질의 유사성이 보통 더 의미 있게 나타난다고 한다.35)

오늘날 우리는 끌림의 법칙에 내재한 복잡하고 혼란스러운 속성을 알고 있다. 우리는 우리와 다른 존재에게 성적으로 끌리지만 결국에는 우리와 같은 존재 곁에 머무르는 경우가 더 많다. 사랑을 찾는 이의 86퍼센트가 자신과 반대되는 특징을 지닌 사람을 찾는다고 말하지만, 연구에 따르면 신체적 특성과 유전적 특성이 비슷한 파트너일수록 함께 할 가능성이 더 커진다고 한다. 과학적 연구 결과에 따르면, "점화" "화학 반응" "반함" 과정은 뇌의 무의식적 부위에서 일어나며 다양한 유전적, 진화적, 가족적, 심리적, 사회적, 문화적 요소에 영향을 받는다. 그리고 우리 뇌에 내장된 많은 배선이 이 과정에 관여하는데, 진화 과정에서 생긴 배선도 있고 탄생 순간부터 우리를 사랑해준 사람들에 대한 기억이 새겨지면서 형성된 배선도 있다. 이 다양한 배선들은 서로 모순되고 복잡한 관계라서, 한 사람에게 정착하여 안정된 관계를 형성하는 일을 방해하는 수준에 이르기도 한다. 예를 들어 친밀감과 친숙함이 느껴져도 성적으로 끌리지는 않는 사람이 있는가 하면, 성적으로 확실히 끌리지만 편안함과 안정성이 느껴지지는 않는 상대도 있다. 때로 마음은 우리를 속이고 우리는 모든 면에서 완벽한 것 같은 사람, 성적 배선과 가족 배선과 사회적 배선과 유전적 배선을 전부 활성화하면서 모든 요인을 충족하는 사람을 끊임없이 찾아 나설지도 모른다. 그런데 '짝'을 찾을 진짜 가능성은 얼마나 될까?

피임약이 성적 끌림에 영향을 미칠까?

이상적인 짝을 찾을 가능성은, 당신의 몸이 이미 할 일을 다 했다고 판단하는 경우 분명 제한될 수 있다.

1960년대에 도입된 피임약은 여성의 역사상 가장 중요한 발명품 가운데 하나로 여겨질 만큼 혁명적인 존재였다. 약은 여성에게 성적 자유와 신체 통제권을 주었으며, 성평등에 더 다가가도록 해 주었다. 원치 않는 임신 및 임신 중단, 관련 합병증을 막아 주었다.

피임약은 난소에 작용하는 뇌의 특정 호르몬 분비를 억제하여, 배란(난소에서 난자를 배출하는 일)을 막는다. 약에는 에스트로겐 및 프로게스틴(프로게스테론의 합성물)이 들어있는데, 프로게스틴은 배란 호르몬의 분비를 줄여서 난소 내 여포의 발달을 막는다. 여포 중 하나에서 성숙한 난자가 배란되어 자궁으로 옮겨가 수정 가능한 상태가 되는 과정을 배란이라고 하는데, 피임약 복용 결과 이 과정이 방지되는 것이다. 피임약은 실제로 여성의 월경 및 배란을 중지시킨다.

18세에서 35세 사이 여성 100명이 잉글랜드 뉴캐슬 대학 크레이그 로버츠Craig Roberts 박사의 연구에 참여했다. 여성들은 여러 남자를 대상으로 얻은 체취 표본 여섯 가지에 대해 좋고 싫음을 평가했다. 실험 초반에는 아무도 피임약을 복용하지 않았다. 석 달 후, 여성들은 다시 그 표본을 받았는데, 이번에는 100명 중 40명이 두 달 동안 피임약을 복용한 상태였다.

피임약을 복용하지 않은 여성의 경우, MHC 분자가 자기와 비슷하거나 다른 남성의 냄새에 대해 뚜렷한 선호를 보이지 않았다. 그렇지만 피임약을 복용한 여성은 달랐다. 이 여성들은 별안간 MHC 분자가 자기와 비슷한 남성들의 냄새를 선호했다. 즉 피임약의 영향으로, 자기와 유전적으로 비슷한 남성을 선호하게 된 것이다.[36] 1990년대에 스위스에서 클라우스 베데킨트가 실시한 연구 또한 비숫한 결과를 얻었다.

이 같은 결과는, 피임약을 복용하면 (배란하지 않는 동안) 여성의 신체는 마치 임신 상태인 것처럼 호르몬을 분비한다고 설명할 수 있다. 임신 중에는 여성이 생식을 위해 파트너를 찾을 이유가 없다. 또한 진화의 관점에서도, 임신한 여성의 경우 파트너 선택의 압박이 존재하지 않는다. 어떤 형태로든 압박이 존재한다면, 유전적으로 가까운 존재와 잘 지내라는 압박일 텐데 그들이 양육에 도움을 줄 것이기 때문이다. 그러므로 피임약은 의도치 않게 임신한 효과를 내며, 이 모든 과정은 여성이 잠재적 파트너를 찾는 순간에도 정확히 일어난다.

피임약이 배란 호르몬을 억제하면 여성의 성적 욕구 또한 영향을 받는다. 에스트로겐과 프로게스틴 피임약의 호르몬은 테스토스테론의 생성을 억제하는데, 테스토스테론은 성욕 및 성관계 동안 여성이 느끼는 쾌락의 양에 직접적인 영향을 미친다. 2006년 보스턴에서 여성 124명을 대상으로 여성 성욕과 피임약의 관계를 살핀 연구에 따르면, 피임약을 복용한 여성은 그렇지 않은 여성에 비해 성욕의 수준이 낮다고 응답했으며 이들의 몸에서는 테스토스테론 농도가 감소했다.

2007년 뉴멕시코 대학의 진화심리학자 제프리 밀러Geoffrey Miller는 브렌트 조던Brent Jordan, 조슈아 타이버Joshua Tybur와 함께 배란기가 스트리퍼의 수입에 미치는 영향을 알아보는 실험을 진행했다. 이들은 웹사이트를 만들어 이를 통해 자료를 수집했는데, 배란기 때의 스트리퍼는 월경 중인 스트리퍼에 비해 평균 30달러를 더 벌고, 월경도 하지 않고 배란기도 아닌 여성에 비해 15달러를 더 벌었다는 결과를 얻었다. 피임약을 복용하는 여성은 자연 주기를 따르는 여성보다 수입이 유의미한 수준으로 낮았다.[37]

여성들은 여느 포유류 암컷과는 달리 발정기, 즉 배란기를 숨기지만 이 시기에 분비되는 호르몬은 여전히 우리의 외모며 체취, 성적 매력에 유의미한 영향을 미친다. 피임약이 신체 호르몬의 자연적 분비를 막으면서 빚어내는 많은 결과는 여전히 심도 있는 연구가 필요해 보인다.

심지어 불안을 막기 위한 약물도 여성과 남성의 성생활에 영향을 주는데, 약물이 호르몬 분비에 미치는 효과 때문이다. SSRIs(선택적 세로토닌 재흡수 억제제)는 1990년대 초에 처음으로 우울과 불안을 치료하기 위해 쓰였다. 이후 정신의학 제약 산업은 한해 400억 달러 이상의 수입을 올리며 세계적 시장으로 커졌다. 이 약물들은 뇌에서 행복 호르몬 세로토닌의 재흡수 과정을 막아, 세로토닌이 시냅스에 더 오래 머물게 한다. 그렇지만 잘 알려진 부작용 가운데 하나가 성욕의 감소로, 전체 복용자의 70퍼센트까지 영향을 받는다고 한다.[38]

세로토닌은 우리의 기분을 얼마간 책임지고 있다. 행복감과 긍정적 느낌에 일조하며 스트레스 호르몬 코르티솔의 수치를 낮춘다. 그렇지만 성욕과 성 기능과 오르가슴을 느끼는 능력에 해를 끼치기도 한다. 이런 약물이 성 기능 저하를 불러온다는 사실은 잘 알려져 있는데, 개인의 기분이 좋아지는 한편 사랑의 감정은 느끼기 어렵게 된다는 사실도 밝혀졌다. 인류학자 헬렌 피셔Helen Fisher의 연구에 따르면, 세로토닌 수치에 작용하는 약물은 사랑 및 정서적 친밀감과 관련된 뇌의 활동을 방해한다. 성욕이 손상을 입으면, 사랑하는

능력 또한 손상을 입는다.[39)]

　앞서 언급했듯 정서적 친밀감을 만들고 사랑을 느끼는 능력은 세 단계로 구성되어 있으며 단계마다 작용하는 호르몬이 다르다. 최초의 끌림은 성호르몬이 활성화한다. 사랑에 빠지는 일은 도파민, 아드레날린, 세로토닌이 맡는다. 마지막으로, 애착은 사랑 호르몬 옥시토신이 매개한다. 항우울제 복용으로 세로토닌 수치를 올리면 성욕 및 성 기능이 해를 입을 뿐 아니라, 장기간의 사랑으로 통하는 이 세 단계에 역효과가 날 수 있다.

사랑의 수학

　아마도 우리는 성장 과정에 함께한 디즈니 영화와 공주 이야기를 통해 영혼의 단짝, 왕자 혹은 공주가 어디선가 우리를 기다리고 있으리라는 환상을 품게 되었을 것이다. 우리의 모든 조건에 맞으면서 우리와 영원히 행복하게 살 사람. 영혼의 쌍둥이에 대한 믿음은 아시아 문화권에서도 흔하다. 중국의 신화에 따르면(그리고 일본과 한국 신화에서도 공통 주제이다) 아이가 태어날 때 작은 손가락에 묶인 붉은 실이 영혼의 쌍둥이와 이어진다고 한다. 살면서 그 실이 뒤엉키고 묶여서, 영혼의 쌍둥이를 절대 만나지 못할 수 있어도 그들의 관계는 절대 깨지지 않으며 깨질 수도 없다고 한다. 이것은 영혼의 짝끼리 맺는 운명의 관계이다. 중국 신화에서 붉은 실을 이어 주는 역할이 짝짓기의 신, 월하노인이다. 비슷하게, 유대교에는 개인의 결혼이 결코 변할 수 없는 하늘의 명령에 따라 결정된다는 믿음이 있다.

미신은 차치하더라도 우리 대부분은 우리가 볼 때 완벽한 사람, 언젠가는 우리의 삶으로 다가올 사람을 찾아다닌다. 상대에게 바라는 속성은 일종의 정신적 쇼핑 목록이다. 똑똑하고, 교육을 잘 받았고, 섹시하고, 외모가 근사하고, 재미있고, 자연스럽고, 성공을 거두었고, 야심이 있고, 관능적인 연인이자 마음이 따뜻하고 좋은 부모가 되어줄 사람. 사실, 이 정도면 한 명이 아니라 일곱 명은 되어야 할 것이다. 그리고 여성의 쇼핑 목록은 남성의 목록보다 훨씬 더 길다. 오케이 큐피드OK Cupid라는 데이트 사이트에서 여성은 남성 프로필의 80퍼센트가 "평균 이하"라고 평가했다. 전 세계의 너무나 많은 여성이 짝을 찾다가 좌절하고 절망에 사로잡힌다고 해도 그렇게 놀랄 일은 아닌 것 같다.[40)]

사랑이 운명이라면, 우리가 영혼의 단짝을 찾을 실제 가능성은 얼마나 될까? 운명을 숫자로 표현할 수 있을까? 과학의 어머니 수학의 힘을 다시 빌려보자. 수학자이자 영국의 티브이 스타 레이철 라일리Rachel Riley는 바스 대학의 수학자들과 협력하여, 잉글랜드에서 18가지 조건을 기준으로 완벽한 짝을 찾을 가능성을 계산했다. 이들은 드레이크 방정식을 사용하여 계산했는데, 드레이크 방정식은 천문학자 프랭크 드레이크Frank Drake가 1960년대에 우주에서 지적 생명체를 찾을 가능성을 알아내기 위해 개발했다. 행성 내 생명체의 발달 가능성과 관련된 여러 변수를 분수값으로 표현한 다음 그 값들을 곱하여 추정한다.

라일리와 팀은 드레이크 방정식의 여러 변수를 잉글랜드에서 적절한 파트너를 찾는 일과 관련된 변수로 바꾸었다. 조건은 다음과 같다.[41)]

- 인구 집단 중 나와 어울리는 성별에 속한 사람(39퍼센트)
- 나이가 적절한 사람(17퍼센트), 사람들은 보통 자기 나이에서 평균 여섯 살을 넘지 않는 나이를 선호
- 결혼할 수 있는 조건인 사람(예를 들어 싱글/이혼/사별)
- 적당한 교육을 받은 사람
- 비슷한 세계관을 가진 사람
- 성격적 특성이 적당한 사람(40퍼센트)
- 비슷한 관심사를 지닌 사람
- 서로 끌릴 가능성(18퍼센트)
- 그 외 추가 요인

잉글랜드를 배경으로 계산한 결과는 8만 4,440명이었다. 대략 4,700만 명인 잉글랜드 인구 중에서 이 모든 변수를 고려하여 어울릴 사람은 8만 4,440명이라는 뜻이다. 즉 당신이 '짝'을 찾을 가능성은 1/562 혹은 0.17퍼센트다! 잉글랜드에서 백만장자가 될 가능성이 1/55로 이보다 10배 더 크며, 인류가 이듬해 멸종할 가능성과 거의 비슷하다. 나이는 적절한 파트너를 찾을 가능성에서 하나의 변수가 된다. 스물네 살 전이면 1/1,024로 가능성이 낮은 한편, 나이가 많으면 1/304이나 된다.[42]

이 같은 계산이 알려주듯, 우리는 디즈니 영화를 그만 잊고 '영혼의 짝'을 찾는 일을 단념해야만 할 것이다. 삶은 확률 게임일 뿐이다. 우리가 조건을 더 많이 추가하고 기준을 높일수록, '완벽한' 관계를 찾을 확률은 줄어든다. 장기간 이어질 사랑을 찾을 때는 유연성이 필수이다. 쇼핑 목록에서 따질 조건의 개수는 줄어야 하고,

우리의 필요조건은 더 현실적이어야 하며, 가장 중요한 특징들을 우선시해야 한다.[43]

그렇다면 꼭 지켜야 할 조건은 무엇일까? 적절한 파트너를 찾을 확률이 커질 방법은 무엇일까? 연구자들에 따르면, '짝'을 찾을 가능성을 높이는 활동이 몇 가지 있다.

- 친구와 동료를 통해 사람을 알게 되면 가능성이 16퍼센트까지 상승한다.
- 체육관에 가면 15퍼센트까지 상승한다.
- 취미를 공유하는 사이면 11퍼센트까지 증가한다.
- 바에 앉아 있으면 9퍼센트까지 상승한다.
- 친구의 친구를 만나면 8퍼센트까지 상승한다(그렇지만 가족을 통해 사람을 만나면 1퍼센트만 상승한다).
- 데이트 사이트에 등록하면 가능성이 17퍼센트까지 상승한다.

파트너가 될 수 있는 집단이 아주 커지기 때문이다.

수학적 관점에서 보면 디지털 시대에 적절한 파트너를 찾기가 더 쉬운데, 데이트 사이트가 선택지를 유의미하게 늘려주기 때문이다. 반면, 우리의 뇌는 선사 시대에 형성되었으므로 너무나 많은 사람에 관한 너무나 많은 데이터를 동시에 분석할 수 없다.

흥미로운 지점은, 라일리와 팀이 만든 공식에서 적절한 파트너를 찾을 가능성을 유의미하게 낮추는 조건 가운데 하나가 상호 끌림이다. 서로 끌릴 가능성은 18퍼센트밖에 안 된다. 왜 그럴까? 우리가 원하는 사람이 언제나 우리를 원하지는 않고, 우리를 원하는 사람은 우리에게 별 매력이 없는 이유는 무엇일까? 이 현상은 '사회적 지위의 법칙이 놓은 덫'이라고 하며, 흔히 '끝없는 싱글 반복'이라고 알려져 있다.

끝없는 싱글 반복은 우리에게 큰 관심을 보이지 않는 사람에게 우리가 열정적인 한편 우리에게 열정적인 사람에게는 관심이 없는 현상을 가리킨다. 분명, 이 현상에는 논리가 없다. 관계를 맺을 가능성을 일부러 파괴하는 것처럼 보인다. 그렇지만, 이번에도 진화가 문제이다. 우리는 자연의 다른 사회적 동물과 마찬가지로 사회적 서열 속에서 살며, 우리와 같거나 높은 서열인 존재와 짝짓기하기를 바란다. 누군가 내게 푹 빠졌다면 그들은 아마도 나보다 아래 집단에 속한 사람일 것이고, 그래서 덜 매력적으로 보인다고 추론할 수 있다. 그리고 상대가 내게 마음이 별로 없는 상황이라면, 아마도 그는 나보다 위의 집단에 속한 사람일 것이고, 그래서 더 매력적으로 보이는 것이다. 파충류 뇌는 '얻기 어려운 대상'처럼 행동하는 사람이 사회적 지위가 더 높다고 분류하고, 우리의 환심을 열심히 사려는 사람들은 사회적 지위가 낮다고 분류한다.

여성들은 지위의 법칙에 더 따르는 편이다. 남성이 지나치게 열정적으로 구애하면 여성은 관심이 식을 수 있고, 거리가 멀고 모질게 구는 마초 남성이 구애에 더 많은 성공을 거둔다. 교육을 잘 받고 많은 성취를 이룬 여성이 상대 남성이 "너무 착해서" 연애를 끝냈다는 일화는 한 번으로 끝나지 않았다. 드물게 솔직한 내 친구 로닛은 알파 남성과 사귀어야 한다고 말한다. 마음을 얻기 어렵고, 다른 여성들이 원하는 남성을 만나야 한다는 이야기다. 로닛은 이런 유형의 남성과 관계를 맺어 봐야 좋을 게 하나도 없다는 것을 알면서도 그들에게 동물적으로, 성적으로 끌린다.

자, 우리는 유전자를 통제하고 있을까? 아니면 유전자가 우리를 통제할까? 스스로 판단해 보라.

이제 우리는 '짝'을 찾을 가능성이 아주 낮으며 잉글랜드에서는 1/562이라는 사실을 알게 되었다. 그렇다면 짝을 찾는 일은 언제쯤 그만둬야 할까? '짝'을 찾았다고 판단하기 전에 데이트를 얼마나 많이 해봐야 할까? 이 진퇴양난의 질문을 가다듬기 위해, 다시 수학의 힘을 빌려 최적화 문제로 다룬다면 실로 바람직할 것이다. 케임브리지 대학 수학과의 마리안 프라이베르거Marian Freiberger 박사는 1960년대에 개발된 최적화 문제 풀이 공식을 사용해 이를 계산했다. 여기서 자세히 살펴보지는 않겠지만, 공식은 그리 복잡하지 않다. 프라이베르거 박사가 얻은 결과는 37퍼센트였다. 즉 우리가 평생 데이트하려는 사람들 가운데 37퍼센트를 만난 후에, 전보다 좋은 사람이 다가오면 결혼해야 한다는 뜻이다. 위험 요소도 존재할 수 있다. 더 좋은 누군가가 훗날 기다리고 있을 수 있기 때문이다. 그렇지만 위험 관리, 가능성의 최적화 및 극대화의 관점에서 보면 이쪽이 가장 좋은 결정이다.[44]

그렇지만 우리가 살면서 얼마나 많은 사람을 만나게 될지 모르므로, 파트너를 찾으려고 얼마나 노력할지 시간을 정해놓고 37퍼센트를 계산하는 편이 나을 것이다. 19세부터 40세까지, 파트너를 찾기 위해 21년을 보내게 된다고 해보자. 21년 중에서 37퍼센트가 얼마나 되는지 계산해보면, 7.8년이다. 이 수를 19세에 더하면, 26.8세가 된다. 27세가 되고 나서 처음 만나는 사람이 전에 만난 사람보다 더 괜찮은 것 같고 적절한 파트너라면 그 사람이 우리의 '짝'이 되리라는 뜻이다. 이것이 최적화 전략이다. 생물학적 시계 때문에 남자는 몇 년의 시간이 더 있으므로 40세가 넘어서도 파트너를 찾을 수 있다. 그런데 오늘날 서구 사회에서 평균 결혼 연령이 27세에서 28세 사이라는 점은 흥미롭다. 우리가 의식하기도 전에 이 계산이 이루어지고 있다는 뜻이다.

디지털 시대의 사랑

익히 알려진 대로, 기술은 우리 삶의 전 분야에 큰 변화를 가져왔다. 연애와 결혼의 세계 또한 예외는 아니다. 서구 사회의 커플 가운데 1/3은 앱과 웹사이트를 통해 만난다고 한다. 2040년에 이르면, 디지털 공간에서 만난 커플이 70퍼센트를 차지할 것이다. 인류의 역사를 통틀어 지금처럼 싱글이 새로운 사람을 만날 기회가 많은 시기는 없다. 그런데 데이트 사이트를 돌아다니는 사람들 대부분이 좌절과 절망을 겪는다. 프로필 사진과 실제 모습이 아주 다르고, 노골적으로 거짓말을 하고, 진지함이 없으며 갑자기 사라지는 일(잠수 이별) 등. 이런 상황은 흔한 사건들의 일부일 뿐이다. 데이트 사이트는 배너와 광고를 통해 사랑, 장기간의 관계, 심지어 결혼도 약속한다. 그렇지만 사업 모델을 훑어보면, 플랫폼의 성공은 보통 커플의 탄생 횟수나 결혼 비율 혹은 만남의 평균 기간이 아니라 이용자가 앱에 쓰는 시간에 달려 있다. 이를 가리켜 'TOD time on device' 모델이라고 한다. 이용자가 앱에 시간을 더 많이 쓸수록, 회사의 수익이 증가한다. 그렇지만 안타깝게도 이용자가 한 플랫폼에 더 많이 머무를수록, 그들이 한 사람과 장기적 관계를 맺을 가능성은 떨어진다.

예를 들어 틴더 앱은 이용자가 하루 동안 왼쪽 혹은 오른쪽으로 화면을 스와이프하는(넘기는) 횟수가 60억 번이며 만남 횟수는 2,600만 번이나 된다. 화면에 관심이 가는 상대가 나타나면 오른쪽으로 화면을 넘기고, 관심이 안 가면 왼쪽으로 넘긴다. 틴더 이용자는 보통 하루에 4번 접속하며 화면을 120번 넘긴다. 이렇게 앱에서 시간을 오래 보내니, 회사의 평가 가치는 수십억 달러이다. 그런데 중요한 질문이 있다. 우리 뇌의 만듦새가 이 정보의 홍수를 잘 받아들일 수 있을까?[45]

진화의 역사를 통틀어 지구상에서 뇌가 이토록 많은 성적, 정서적 자극에 동시 노출된 적은 한 번도 없었다. 디지털 시대의 도래 이전, 보통의 시대에 보통의 마을에서 생식 가능 연령인 사람들이 아는 파트너 상대는, 동네 사람 혹은 이웃 동네 사람으로 제한되어 있었다. 우리의 뇌는 한 번에 처리하는 데이터의 양이 제한되어 있다. 디지털 데이트의 시대로 크게 도약하면서, 우리 뇌는 많은 사람에 관한 대량의 데이터를 동시에 흡수하고 걸러내고 처리하여 빨리 결론을 내야 할 처지가 되었다. 이로 인해 우리 뇌에는 인지적 부담이 크게 주어졌고, 그 결과 이성적 사고 담당인 전전두엽 피질에서 작동하는 의사결정 메커니즘이 약해졌다. 이 과정은 많은 에너지를 소비하며, 원시적인 정서적 뇌에서 일어나는 비이성적 과정에 비해 7배나 느리다. 앱의 많은 프로필을 살피는 동안 정보의 과부하에 대처하기 위해 원시적 뇌가 치고 들어온다. 맨 먼저 외모와 키와 몸무게와 나이와 사회적 지위와 지리적 위치를 근거로 프로필을 빠르게 거르고 삭제하고 제외한다. 프로필을 더 많이 살필수록, 이것저것 따지면서 프로필을 제외하게 된다. 조건을 따지는 부정적 태도는,

우리가 여러 번 실망하거나 프로필과 실제가 큰 불일치를 보이는 상황을 겪으면 훨씬 더 심해진다.

실망스러운 데이트 경험은 디지털 데이트 시대에 아주 흔한데, 누군가의 프로필과 실제 모습은 크게 다를 수 있다. 데이트 사이트 이용자 대부분이 대체로 거짓말을 하기 때문이다. 버클리 대학 심리학과에서 데이트 사이트의 프로필 100만 건을 조사한 연구에 따르면, 81퍼센트가 나이와 키와 몸무게를 속였다고 한다. 또 다른 연구에 따르면, 여성들은 나이와 몸무게를 더 잘 속이고 남성들은 키와 결혼 여부와 사회적 지위를 더 잘 속인다고 한다. 사람들의 1/3은 데이트 앱에 예전 사진을 올린다. 익히 알다시피, 번식을 위한 거짓 전략은 진화의 풍경에서 전혀 새롭지 않다. 그렇지만 이 특수한 상황에서 뇌는 거짓을 탐지하기 위해 많은 자원을 써야 하며, 그렇게 조건을 따지는 부정적 태도가 늘어나 결국 좌절하고 절망하는 것이다.[46]

이제 데이트 앱에 많은 시간을 보내면서 누가 우리 쪽으로 화면을 넘겼는지 혹은 메시지를 보냈는지 반복해서 확인하면, 인지적 과부하가 와서 안정적 관계를 맺기 어려워진다는 것을 알게 되었다. 그렇다면 이런 앱에 접속하는 일을 왜 그만둘 수 없을까? 내 친구의 사례를 보면 완벽하게 이해할 수 있다. 35세의 나이에 야엘은 어느 앱에 가입해서(처음은 아니다) 파트너를 찾을 목적으로 데이트를 시작했다. 남자들 대부분은 매력적이지 않았고, 초기 몇 번의 데이트도 그리 좋지 않았다. 어느 날, 관심이 가는 남자가 친구에게 나타났다. 그들은 만나기로 했고, 한동안 데이트를 했다. 데이트는 좋았고 친구는 좋은 감정을 느꼈다. 그런데 데이트하던 중 남자가 화장실에 간 사이, 무심코 친구는 휴대전화를 꺼내 앱에 접속하여 어떤 메시지가 왔나 확인했다. 휴대전화에 너무나 집중한 나머지 메시지에 답장을 보내는 동안 화장실에서 돌아온 남자가 자신의 뒤에서 그 모습을 지켜 보고 있다는 사실도 몰랐다. 당황한 가운데 침묵이 흘렀고, 그날 저녁 이후 남자의 연락은 다시는 없었다. 너무 혼란스러워진 친구는 내게 전화를 걸어 자신이 저지른 너무나 비합리적인 행동이 어떤 의미인지 설명해달라고 부탁했다. 친구는 그 남자에게 관심이 있었고, 데이트는 잘 되어 가는 듯했다. 그런데 왜 데이트 앱에 다른 메시지가 왔나 확인해 보려는 충동을 느낀 것일까?

이런 심리적 현상을 가리켜 '포모(FOMO, fear of missing out)'라고 한다. 더 좋은 기회를 놓치고 싶지 않은 불안을 뜻한다. 우리는 느긋하게 있을 수가 없다. 우리 앞에 있는 사람과 함께 시간을 보내면서도, 더 많은 선택지가 목전에 있다면 어떨지 진지하게 고려해본다. 호텔에 머무를 때 선반에 그저 깨끗한 새 수건이 많다는 이유만으로 샤워할 때마다 새 수건을 쓰는 상황과 비슷하다는 설명을 들은 적이 있다. '포모' 현상은 보기보다 훨씬 흔한데, 뇌가 조직된 방식 때문이다. 그리고 이 현상으로 인해, 남성과 여성 모두 장기적 관계를 형성해서 이어가는 능력이 많은 손상을 입는다. 앞서 언급했듯, 진화가 이루어진 긴 시간 동안 이렇게나 많은 자극과 기회, 가능성이 수많은 이들의 마음에 홍수처럼 쏟아진 적은 없다. 인류가 물려받은 지휘 통제 중추는 그저 식량의 부족, 번식 파트너의 부족, 상시적 위험 노출 같은 자원이 부족한 상태에서 작동하고 결정을 내려야 했는데 이제 지금의 인류가 출현한 것이다.[47]

우리의 뇌가 수많은 자극을 견디지 못하면 어떻게 될까? 이런 상황이면, 뇌에서 스트레스 반응이 활성화된다. 스트레스 반응이란 원시적인 생존 메커니즘으로 동물의 신체와 뇌에 힘든 상황에 대응할 준비를 하라고 신호를 보내는 역할이다. 스트레스 반응은 주의 및 집중을 담당하는 이성적 부위인 전전두엽 피질을 막고, 고대의 정서적 뇌에 있는 비합리적인 생존 소프트웨어를 활성화한다. 정확성이 희생되고 그 대신 '투쟁, 도피, 혹은 경직' 반응이 빠르게 일어난다.

　　스트레스 상황에서는 정보를 천천히 합리적으로 처리할 시간이 없다. 우리는 '느낌이 오는 대로' 직감에 의지하여, 빠르게 판단해야 한다. 그 결과 달아날 수 있고('도피') 먼저 포기하고 어떤 결정도 내리지 않을 수도 있다('경직'). 정서적 마음이 연애 생활을 관리하는 고삐를 쥔다면, 우리의 인생은 불안의 손아귀에 놓인다. 관심이 줄어들고, 집중력도 떨어지고, 위험을 감수하기 주저하게 되며, 실망이 늘어난다. **뭔가 더 좋은 것이 나를 기다리지 않을까? 아마 효과가 없겠지. 나는 실망하기 지쳤어. 그 혹은 그녀가 나를 다시 떠난다면?** 인생에서 가장 중요한 결정이 다급하게, 비이성적으로 이루어지며 부정적인 쪽으로 편향된다.

　　우리의 뇌가 어떻게 작동하는지 안다면, 기술이 사랑을 죽였다고 말해도 놀랄 것 없다. 뇌는 분석을 잘하는 슈퍼컴퓨터가 아니다. 슈퍼컴퓨터는 데이터를 더 많이 입력할수록, 정신없이 빠른 속도로 더 많은 비교 작업을 하여 가장 좋은 선택지를 제시한다. 우리의 마음은 정서적 조건화와 편견으로 작동하는 정서적 기계로, 우리의 성장 환경과 우리의 조상이 살아남은 환경이 심어준 배선에 따라 움직인다. 이 정서적 기계는 전에 만난 적 없는 무언가를 마주하면, 시스템이 망가지고 만다.

이 같은 시스템 붕괴 사례는 틴더 이용자의 행동에서 찾을 수 있다. 틴더의 이용자는 평균적으로 앱에 하루 4회 접속하여 화면을 120회 넘긴다. 틴더는 최근 이용자들이 하루에 100번만 화면을 넘기도록 제한을 걸었다. 제한을 둔 이유는 이용자 상당수가 누군가를 알고 싶어서 화면을 넘기는 것이 아니라 그냥 타인이 자신을 원하는지 아닌지 알고 싶어 화면을 넘긴다는 사실을 틴더 측에서 알게 되었기 때문이다. 이런 이용자를 가리켜 사측에서는 '분별없는 나르시시스트'라고 명명했다. 그렇다면 모든 사람이 나르시시스트가 된 것일까? 아니면 앱에 끈질기게 접속하는 집착적 충동을 유발한 기술이 정서적 뇌에 미친 효과와 관련이 있을까?[48]

B. F. 스키너Skinner는 1930년대 미국의 저명한 심리학자로 파블로프Pavlov와 더불어 행동주의의 선구자이다. 행동주의는 눈에 보이는 인간의 행동 및 이 행동이 형성될 수 있는 조건을 중시하는 체계적 접근 방식을 따른다. 긍정적/부정적 환경 조건이 동물의 행동을 결정짓듯이 인간의 행동 또한 어떻게 결정짓는지 연구한다. 스키너는 정신이 어떻게 작동하는지 내면을 검증해야 한다고 믿는 급진적 행동주의자였다. 정신 상태 또한 신체 상태이므로, 외적 행동 연구와 똑같은 방식으로 정신 상태를 연구해야 한다고 그는 주장했다.

스키너의 유명한 실험 가운데 하나를 소개하면, 스키너는 '스키너 상자'라는 실험 상자를 만들었다. 상자 안에는 조명과 먹이 그릇, 페달이 들어있다. 불이 켜진 상태에서 페달을 살짝 누르면 그릇에 약간의 먹이가 나온다. 스키너는 쥐와 개, 비둘기로 실험했는데, 모든 동물은 조건화를 아주 빠르게 학습했다. 불이 켜질 때마다 페달을 눌러서 먹이를 먹을 수 있었다. 얼마 후, 동물들은 불이 켜지면 언제나 먹이가 나온다는 것을 알게 되어 배가 고플 때만 페달을 눌렀다.[49]

그런데 스키너가 규칙을 바꾸었다. 불이 켜질 때 페달을 누르면 먹이가 나오기도 하지만 나오지 않는 상황도 발생했다. 이 불확실한 상황에서 실험한 결과는 대단했다. 불이 켜지든 말든 동물은 지칠 때까지 페달을 계속 눌렀다. 심지어 몇몇 동물은 탈진으로 죽고 말았다.

이 같은 결과는, 일관성 없고 불확실한 긍정적 강화 조건이면 뇌의 보상 시스템이 망가지고 이로 인해 스트레스 반응이 활성화된다고 설명할 수 있다. 그 결과 중독적 강박 행동으로 이어진다. 정서적 뇌의 보상 시스템은 도파민을 방출하여, 특정 자극에 대한 반응에서 쾌감을 느끼게 해준다. 또한 이 시스템은 긍정적 강화와 관련된 다른 사건들을 연결해주기도 한다. 그렇지만 예상이 어렵거나 서로 모순되는 사건들이 벌어지는 상황은 시스템을 망가뜨리고 스트레스 반응을 활성화한다. 그렇게 확실성을 얻고 상황을 통제하기 위한 강박적 행동이 촉발되는 것이다.

여러 측면에서 볼 때, 앱이 깔린 휴대전화는 21세기의 스키너 상자라고 할 만하다. 이 앱들이 제공하는 긍정적 강화는 예측이 어렵고 일관성도 없다. 새 메시지, 좋아요, 오른쪽으로 넘기기, 데이트 제안, 새 프로필, 재미있는 영상 등이 있는 한편, 클릭해도 재미난 것이 하나도 없기도 하다. 그래서 우리는 스키너 상자의 불쌍한

쥐와 비둘기와 개처럼 앱에 강박적이고 비합리적으로 계속 접속하여 페달을 끝없이 누르다 결국 지치고 좌절하고 만다. 나쁜 소식은, 뇌와 행동 연구자들이 오늘날 이런 앱을 만든 공범이라는 사실이다. 이렇게 인간의 약점을 이용한 결과, 우리는 휴대전화를 내려놓고 자기 정신 상태에 어떤 결과가 닥칠지 생각할 겨를도 없이 앱에 가능한 한 많은 시간을 쓰게 된다. 뇌는 이렇게나 많은 자극을 짊어지도록 만들어진 기관이 아니니 고통스러운 처지에 놓이고, 사랑을 찾아 장기적 관계를 맺는 일은 훨씬 더 어려워진다.50)

기술이 관계 맺기에 안긴 충격은, 온라인에서 시작한 관계와 현실 세계에서 시작한 관계를 비교한 여러 연구에서 확인할 수 있다. 기술이 관계에 미친 효과를 연구하는 미시간 대학의 아디티 폴Aditi Paul 교수는 데이트 사이트에서 만난 커플과 현실 세계에서 다른 방식으로 만난 커플 4,000쌍을 비교했다. 연구 결과, 온라인 커플의 경우 현실에서 만난 커플보다 이혼할 가능성이 3배 더 크고 첫해에 헤어질 가능성이 28퍼센트 더 컸다. 온라인 커플은 애초에 결혼 가능성이 크지 않았으며 친구와 가족과 직장 등을 통해 만난 커플에 비해 관계의 질 또한 떨어졌다.51)

폴 교수는 이 같은 결과에 대해, 디지털 플랫폼은 대화 수단도 그렇고 이용자의 행동도 그렇고 기존의 관계를 끝내고 다른 관계로 옮겨가는 일이 더 쉽다고 설명했다. 우리는 아주 사회적인 생명체이고, 연애 관계는 우리의 세계를 구성하는 관계의 그물망 가운데 하나일 뿐이다. 이미 존재하는 사회적 연결망에 관계가 더 잘 이어질수록 잘 될 가능성도 커진다. 기술은 모든 사회적 규범에 도전하는 공간에서 새로운 소통 방식을 창조한다.

그렇다면 사랑할 사람을 찾는 목적으로 기술을 사용해도 좋을지 아닐지 결론을 얻을 수 있을까? 먼저 가벼운 관계와 길게 가는 진지한 관계를 구분하는 일이 중요하다. 둘의 차이는 아주 큰데, 같은 플랫폼이 언제든 둘 다 제공하겠다고 주장하고 있다. 당신이 가벼운 관계에 관심이 있는지, 책임이 필요한 관계에 관심이 있는지, 혹은 다자 간의 연애에 관심이 있는지 앱에 표시하면, 앱이 짝을 찾아준다고 한다. 이쯤에서 다윈이 폭소를 터트릴 것 같다. 가벼운 관계나 잠깐 만날 연애 상대를 찾는다는 남자를 '놀아나는 관계는 끝냈다'고 선언한 남자보다 환영할 앱이 얼마나 많을까? 또, 함께 나이 들 사람을 찾는다고 밝힌 여성과 가벼운 만남의 상대만을 찾는다고 밝힌 여성을 어떻게 구분할까? 우리 인간은 생물학과 환경의 산물로, 사회 및 진화의 지시를 따르며 살아간다. 우리는 우리가 원하는 바를 정말로 말할 수는 없고, 이미 혼란스러운 상태라서 우리가 무엇을 원하는지조차 모른다. 그래서 우리는 기대받는 대로 말하며, 때로 자기 자신과 타인에게 상처를 주기도 한다. 중요한 점은, 우리가 동물의 세계에서 가장 성적인 동물이라는 사실이다. 우리는 단순히 번식 때문이 아니라 관계에서 오는 친밀감이 필요해서 섹스한다. 동물의 세계에서, 신체 크기 대비 고환이 가장 큰 존재가 인류 남성이다. 섹스는 우리의 사회적 유대를 강화하며, 우리의 정신 건강에 중요하다. 우리에게 섹스는 존재론적 욕구이며, 장기간의 사랑은 즐거움에 더해진 보너스와도 같다. 하나의 플랫폼에서 섹스 상대와 장기적 사랑을 나눌 상대를 찾는 행위는, 휴일을 보낼 별장과 가족의 집을 한 곳에서 찾는 일과도 비슷하다.

　　그렇다면 가장 먼저 할 일은, 우리가 인생의 현 단계에서 정말로 무엇을 찾는지 알고, 데이트 사이트와 인간 모두의 한계를 이해하는 것이다. 당신이 장기적 관계를 맺을 상대를 찾고자 한다면, 주로 가벼운 섹스를 지향하는 앱의 이용을 줄여야 한다.

두 번째로, 당신의 정서적 뇌와 친숙해져야 한다. 어떤 사람에게 잘 맞는다고 해서 다른 사람에게 꼭 잘 맞으리라는 법은 없다. 데이트 사이트에서 파트너를 찾아도 도움이 안 된다고 느끼는가? 사이트 이용으로 좌절과 불안이 늘고 정서적으로 불안정한 느낌이 드는가? 실망스러운 데이트에 심한 거부감이 생기고, 데이트 사이트의 프로필 이미지와 실제 모습 사이의 크나큰 괴리에 자꾸 의심이 들고 따지게 되는가? 혹은 상대가 대화를 나누다가 사라지거나 데이트를 끝낸 다음 사라지면 마음이 흔들리는가? 만일 그렇다면, 이 매체가 당신의 정서적 시스템에 맞지 않을 수 있다. 당신은 스트레스를 덜 주는 인터넷 바깥의 세상에서 사람을 찾아야 한다.

세 번째로, 건강한 균형을 유지하자. 앱을 데이트의 주요 원천이 아니라 보조 수단으로 사용하는 편이 좋다. 또한 앱에 집착하고 중독되지 않기 위해 사용 시간을 제한해야 한다. 당신의 뇌가 자꾸 비판적으로 잘잘못을 따지면서 부정적 편향이 심해지지 않도록 프로필을 끝도 없이 내리며 오랜 시간을 보내지 않는 편이 바람직하다 (부정적 편향이란 긍정적 특성보다 부정적 특성에 무게를 더 실어주는 경향이다). 선택지를 제한하고 집중해서, 정신이 흐트러지지 않게 하는 편이 좋다. 조사에 따르면 대부분의 앱에서 대화는 메시지 네 번 주고받기로 끝난다. 또한, 데이트 전에 전화를 많이 하거나 왓츠앱 메시지를 보내지 않는 편이 좋은데, 연애에서 우리는 현실을 낭만화하는 경향이 있기 때문이다. 전화에서 들려오는 상대 목소리,

상대가 쓴 글을 근거로 이상적인 파트너를 상상하는데 실제로 대면한 순간 상상은 실망으로 끝나버릴 수 있다. 만남을 순조롭게 시작하기도 전에 이런 잠재적 장애물을 끌고 오지 말고, 가능한 한 빨리 만나거나 화상 전화를 하는 편이 낫다. 가능하면 초기에 목소리 뒤의 화자를 직접 만나자.

조언을 하나 더 하자면, 주마다 혹은 달마다 하는 데이트 횟수를 제한하자. 뇌에 과부하가 와서 집중할 수 있는 시간이 줄어들면, 실망스러운 결과를 맞이할 것이다. 신경 써서 선택한 데이트를 정해진 횟수만큼 가진다면 장기적 관계를 맺을 가능성이 커질 것이다. 데이트를 많이 해서 여러 명의 상대를 차지하는 방법으로 자기 외모나 성적 매력, 지성에 관해 긍정적 피드백을 받겠다는 자아도취적 욕구에 속아서는 안 된다.

마지막으로, 여러 사람과 동시에 데이트해서는 안 된다. 당신 자신의 마음만이 아니라 당신을 알고 싶어 하는 사람들의 마음도 알아주길 바란다. 너무 많은 만남을 이어가면 정서적 시스템에 과부하가 오고, 더 좋은 기회를 놓치고 싶지 않다는 불안('포모')이 늘어나고, 주의력이 떨어진다. 그리고 뇌가 비교 분석을 하느라 너무 바빠 옥시토신 생성이 어렵고 한 사람과 진짜 관계를 맺기 어려워진다.

선택지에 대해 현실적으로 판단하기

서구 사회에서 여성의 평균 결혼 연령은 계속 상승하고 있다. 자료를 보면 역사적으로 여성의 평균 결혼 연령은 17세에서 21세 사이로 큰 변화가 없다가, 1990년대에 27세에서 28세 사이로 별 안간 가파르게 상승하는 추세를 보였다. 2000년대 이후 스웨덴을 비롯한 몇몇 나라는 34세까지 올라갔다. 페미니즘 혁명이 학계와 노동 시장, 정치의 문을 열어젖힌 후 여성들은 결혼을 점점 미루고 있다. 젠지Generation Z 세대 여성들은 자신들의 어머니와 할머니가 꿈도 꾸지 못한 방식으로 자아를 실현하고자 한다. 오늘날 자유 시장 경제에서 여성들은 남성들보다 더 많은 수가 더 많은 교육을 받고 있고, 경력 사다리에서 빠르게 올라가며, 가족 만들기를 가능한 한 연기하고자 하는데 이 모든 일은 크나큰 희생을 요구한다.

지난 200년 동안 인류 사회, 특히 여성이 겪은 변화는 분명 어마어마한데 그 시간 동안, 아니 20만 년 동안 똑같은 것이 단 하나 있다. 바로 여성의 생식 연령이다. 여성의 가임력은 여전히 12세 무렵부터 시작해서, 35세가 되면 급격히 떨어지며 평균 40세에 끝이 난다. 기술 혁명은 생식의 생물학을 하나도 바꾸지 못했다. 반대로 산업화, 과밀화, 기술은 인류의 생식 능력 감소를 불러왔을 뿐이다. 속된 말로 30세는 새로운 20세라고 하는데, 전혀 그렇지 않다. 32세부터 여성의 자궁 가임력은 떨어지기 시작하며 이 현상이 근미래의 어느 순간이든 달라질 것 같지는 않다. 당신이 아이를 원하는 여성이라면, 20대에 진지하게 파트너를 찾아야 한다. 지평선 저편에서 전속력으로 달려오는 백마 탄 기사를 기다려서는 안 된다.[52]

합리적 방식으로 직업을 선택하고 경력을 키우기 위해 시간과 노력을 들이듯, 연애와 결혼 생활에서 책임감 있는 파트너를 찾는 일에도 그래야 한다. 경력은 바꿀 수 있고, 직업과 거주지도 마찬가지다. 하지만 자녀의 아버지 될 사람을 쉽게 갈아 치울 수는 없다. 가족을 꾸리기를 바란다면, 장기간 만날 파트너로 누구를 선택하는가에 따라 미래 인생의 질과 우리의 행복, 우리 아이들의 행복도 달라질 것이다.

장기적으로 만날 사람을 찾을 때는, 특히 가족을 만들려고 한다면 정서적 안정성과 안정감, 아버지로서 가족을 꾸리는 능력, 화합력 등 가족 만들기에 어울리는 특성이 있는지 고려해야 한다. 관계에 대해 합리적 결정을 내리려면, 고대의 파충류 뇌가 보내는 메시지를 통제해야 한다. 이 뇌는 타인의 외적 특성에 더 치중하도록 유도한다. 첫눈에 반한 사람이 아니고 초기에는 별다른 끌림이 없었다고 해도, 상대를 더 알아간다면 함께할 수 있다. 옥시토신이 분비되면 친밀감과 신뢰, 심지어 희열까지도 생겨날 것이다. 상대가 별안간 더 매력적으로 보일 수 있다.

옥시토신을 그냥 흘려보내지 말고 기회를 주자. 우리와 반대인 사람이 처음에는 더 매력적으로 보일 수 있어도, 결국 남는 사람은 우리와 비슷한 사람이다. 대체로 시간이 지남에 따라 성격적 특성이나 문제 해결 방식, 바라는 가족의 유형, 성장 환경이 우리와 비슷한 사람과 다투는 일 거의 없이 잘 지내게 되는 것이 당연하다. 삶은 수많은 어려움과 변화, 대립으로 가득한 여정이다. 전체적으로, 이 같은 현실을 보는 관점과 갈등을 풀어가는 방식이 비슷할수록 함께 어려움을 극복할 가능성도 커진다는 것이 끌림의 법칙이다.[53]

3장

동성 간의 사랑과 끌림

사랑은 사랑이고 사랑이다. 유대와 애착, 사랑 호르몬의 역할에 대한 생물학적 메커니즘이 관여하는 한, 성별이 같은 두 사람이나 성별이 다른 두 사람이 사랑에 빠지는 일에는 차이가 없다. 메커니즘은 같다. 동성 간의 사랑이 지닌 유일한 차이는 끌림에서 찾을 수 있다.

사랑의 생물학은 성적 지향과는 상관없이 모든 인간에게 적용되며, 끌림의 원칙은 같은 종끼리 건강과 번식력을 알리는 신호를 근거로 작동한다. 그래서 미남과 미녀가 서로 끌리게 되는데, 어떤 커플의 경우 같은 성별에 끌린다. 심지어 동성 커플이라도, 커플 내 남성적 속성 혹은 여성적 속성에 끌리기도 하는데 이를 부치와 펨

이분법이라고 한다. 이는 암컷을 향한 수컷의 끌림, 즉 테스토스테론과 에스트로겐의 상호 관계와 관련이 있다. 수컷과 암컷의 관계 욕망은 아마 지구상 생명체의 전반적인 특성일 것이다.

이 책에서는 성별의 차이, 즉 여성적 뇌와 남성적 뇌의 차이 및 두 성별의 감정과 욕구의 차이를 상세히 다룬다. 생물학적 차이도 있고, 교육과 사회에 의해 형성된 차이도 있다. 나는 차이에 대한 지식을 계기로 두 성별이 상대 입장을 더 잘 이해하게 되리라 믿는다. 차이를 이해하면 관계의 갈등을 더 효과적으로 해결할 수 있고, 장기간에 걸쳐 헌신적 관계를 이어 갈 때도 도움이 된다. 책에서 남성과 여성의 차이에 관해 언급할 때는 개인이 지닌 특정 생식 시스템이나 성적 지향과는 상관없이 무엇보다도 수컷과 암컷의 차이, 테스토스테론과 에스트로겐의 차이를 가리킨다. 그리고 이런 관점은, 동성 간의 사랑이나 양성애를 다룰 때도 적용할 수 있다.

성적 지향의 생물학

성적 지향과 성적 정체성에 영향을 미쳐, 몇몇 소년과 소녀가 같은 성별에 끌리게 하는 생물학적 요인은 무엇일까? 인간과 관련된 다른 모든 문제와 마찬가지로 이 과학적 문제 또한 복잡하다. 어떤 생물학적 요인이 인간의 성적 끌림을 결정하는지 확실한 답은 거의 없다. 인간의 생물학에서 성적 지향과 정체성의 생물학만큼 복잡하고 정치적인 주제는 실로 그리 많지 않아서, 과학자들은 문제의 핵심에 다가가기를 꺼리는 경향이 있다.

그래도 이 분야에서 점점 늘어나는 연구들에 따르면, 성적 지향과 정체성은 생물학적 기반을 두고 있으며 생활양식의 선택이 아니라 생물학적 요인에 기원한다. 연구가 이루어진 사회마다 인구 집단의 2퍼센트부터 10퍼센트까지는 동성에게 끌린다고 한다. 비슷한 수치는 동물의 세계에서도 찾아볼 수 있다. 약 1,500종의 동물에서 동성애 행동이 관찰되었다. 피그미 침팬지라고도 불리는 보노보의 경우, 동물의 세계에서 인간과 유전적으로 가장 가까운 영장류인 동시에 가장 양성애적인 동물이다. 사자의 경우, 수컷끼리 짝짓기하여 결속을 다지는 무리가 있는데 집단 내 충성을 확인하는 차원으로 보인다. 오리와 거위의 경우 일부일처로 짝을 짓는데, 짝을 지은 무리 가운데 4퍼센트에서 5퍼센트는 성별이 같다. 펭귄도 마찬가지다. 2019년 네덜란드의 동물원에서 동성 펭귄 커플이 새끼를 기르고 싶은 마음이 간절한 나머지 다른 펭귄 커플의 알을 훔쳐 돌보는 사건도 일어났다.

동성 간의 교제와 동거 행동은 돌고래에서도 찾아볼 수 있었다.54) 기린의 경우, 동성애적 상호작용이 수컷 무리에서 높게 나타나는데 특히 공격 이후에 그렇다. 암컷의 경우에는 이런 상호작용이 훨씬 적게 나타난다. 오징어 무리의 경우 작고 색이 없는, 암컷처럼 보이는 수컷이 일부 존재한다. 이들은 더 큰 알파 수컷의 하렘(수컷 한 마리와 암컷 여러 마리)에 합류하는데, 알파 수컷은 이 오징어들을 암컷이라고 여기고 짝짓기한다. 갈매기 무리의 14퍼센트는 레즈비언 커플이다. 오스트레일리아의 검은고니는, 커플의 6퍼센트가 수컷으로만 구성되어 있다. 수컷 양의 8퍼센트는 수컷에게만 끌린다.55)

동성애의 진화적 이점은 무엇일까?

동성 간의 행동은 동물의 세계에서 매우 흔하므로, 이런 행동이 생존에 이득을 제공한다는 가설이 있다. 사실 순수한 다윈적 진화론의 관점에서 보자면, 동성애가 이기적 유전자의 이득을 늘려주는 것 같지는 않다. 개체가 자신의 유전 물질을 다음 세대로 물려 주는 최고의 방법이 아니기 때문이다. 그렇다면, 유전자의 입장에서 동성애의 이득은 무엇일까? 답은, 개체의 이기적 유전자 차원을 넘어서서 집단 혹은 종족 전체 유전자풀 차원에서 생존의 이득을 준다는 것이다.

이 이론은 동성애적 행동이 집단 내 개인 간의 사회적 유대를 강화하고, 경쟁을 낮추어 집단 전체의 생존을 증진한다고 본다. 동성애 행동은 구애와 성적 접촉을 통해 집단 옥시토신을 늘리고 테스토스테론의 농도와 공격성을 낮추어, 전체 집단 내 코르티솔 및 스트레스 수준을 낮추는 결과를 가져온다. 그래서 집단 내 사회적 유대가 강해지고 자녀 양육에도 도움을 받기 쉬워진다. 나아가 수컷끼리의 동성애는 암컷을 향한 수컷들의 경쟁을 줄여, 결과적으로 집단 내 수컷 사이의 폭력이 줄어든다. 요약하자면, 동성애적 성향의 개인이 있는 집단은, 그런 성향의 개인이 없는 집단에 비해 집단 유전자를 다음 세대에 더 많이 물려주게 된다.[56]

개체가 집단으로 전체 유전자를 증진하면서 굳이 자체적으로 번식하지는 않는 초개체 집단에 대해서는 이미 들어본 적 있을 것이다. 예를 들어, 개미와 벌은 여왕만이 후세대에 유전자를 물려주고 다른 개체는 집단 전체를 돕는 역할을 각각 맡는다. 이 같은 사회적 종이 거둔 진화적 성공은 동물의 세계에서 가장 인상적인 모습 중 하나이다.

동성애가 유전자풀에서 사라지지 않은 이유를 설명하는 또 다른 진화적 이론이 있는데, '여성 생식력' 가설이라고 한다. 이탈리아에서 진행된 어느 연구에 따르면, 동성애자 남성이 있는 집안의 딸들은 이성애자 남성만 있는 집안의 딸들에 비해 자손을 1.3배 더 낳는다고 한다. 이 같은 결과에 대한 한 가지 가능한 설명은, 남성을 좋아하는 성향의 남성 일원이 있는 집안에서는 딸들이 그 성향을 물려받아 일찍부터 자식을 더 많이 가지게 된다는 것이다. 아마도 동성애자 일원의 자녀 없음에 대한 보상 메커니즘일 것이다. 가족 내 동성애자 일원이 딸들에게 보내는 지지와 도움 덕택에 딸들이 자식을 더 쉽게 가진다는 설명도 있다.

현재로서는, 동성애가 지구상의 다양한 종에 제공하는 진화적 이점을 다룬 모든 이론은 그저 지식과 경험을 근거로 한 추측일 뿐이다. 이를 확인하려면, 여러 인간 집단과 동물 집단을 대상으로 한 폭넓은 유전적 연구가 필요하다.57)

성적 지향은 유전일까?

성적 지향이 유전인지, 만일 유전이라면 어떤 유전자 때문인지 답을 찾기 위해서 일란성 쌍생아를 대상으로 연구가 진행되었다. 이 연구들에 따르면, 쌍둥이 남성의 경우 한쪽이 동성애자면 나머지 쌍둥이가 동성애자일 가능성이 20퍼센트다. 보통의 인구 집단에서 동성애자일 가능성은 2퍼센트에서 10퍼센트 사이다. 즉, 일란성 쌍둥이의 경우 한쪽이 동성애자이면 나머지 형제가 동성애자가 될 가능성이 2배에서 10배까지 늘어난다.

'게이 유전자'를 알아내려는 최초의 시도는 1993년에 있었는데, 분자유전학 교수 딘 해머Dean Hamer와 미국 국립보건원(NIH)의 동료 연구자들은 동성애자 일란성 쌍둥이 38쌍의 유전체를 이성애자 쌍둥이의 유전체와 비교했다. 해머 교수는 X 염색체에 있는 Xq28이라는 부분을 지목하며, 이 유전자가 동성애자 쌍둥이 유전체에는 있으나 이성애자 쌍둥이 유전체에는 보이지 않는다고 밝혔다.[58]

6년 후 존 베일리John Bailey 교수와 동료들은 미국 케임브리지 대학에서 남성 동성애자 쌍둥이 400쌍을 연구한 끝에, Xq28이 실제로 남성의 성적 선호와 관련이 있다는 결과를 얻었다. 또한 8번 염색체의 8q12 부분이 동성애자 형제에게서 더 자주 나타난다는 결과도 얻었다. 2017년에는 규모를 더 키워, 동성애자 남성 1,077명의 유전체와 이성애자 남성 1,231명의 유전체를 비교 분석하여 동성 선호와 관련된 유전자 부분을 추가로 찾아냈다.[59]

최근에 진행된 대규모 연구는, 동성을 선호하는 남성 50만 명의 유전체를 대상으로 성적 선호의 유전학을 판독하는 작업이었다. 그 결과 성적 선호와 관련된 다섯 부위의 영역, 즉 유전 표지자 다섯 가지를 발견하였다. 그렇지만 연구진은 임의로 주어진 개인의 유전체를 분석할 때 이 유전 표지자를 가지고 성적 지향을 예측할 수는 없었다. 2019년 과학 학술지 〈사이언스〉에 실린 이 연구는 매사추세츠 공과대학과 하버드 대학과 케임브리지 대학 연구진이 진행한 것으로, 과거 소규모 집단을 대상으로 삼은 이전의 연구 결과를 뒷받침하면서, 여러 과학자가 세운 가설을 확인하였다. 즉 성적 지향은 유전적 요소가 있긴 하나, 이 성향에 영향을 미치는 단일한 유전자는 없다는 것이다. 실제로, 동성애를 결정짓는 '자긍심 유전자'는 없다. 매사추세츠 공과대학 브로드 연구소의 유전학 연구단장 안드레아 가나Andrea Gana 박사는 동성 간 끌림은 25퍼센트까지는 유전적으로 설명할 수 있으나 나머지는 환경적 요인에 달려 있을 수 있다고 추정한다.[60]

환경과 '큰형 효과'

여러 연구에서 반복적으로 확인된 결과 가운데 하나는, 남성이 동성애자가 될 가능성은 가족 내 형이 있으면 증가한다는 것이다. '큰형 효과the big brother effect'라고 불리는 이 현상은 20년 동안 진행된 연구에서 통계 데이터를 분석한 결과로, 누나 말고 생물학적 형이 있으면 동생이 동성애자일 가능성이 커진다. 연구에 따르면 가족 내 형이 한 명씩 더 있을 때마다 가능성이 33퍼센트씩 늘어난다(즉 일반 인구 집단에서 동성애자일 확률은 2퍼센트에서 10퍼센트인데, 형의 수에 비례하여 이 확률이 33퍼센트씩 늘어난다는 뜻이다).[61]

캐나다 심리학자 앤서니 보개트Anthony Bogaert 교수와 동료 레이 블랜처드Ray Blanchard는 동성애자 남성은 형이 많은 경향이 있음을 시사하는 1950년대 후반의 연구를 기반으로, 동성애는 형이 특히 많은 남성에게서 더 흔하다는 내용의 논문을 1996년에 발표했다. 또한 이 현상이 환경적 요인이 아닌 생물학적 요인과 관련된다고 주장했다. 생물학적 형제가 있는 가족과 비생물학적 형제가 있는 가족(부모가 다른 경우)에서 소년이 동성애자일 가능성을 비교한 결

과, 생물학적 형제가 있는 경우만 동성애자일 가능성이 더 컸다.[62]

보개트의 연구 결과는 인도네시아 남성을 대상으로 한 연구에서도 재현되었다. 남성 동성애자 116명과 이성애자 남성 62명의 가족 데이터를 분석한 결과, 동성애자 남성은 이성애자 남성보다 형이 있을 가능성이 더 컸다.[63]

2006년, 보개트와 동료들은 캐나다의 남성 동성애자 3,146명의 데이터를 분석하여, '큰형 효과'가 어린 남성의 성적 지향에 미치는 영향은 다른 요인과도 관련이 있다는 결론을 내렸다. 왼손잡이인지 아니면 오른손잡이인지도 변수라는 것이다. 연구에 따르면 왼손잡이가 아니라 오른손잡이일 때만 큰형 효과가 나타난다고 한다. 왼손잡이 성향은 배아 단계에서부터 생겨나므로, 배아 단계의 어떤 생물학적 과정으로 인해 형이 있는 오른손잡이 배아의 경우 동성애자가 될 가능성이 커진다고 추론할 수 있다.[64]

2017년, '형님 효과'가 어떤 과정을 통해 나타나는지 브록 대학과 하버드 대학의 연구진이 구체적으로 밝혔다. 이들은 남성의 성적 지향이 자궁 단계에서 결정될 가능성이 크다는 결과를 얻었다. 동성애자 남성의 어머니를 포함한 연구 가운데 가장 규모가 큰 이 실험실의 연구는, 다음과 같은 집단을 대상으로 삼았다.

- 이성애자 남성의 어머니 72명
- 형이 없는 동성애자 남성의 어머니 31명
- 형이 있는 동성애자 남성의 어머니 23명
- 아이가 없는 여성 16명
- 통제집단 남성 12명

연구진은 남성에게만 발견되고 남성 태아의 뇌에서만 나타나는 두 종류의 단백질에 모든 여성의 면역계와 항체가 어떤 반응을 보이는지 실험하였다. 그 결과 동성애자 남성의 어머니, 특히 형이 있는 동성애자 남성의 어머니는 다른 여성 집단 및 통제집단에 비해 항체 수치가 높았다. 이에 대해 연구진은, 몇몇 여성의 경우 첫 임신 동안이나 첫아들 출산 직후 면역계가 남성 단백질을 인식하기 시작하고 이에 맞서 면역 반응(항체)을 일으킨다고 보았다. 그래서 아들을 계속 출산하면 남성 태아의 뇌 단백질을 공격하는 항체의 수치가 증가하여, 나중에 태어난 남아의 뇌 발달에 영향을 미친다는 것이다. 이런 과정이 '큰형 효과'를 뒷받침하는 메커니즘이라는 가설이다.[65]

어머니가 낳는 아들의 수가 나중에 태어나는 남아의 성적 지향에 영향을 미친다는 '큰형 효과'는, 동성애가 암컷을 둘러싼 수컷 집단의 경쟁과 갈등을 줄여서 사회적 결속을 강화한다는 진화적 주장을 뒷받침한다. 게다가, 수컷 수와 암컷 수 사이의 균형이 개체의 성적 지향과 정체성에 영향을 미치는 동물도 있다. 예를 들어 어느 어종의 경우, 무리 내 모든 수컷이 죽으면 암컷 가운데 한 마리가 수컷이 된다. 이 같은 성 변화는 반대 방향으로도 일어난다. 암컷이 사라지면 수컷 가운데 한 마리가 암컷으로 변하는 것이다. 성체 상태에서 일어나는 이 같은 성별 변화 메커니즘은 환경의 자극으로 인해 유전자의 발현에 변화가 나타난, 후성 유전적 변화이다(후성 유전적 변화는 환경의 자극에 대한 반응으로 유전자에 나타나는 후천적인 화학적 변화다. 환경의 자극이 DNA의 염기서열이 아닌 다른 부분에 변화를 가져와, 그 결과 유전적 발현에도 변화가 나타난다. 이 말은, 후성 유전적 변화가 유전자를 켜고 끄는 스위치 역할을 한다는 뜻이다. 이 스위치는 환경의 신호에 대한 반응으로 활성화된다). 어떤 어류나 파충류, 조류의 경우 배아의 성별이 온도 변화나 환경 내 다른 변화에 영향을 받을 수 있다.

자궁 내에서의 테스토스테론 노출

어머니의 자궁에는 태아의 성적 지향과 정체성에 작동하는 또 다른 요인이 있다. 연구에 따르면, 태아가 초기에 테스토스테론 같은 호르몬에 고농도로 노출되면 성인 시기의 성적 지향에 영향을 받는다고 한다. 배아 발달 단계에서 테스토스테론에 노출되면 뇌와 신체 발달에 영향을 준다. 예를 들어, '손가락 비율'은 자궁 내 테스토스테론이 영향을 미친 결과 가운데 하나라고 한다. 평균적으로 태아가 고농도의 테스토스테론에 노출될수록 검지와 약지 길이 비율이 낮아진다. 즉 남성은 검지가 보통 약지보다 짧고 여성은 검지가 보통 약지보다 길다. 이 손가락 비율은 성적 지향도 암시할 수 있다. 연구에 따르면, 동성애자 남성은 이성애자 여성처럼 검지가 약지보다 길 가능성이 크다. 레즈비언 여성의 경우 이성애자 남성처럼 검지가 약지보다 짧을 가능성이 크다는 결과가 있었다.[66]

테스토스테론은 공간 지각에도 작용한다. 평균적으로, 남성은 패턴과 각을 맞추는 문제 등의 공간 시각 과제를 여성보다 더 잘 해결한다. 그렇지만 동성애자 남성은 이런 과제를 이성애자 남성보다 잘하지 못하며, 레즈비언 여성은 보통 이성애자 여성보다 더 잘한다.[67]

또 다른 연구에 따르면, 동성애자 남성은 왼손잡이일 확률이 이성애자 남성보다 31퍼센트 더 크고, 레즈비언 여성은 왼손잡이일 가능성이 91퍼센트 더 크다고 한다. 동성애자 남성은 정수리 머리카락이 빙 돌아 나는 부분(가마)의 방향이 시계 반대 방향일 가능성이 15퍼센트 더 크다. 머리카락 방향을 결정짓는 유전자가 왼손잡이 및 성적 지향과도 관련이 있기 때문이다. 왼손잡이는 발달 초기 테스토스테론 농도와도 관련이 있다고 밝혀졌다.[68]

그렇지만 테스토스테론이 모든 것을 설명하지는 못한다. 연구에 따르면 여성 태아 또한 태아의 부신과 태반 및 모체의 호르몬 시스템에서 분비되는 저농도의 테스토스테론에 노출된다. 수정 이후 주요 시점에, 남성과 여성 배아는 비슷한 농도의 테스토스테론에 노출된다. 이 농도는 여성 태아의 경우 정상보다 더 높을 수 있고 남성 태아의 경우 정상보다 더 낮을 수 있으나 생식 기관의 구조 혹은 뇌의 구조에 어떤 변화도 가져오지 않는다. 연구에 따르면, 남성 태아와 여성 태아는 주어진 환경 내 호르몬에 다르게 반응한다. 호르몬에 대한 민감성은 남성 태아와 여성 태아가 계속 차이를 보이며, 특정 호르몬 농도가 일시적으로 높은 상황이어도 그렇다.

캘리포니아 대학 산타 바버라 캠퍼스의 연구진들은 후성 유전학으로 호르몬 민감성에 나타나는 변화를 설명하고자 한다. 태아가 모체의 자궁에서 자랄 때, 성 관련 특정 유전자의 스위치가 후성 유전적 과정에 의해 켜지고 꺼진다. 이 같은 켜짐과 꺼짐은 태아와 모체 둘 다 분비하는 자궁 내 성호르몬의 농도가 달라질 때 나타나는 반응이다. 이 같은 호르몬 '다툼'은 자궁 내 호르몬 수치가 갑자기 가파르게 증가한다고 해도 태아가 남성 혹은 여성으로 순조롭게 발달하도록 이어가 태아에게 이득을 제공한다. 모체의 입장에서도 그렇고, 태아 자체의 입장에서도 그렇다.[69]

태아가 성장하는 주요 시점에, 테스토스테론이 영향력을 행사하는 경로에 후성 유전적 변화가 생기면 호르몬에 대한 민감성이 감소하거나 증가할 수 있다. 그렇게 테스토스테론이 태아의 몸에 미치는 효과도 달라지고, 뇌의 구조 또한 영향을 받는다. 2012년 캘리포니아 연구진의 획기적인 발표에 따르면, 아기가 태어나고 그 아이가 훗날 자식을 가질 때도 이 후성 유전적 변화가 이어진다면, 일부 후손은 동성애자 성향을 지닐 수 있다. 연구단장인 진화 유전학자 윌리엄 라이스William Rice 교수는 이런 과정을 통해 동성애는 세대에 걸쳐 사라지지 않으며 그 이유는 후성 유전적 변화라고 본다.

후성 유전적 효과는 성적 지향을 설명하는 생물학 퍼즐의 빠진 한 조각으로 보인다. 성적 지향에 영향을 미치는 후성 유전적 메커니즘을 더 깊이 이해하기 위해, 캘리포니아 대학의 유전학자 에릭 빌랭Eric Vilain과 동료는 동성애자 남성의 유전체에서 후성 유전학 표지를 찾았다(앞서 언급했듯, 후성 유전학 표지는 유전자 발현에 영향을 주는 DNA의 화학적 변화이다). 연구진은 둘 중 한 명이 동성애자인 일란성 쌍둥이 37쌍과 둘 다 동성애자인 일란성 쌍둥이 10쌍의 DNA를 수집했다. 그런 다음 쌍둥이들의 후성 유전체를 분석했다. 후성 유전체란 유전체에 있는 후성 유전적 표지의 총합으로, 유전체의 DNA에 나타난 모든 화학적 변화를 가리킨다. 연구진은 동성애자 쌍둥이 형제에는 나타나지만, 한 명만 동성애자인 쌍둥이 형제에는 나타나지 않는 후성 유전적 표지 5가지를 발견했다. 그 가운데 하나는 뇌 발달과 관련된 유전자에서 발견되었고, 또 하나는 면역계와 관련된 유전자에서, 다른 나머지는 어떤 유전자의 발현과도 관련 없는 부위에서 나타났다. 이 5가지 표지에만 기대어, 연구진들은 임의로 주어진 개인의 성적 지향을 약 67퍼센트의 정확도로 추측하는 알고리즘을 개발했다.70)

이쯤에서, 이 연구에는 한계도 존재한다고 지적해야 할 것 같다. 먼저, 성적 지향의 복잡한 후성 유전학과 관련하여 명확한 결론을 내릴 수 있을 만큼 표본의 수가 크지 않았다. 두 번째로, 후성 유전적 표지는 신체의 여러 조직에서 발견되는 세포마다 다르다. 뇌세포에서 발견된 표지가 성적 선호와 관련 있을 가능성이 가장 크지만, 이 세포들은 연구에서 검증되지 않았다.

후성 유전학이 성적 지향 형성에 일조한다는 사실은 놀랍지 않지만, 이 같은 표지와 관련된 특정 환경 요인 및 그에 영향을 받는 관련 유전자에 대해서는 여전히 정보가 없음이 사실이다. 후성 유전학이라는 이 새롭고 매혹적인 분야의 연구가 더 진행된다면, 환경 요인과 성적 지향의 형성이 맺고 있는 복잡한 관계에 관해 훗날 더 많이 알 수 있을 것이다.

무성애

앨프리드 킨제이Alfred Kinsey는 인간의 성 행동을 탐구한 최초의 연구자 가운데 한 명이다. 20세기 중반 이 미국 생물학자는 이성애부터 동성애까지 그 성향의 정도를 0에서 6까지로 평가하는, 일명 킨제이 척도를 제시하였다. 더불어 킨제이는 'X'라는 범주를 추가하였는데, '관계 혹은 사회적 성적 연결이 부재'한다는 범주였다. 오늘날 이 범주는 무성애를 가리킨다. 인구 집단의 1퍼센트가 자기 자신을 무성애자로 정의한다고 추정된다. 이들은 성적 끌림 혹은 성적 흥분을 경험하지 않으며, 타인과 오르가슴을 경험해야 한다는 욕구를 느끼지 않는다. 선택의 문제가 아니다. 이들에게는 타고난, 자연스러운 느낌이다.71)

역사상 알려진 최초의 무성애자 가운데 한 명이 아이작 뉴턴Isaac Newton으로, 뉴턴은 생의 마지막까지 독신 생활을 유지했는데 무성애자에 속한다고 추정된다. 뉴턴이 사람들과 관계를 맺는 능력이 부재하다는 이유로, 자폐 스펙트럼(아스퍼거 증후군)으로 볼 수도 있다는 의견도 있다. 두 특성이 관계가 있을까? 스스로 무성애자라고 정체화한 가운데 자폐증 진단을 받은 사람이 일부 존재하는데, 두 특성 모두 전형적으로 사회적 상호작용과 의사소통에 어려움을 겪는다. 거기다 연구 문헌에 따르면, 무성애와 성적 끌림의 부재 혹은 낮은 성적 관심은 일반 인구 집단보다 자폐 스펙트럼 장애인에게 더 흔하다고 한다. 그렇지만 자폐 스펙트럼과 무성애의 관계를 심도 있게 파헤친 연구는 아직 충분하지 않은 상태이다.72)

요약하면, 성적 지향의 생물학적 메커니즘은 연구가 아직 초기 단계이며 복잡하다. 전체 인구 집단과 개인을 둘 다 다룬 연구, 유전학과 후성 유전학을 다룬 연구, 인간과 동물의 성적 지향과 성적 정체성에 영향을 미치는 호르몬을 다룬 연구가 더 많이 필요하다. 그렇지만 확실한 점은 동성 간의 끌림은 지구상에서 자연스럽고 가장 흔한 현상 가운데 하나이며, 인간을 포함하여 다양한 동물 집단에 진화적 생존을 위한 이점을 제공한다는 것이다.

4장

사랑에 빠지다

'사랑(love)'은 '미치게 하다'라는 뜻의 산스크리트어 'lobhayati'에서 유래했다. 이 장에서는 '사랑의 마약'이 관계의 초기, '사랑에 빠지는' 단계에 정말로 우리를 미치게 하는지 살펴볼 것이다. 첫 키스 직후, 즉 서로의 입으로 박테리아 5천만 마리를 교환하고 '좋아!'라고 함께 외친 후에 어떤 일이 일어나는지 알아보자. 이제 우리는 사랑의 약, 정신을 못 차리게 만들 마약을 쏟아부어 뇌를 푹 적실 준비가 되었다. 사랑이라는 이름의 롤러코스터 탑승을 환영한다!

새로운 파트너를 만나 첫눈에 반하면, 뇌는 뇌가 줄 수 있는 최고의 물질에 흠뻑 빠진다. 이 물질은 상대를 만지고, 쓰다듬고, 키스하고, 부드럽게 주무르는 동안 방출되며 섹스하는 동안 최고조에 도달한다.

시작은 키스다. 사랑 호르몬 옥시토신이 뇌에서 혈류와 타액으로 방출되어, 일명 사회적 신경이라고 하는 미주 신경을 자극한다. 이 순간 당신은 전기가 척추를 따라 등 아래로 흘러가 생식기에 불을 켜고 생기를 불어넣는 마법 같은 떨림을 느낄 수 있다. 질이 젖고 음경이 서면서, 생식기에 불꽃이 튀고 열기가 일어나는 느낌은 모두 옥시토신의 산물이다. 옥시토신은 욕망과 오르가슴의 호르몬으로서 성 행동을 담당한다. 많은 사람이 키스를 기준으로 "이거다" 혹은 "아니다"를 결정하는 것은 우연이 아니다.

수컷 쥐의 등허리에 옥시토신을 투여하면 바로 미주 신경에 도달해 발기를 일으킨다. 암컷 쥐의 등허리에 옥시토신을 투여하면 미주 신경으로 가서 골반과 엉덩이를 위로 드는 자세를 유도한다. 이는 척추 전만 자세로, 음경이 질로 쉽게 들어오도록 한다. 암컷이 골반을 드는 행동은 수컷에게 성욕 및 발정기를 알리는 신호이다. 발정기의 고양이는 밤에 울부짖을 때 골반을 들어 척추 전만 자세를 취한다. 그러면 당연히 수컷 고양이가 흥분해서 다가간다.

골반을 들어 성적 메시지를 주위에 퍼트리는 척추 전만 자세는 여전히 우리에게 본능으로 존재한다. 그래서 빅토리아 시대 여성들이 드레스 치마의 뒷부분을 풍성하게 들어 올려 돋보이게 입었다. 이 척추 전만 드레스는 성적으로 매력 있는 모습을 연출하는 디자인이다. 척추 전만 자세에 담긴 성적 매력은 오늘날 많은 여성이 등과 다리를 다쳐가며 하이힐을 신는 이유이기도 하다. 하이힐을 신으면 등이 뻣뻣해지며 척추 전만 곡선이 생기는데, 이 곡선이 성적 매력을 전파한다. 포르노 영화에서 여성들이 흔히 지나치게 높고 가느다란 굽이 달린 구두를 신는 것도 우연이 아니다.

다시 키스로 돌아가자. 우리의 생식기는 키스와 포옹 동안 방출된 옥시토신으로 자극을 받은 상태이다. 속이 울렁거릴 수도 있는데, 이는 넘쳐흐르는 호르몬으로 흥분했다는 또 다른 신호이다. 다음으로, 성적 충동 호르몬인 테스토스테론이 대기를 떠도는 그득한 냄새와 페로몬에 소환된다. 남성의 경우 테스토스테론이 고환에서 혈류로 바로 방출되고, 여성의 경우는 난소에서 혈류로 흐른다. 테스토스테론은 성적 충동, 욕망, 성욕, 활력을 만들어낸다.

이 단계에서, 고대에 생긴 정서적 뇌인 변연계가 마구 날뛰며 오르가슴(도파민)을 **당장** 요구하는 한편, 진화 과정에서 최근에 생긴 전전두엽 피질은 상황을 통제하고 행동을 조절하고자 한다. 둘 사이의 다툼이 시작된다. **내가 정말 하고 싶은 걸까? 지금 이렇게 행동해도 되는 걸까? 내 부모/친구/가족은 뭐라고 할까? 그 혹은 그녀는 나를 어떻게 생각할까? 내가 괜찮아 보일까? 기대에 부응할까?** 이 모든 악마 같은 생각들이 머릿속에서 생겨난다. 테스토스테론이 더 많이 분비될수록 자아 통제력은 약해질 텐데, 테스토스테론이 전두엽의 활동을 억제하기 때문이다.

뇌 스캔 검사에 따르면, 남성의 전두엽은 성행위 동안 여성보다 빨리 스위치가 꺼진다고 한다. 여성의 경우, 전두엽은 오르가슴 순간에만 스위치가 꺼진다. 유전자의 진화적 논리는 명백하다. 남성의 경우 생식을 위한 모든 기회를 이용하고, 두 번 생각하지 말고, 어디에나 씨를 뿌려야 한다. 여성의 경우, 이 마법 같은 저녁에 탄생할 작은 아기에게 모든 에너지를 투자해야 할 수 있다. 그러니 결과를 생각해야 하고 무모하게 굴어서는 안 된다! 여성들 대부분은, 남성 중심적인 사회가 만든 사회적 심리적 문화적 규범이 여성의 진화 배선 위에 한가득 쌓여 있기도 하다.

자제력에 대한 의문

그렇지만 의문이 생긴다. 옥시토신이 우리의 모든 사회적 관계를 맺어주는 한편 생식기에 작용하여 성적 흥분을 일으킨다면 친구나 직장 동료 관계, 심지어 가족 관계 같은 사회적 관계에서 성욕이 발생하지 않는 이유는 무엇일까? 옥시토신의 영향을 받으면 생식기는 어떤 사회적 상황에서도 흥분할 수 있다. 그렇지만 성적 행동을 억누르는 전두엽이 나타나 판단력을 발휘한다. 우리가 사는 사회의 규범에 맞지 않는 상황이면, 전두엽은 성적 흥분을 억누를 것이다. 그래서 옥시토신은 맥락 의존적 호르몬이라고도 한다. 어떤 식이든 타인과 기분 좋게 교류하는 상황이면 정서적 뇌(즉 변연계)는 옥시토신을 분비할 것이고, 그 결과 신뢰와 친밀함과 편안함과 긴장 완화를 느끼게 된다. 그렇지만 전두엽이 우리가 느낄 감정의 범주를 책임진다. 사회적 규범, 우리 자신의 양심 및 도덕성에 따라 행동을 통제한다.[73]

그래서 정신 장애처럼 전두엽이 손상을 입은 경우, 타인과 어울리는 상황에서 성적 흥분을 억누르기 힘들 수 있다. 예를 들어 장애가 있는 사람이 간병인에게 강렬한 사랑과 친밀함을 느끼는 등 부적절한 상황에서 성적 흥분이 일어날 수 있다.

청년기는 보통 11세에서 27세까지로 보는데, 전두엽이 계속 자라는 시기라서 판단력을 발휘하고 행동을 통제하는 일이 어려울 수 있다. 옥시토신 및 성과 관련된 상황이면 특히 그럴 것이다. 하지만 스물일곱 살이 훨씬 지나도 똑같다고 너도나도 증언할 것 같다. 성적 자극과 옥시토신의 영향 아래 있으면 판단력과 의사결정 과정에 문제가 생긴다. 이는 뇌의 구조 때문으로, 뇌의 단면을 확인하면 알 수 있다. 외부 환경에서 자극을 받아들여(냄새, 맛, 소리, 만지기, 혀로 핥기) 정서적 뇌(변연계)로 전달하는 뉴런 경로가, 전두엽에서 통제 및 조절 자극을 정서적 뇌로 전달하는 뉴런 경로보다 훨씬 더 넓다. 즉, 정서적 뇌를 조절하고 정서에 기반한 행동을 통제하는 일은 구조적으로 어려운데, 성적 자극처럼 환경에서 주어지는 자극의 정도가 강하면 특히 그렇다.

자제력은 물론 사회와 문화에 따라 다른 특징을 보인다. 인간은 아주 사회적인 동물이자, 옥시토신의 생산량으로 따지면 동물의 세계에서 선두를 달리는 까닭에 가장 성적인 동물이다. 앞서 살펴보았듯, 우리는 섹스를 생식의 목적만이 아니라 사회적 욕구를 위해서도 활용한다. 즉, 사회를 형성하고 사회적 관계를 풍부하게 하려고 섹스와 스킨십을 이용한다. 언급한 대로, 동물의 세계에는 인간 말고도 이런 행동을 보이는 종이 있다. 보노보 원숭이, 혹은 피그미 침팬지는 평화와 섹스와 사랑을 원하는 모계 사회를 이루고 살아가며 우리처럼 번식 목적만이 아니라 사회적 이유로 사랑을 나눈다.[74]

섹스와 스킨십은 사회적 유대를 강화하고 안정감을 준다. 오늘날의 인간 사회는 성적 사회적 행동에 대해 규율과 규제를 지킨다는 점에서 과거와는 아주 다르다. 어느 시대 어느 사회고 모든 신생아의 전두엽에는 규칙과 제약, 규범, 신호, 명백한 메시지와 은밀한 메시지가 흡수되고 배선이 만들어진다. 부모나 양육자, 가족 일원, 학교, 동료 집단, 지역과 문화가 이를 강화한다. 이 배선은 아기가 살아가는 내내 의사결정 과정에 영향을 미칠 것이다. 아기가 성장하여 성인이 되는 동안, 정서적 뇌에서 유래한 모든 결정이 다양한 사회적 상황에서 장기적으로 어떤 결과를 낳을 수 있는지 그때그때 알려줄 것이다. 그렇지만 정서적 뇌가 전두엽보다 7배 더 빠르게 작동하며 아울러 외부 환경으로부터 어마어마한 양의 자극을 전달받으니, 다툼의 90퍼센트는 정서적 뇌가 이길 거라는 나쁜 소식을 전해야겠다. 삶의 상당 부분 동안, 우리는 이로 인한 손상을 줄이느라 바쁠 것이다.

우리 뇌에서 일어나는 정서적 시스템과 이성적 시스템의 다툼이 특히 남성의 경우 얼마나 어려운 문제인지, 가정 내 성적 학대와 직장 내 성희롱 사건의 규모를 보면 알 수 있다. 남성이 해를 더 많이 끼치는 이유는 테스토스테론이 뇌에 미치는 영향 때문이다. 테스토스테론은 성욕을 늘리는 동시에 판단을 담당하는 전두엽의 작용을 억제한다. 이성애자 남성은 여성이 곁에 있으면, 특히 구애 중일 때 테스토스테론 농도가 훨씬 더 상승한다. 소년과 젊은 남성이 60세 이상의 남성보다 부족한 판단을 내리는 경향을 보이는 이유도 테스토스테론이 원인이다. 남성의 테스토스테론 수치는 평생 같지는 않다. 사춘기인 15세 무렵에 최고에 도달했다가, 55세를 넘으면 청년 시절의 1/5까지 수치가 떨어진다.[75]

연구에 따르면 복역 중인 강간범과 성범죄자, 살인범은 테스토스테론 농도가 평균보다 높다. 테스토스테론 농도가 높은 모든 남성이 범죄를 저지를 자세가 되어 있다는 뜻은 아니며, 성 관련 범죄로 수감된 죄수 가운데 테스토스테론 농도가 중간 혹은 낮은 사람도 상당수라는 점도 주목해야 한다. 그렇지만 거세한 동물, 즉 테스토스테론을 생성하는 고환을 제거한 동물의 경우 공격성과 성적 충동이 감소했다는 사실 또한 명백하다. 매주 600밀리그램이 넘는 테스토스테론을 복용한 남성 집단을 대상으로 호르몬 효과를 살핀 연구에 따르면, 다수의 실험 참여자가 과도한 자신감과 충동, 무분별한 행동, 돈 낭비, 과도한 성행위, 걷잡을 수 없는 혼잣말과 공격성을 특징으로 하는 심리적 변화를 겪었다.76)

섹스, 마약, 그리고⋯ 사랑?

진화의 관점에서 성적 행위는 이 세상에 우리가 존재하는 주된 이유이다. 그런 까닭에 우리의 뇌는 딱 정해진 시간, 즉 섹스하는 동안 아주 큰 즐거움과 뿌듯함을 선사하는 화학물질들을 생성하도록 유전자에 의해 프로그램되어 있다. 즐겁고 긴장이 풀리고 유익하고 유쾌한 느낌을 풍부하게 선사하는 이 화학물질들이 성적 행위동안 방출되면, 말에 박차를 가하듯 마법 같은 순간을 더욱더 경험하게 되고 특히 생식 가능 기간이면 우리의 유전자를 다음 세대에 물려주는 일에 집중하게 된다.

이 섹스의 화학물질들 혹은 마약은 다음과 같다.

1. 행복의 마약—엔도르핀
천연 상태의 유사 오피오이드 물질, 즉 신체의 천연 모르핀은 뇌에서 방출되어 통증을 완화하고 기분 좋은 느낌을, 심지어 황홀감도 선사한다. 엔도르핀은 뇌의 보상 시스템의 일부로서 성적 행위 동안이나 달리기처럼 위험하고 격한 신체 활동 동안 방출된다. 아이를 안거나 음악을 들을 때, 춤을 출 때, 웃을 때 분비되기도 한다. 이 화학물질은 생존을 위한 화학 물질류에 속하며 멀리 달아나거나 숨기, 짝짓기, 사교 활동처럼 생존을 뒷받침하는 활동을 하도록 자극한다. 어렵고 위험하며 아드레날린이 가득한 활동을 수행하는 사람들을 볼 때 느끼는 경외감 또한 엔도르핀이 원인이다. 이 화학물질은 스포츠든 섹스든 놀랍고 대담한 행동을 한 직후에도 방출된다. 엔도르핀은 뇌의 보상 시스템의 일부이므로, 중독적일 수 있다.[77]

2. 각성제—페닐에틸아민(PEA)

페닐에틸아민은 뇌에서 자연적으로 생기는 아미노산으로 리탈린 같은 암페타민과 유사한 효과를 낸다. 섹스하는 동안 분비되는 이 자극적인 향정신성 화학물질은 마치 세상 꼭대기에 있는 듯한 황홀감과 활력을 선사하며, 사랑하는 이와 밤새도록 이야기를 나누게 해준다. 파트너와 같이 있을 때 사랑의 열병에 걸린 듯 흥분하게 만드는 물질이기도 하다. 초콜릿을 먹으면 기분이 좋아지는 이유는 페닐에틸아민이 함유되어 있어서다. 스카이다이빙 같은 활발한 신체 활동 중에도 분비된다. 사랑에 빠지면 신이 나서 위로 펄쩍 뛰는 느낌이 드는 이유일 것이다!

3. 생명의 묘약—테스토스테론

이 물질은 근육과 세포조직을 키우는 동화작용 성호르몬으로 남성과 여성 모두에게 꼭 있어야 한다. 남성의 경우 고환, 여성의 경우 난소에 있는 콜레스테롤을 원료 삼아 만들어진다. 테스토스테론은 우리 모두의 성적 충동 및 성욕을 담당하며, 남성의 경우 정자 생성에 관여한다. 우리의 정서 상태에 큰 영향을 미치며, 변연계에도 강한 효과를 발휘한다. 기분을 좋게 해주고, 에너지 수준과 활력과 동기를 끌어올리며, 기억력을 강화한다. 나이가 들면서 테스토스테론이 자연스럽게 감소하면 성적 충동이 줄고 허탈감이 늘며 동기가 사라진다. 테스토스테론은 운동할 때, 특히 서로 승패를 놓고 뛰는 게임에서 이긴 쪽일 때 늘어난다. 고기를 먹을 때, 성적 매력이 있는 사람들과 함께할 때, 자위할 때, 포르노를 시청할 때도 증가하며 무엇보다도 섹스하는 동안 증가한다.

혈중 테스토스테론 농도는 하루 동안 변하는데, 남성의 경우 이른 아침 눈을 뜨면 최고치를 찍으며 여성의 경우 저녁 8시에 최고에 달한다. 그래서 보통 남성은 아침에 섹스를 더 원하고, 행위를 시도하며, 반응도 잘한다. 한편 여성은 저녁에 더 관심을 보인다. 여성의 테스토스테론 농도는 월경 주기에 따라 변하는데, 배란기 때 증가하므로 강한 성욕이 생겨난다. 남성과 여성 모두 스트레스를 받으면 테스토스테론이 줄어든다. 스트레스 호르몬인 코르티솔과 아드레날린이 부신에서 생산하는 호르몬의 분비를 억제하는데, 이 호르몬이 테스토스테론의 분비를 자극하기 때문이다. 그러므로 스트레스는 남성과 여성 모두의 성욕을 줄인다. 일부 남성은 55세 이후에 테스토스테론을 알약이나 주사로 투여한다. 오늘날 성욕 감소로 고생하는 여성은 성적 행위 전에 테스토스테론 겔을 피부에 바를 수 있다.

4. 행복감을 주는 약—세로토닌

세로토닌은 (도파민과 아드레날린처럼) 모노아민족 신경 화학물질로, 즐거움 생성 및 우울증 방지에 중요한 역할을 한다. 오르가슴 동안과 그 이후에 고농도의 세로토닌이 분비되면 우리는 들뜨고 자신감이 넘치며 기쁘다. 함께 더 많은 오르가슴을 경험할수록 파트너에게 마법에 걸린 듯 푹 빠져 성취감과 즐거움을 느끼는 것도 세로토닌이 원인이다.

세로토닌은 장내 세포에서 생성되어 저장된다. 세로토닌의 재료인 트립토판은 천연 상태로는 거의 존재하지 않는 아미노산으로 달걀, 견과류, 유제품에 함유되어 있어, 이 식품들 모두 세로토닌 생성을 늘인다. 햇빛 또한 세로토닌 생성에 도움이 되므로 야외로 나가 자연에서 산책하면 세로토닌 수치를 늘릴 수 있다. 파트너와 함께라면, 관계가 더 튼튼해질 것이다.

최근 연구에 따르면, 장내 박테리아는 세로토닌 생성을 자극하여 우리 기분에도 영향을 미친다. 장은 뉴런 경로와 네트워크를 형성하고 있으며, 이 경로에는 5억 개 이상의 뉴런이 있다. 그리고 이 뉴런들에는 세로토닌을 비롯하여 정서와 관련된 화학물질 수용기가 존재한다. 그러므로 사랑에 빠져 정신을 차리지 못할 때 배 속에 나비라도 들어 있는 듯 울렁거리는 느낌이 드는 것도 놀라운 일이 아니다. 세로토닌 나비의 날갯짓이다.

우리의 몸에서 세로토닌이 덜 만들어지면, 우울과 불안이 늘어난다. 프로작 같은 항우울제는 시냅스(뇌세포 사이 연결 부위) 사이의 세로토닌 분해를 막아서 세로토닌이 더 오래 남도록 한다. 연구에 따르면, 규칙적 섹스는 우울증이 생길 위험을 줄여주는데, 성관계가 세로토닌을 생산하기 때문이다. 성적으로 활발한 사람들은 우울증이 생길 가능성이 작고, 긍정적 자아상과 튼튼한 면역계를 가질 가능성이 크다. 그러므로 장기적 관계를 유지하든 아니든, 뇌를 위해 자위를 자주 하고 오르가슴을 여러 번 느껴 건강한 수준의 성적 활동을 이어가는 것이 좋다. 오르가슴을 더 많이 느낄수록, 항우울제를 덜 복용하게 된다. 스트레스 포화 상태인 디지털 시대에, 성욕은 그만큼 감소하고 성관계도 줄고 세로토닌 생성도 줄고 우울증이 늘어나니 그렇게 성욕은 또 감소하고… 꼬리에 꼬리를 물며 바닥으로 내려가는 악순환이다.

5. 즐거움과 동기 부여의 마약—도파민

앞서 언급했듯 도파민은 뇌의 핵심 신경 화학물질이다. 우리가 매일 아침 일어나 몸을 움직이는 이유가 바로 도파민이다. 화학물질의 관점에서 보면, 인생은 잠깐의 즐거운 순간, 즉 정서적 뇌의 즐거움과 보상 시스템에 도파민이 바로 공급되는 순간을 찾아 끊임없이 헤매는 과정이다.

도파민은 보상 시스템의 준비 통화와도 같다. 그러므로 도파민의 분비를 자극하는 행동이면 무엇이든 그 행동을 반복하게 되며, 심지어 어떤 상황에서는 중독된다. 식사는 도파민 분비를 촉발하는 행동으로, 특히 맛있는 음식을 먹을 때 그렇다. 넓게 보면 사회적 관계나 주변인의 인정, 높은 사회적 지위, 타인에 대한 통제 또한 소량의 도파민 분비로 이어진다. 고농도의 도파민을 불러오는 행동은 섹스이다. 어떤 생명체든 도파민 분비가 정점을 찍을 때는, 즉 최고의 보상을 받을 때는 오르가슴을 경험하는 순간이다. 이것이 우리가 이곳에 존재하는 이유이자 보상의 목적이다. 우리의 생물학 시스템을 담당한 프로그래머인 유전자는 우리가 과제 수행에 성공하면, 즉 오르가슴에 도달하면 즐거움을 뚝뚝 떨어뜨려 준다.

오르가슴 동안 고농도의 도파민이 분비되므로, 두 사람이 성적 행동을 더 많이 하고 오르가슴도 더 많이 경험할수록 상대와 관련된 모든 것(보이고 들리는 것들, 촉감, 냄새)과 쾌감이 더 많이 연결된다. 우리는 휴대전화의 울림을 듣고 연인의 목소리를 예상하는데 이 예상이 도파민의 분비를, 기대의 즐거움을 촉발한다. 파트너와의 만남, 그 감촉과 어루만짐과 오르가슴을 기대하는 순간은 막상 파트너를 만난 순간보다 더 즐거울지도 모른다. 도파민은 강력한 동기를 부여하므로, 우리 중 다수는 삶의 어느 단계에 파트너를 찾으며 사랑을 갈망하는 자기 모습을 발견할 것이다.

다량의 도파민 분비를 유도하고 보상 시스템에 강한 자극을 주는 행동은 무엇이든 즐거움에 집착하는 중독적이고 강박적인 행동을 유발할 수 있다. 정서적 장벽이나 우울증, 과거의 트라우마로 고생할수록 중독의 위험도 커진다. 코카인이나 헤로인 같은 약이 그토록 중독적인 것도 도파민 시스템에 작동하기 때문이다. 도파민은 사람들이 섹스와 포르노, 심지어 파트너와의 사랑에도 집착하게 만드는 원인이 될 수 있다. 인간의 도파민 시스템이 지닌 또 다른 특징은 가장 실망스러운 특징 가운데 하나인데, 시간이 지나고 단조로워지면 무엇이든 지겹게 느껴진다는 것이다. 같은 음식, 같은 티브이, 같은 친구도 그렇고 같은 사람과의 섹스도 대부분 시간이 지나면 지겨워진다(쿨리지Coolidge 효과라고 하는 성적 포화 효과와 이 효과가 장기적 관계에 미치는 영향은 6장에서 더 살펴볼 것이다).

6. 사랑의 약—옥시토신과 바소프레신

오르가슴 동안 뇌에서 분비되며 경험을 완성하고 파트너 사이의 유대를 강화하는 마지막 약물은 앞서 등장한 옥시토신이다. 옥시토신은 뇌의 천연 '엑스터시'(향정신성 약물 MDMA)라고도 한다. 옥시토신이 분비되면, 즉시 도파민과 세로토닌의 분비를 촉진하므로 사랑이 그토록 보람차고 즐겁게 느껴지는 것이다. 오르가슴 동안이나 출산, 모유 수유 동안 옥시토신은 생식 기관의 근육에 작용하여 수축을 유도한다. 오르가슴 동안 일어나는 수축은 여성의 경우 질, 자궁과 항문 근육에서 일어나며 남성은 정삭, 전립선, 음경과 항문 주변의 근육에서 일어난다.[78]

게다가 이 사랑 호르몬을 많이 생성할수록, 상대를 더 많이 껴안고 만지고 오르가슴을 느끼거나 합성 옥시토신 스프레이까지 쓴다면, 파트너와의 관계는 더 탄탄해진다. 독일의 어느 연구에서는 29쌍의 커플에게 1회분의 합성 옥시토신 흡입기를 제공하고 성관계 전에 쓰도록 하였다. 커플은, 특히 남성의 경우 더 강한 오르가슴을 느꼈으며 이후에는 몸을 웅크리고 상대를 껴안고 싶은 욕망을 느꼈다고 보고했다. 여성은 파트너와 성적 욕구를 공유하고 공감을 표현하는 일이 더 쉬워졌다고 답했다.[79]

연구실 밖 현실 세계에서는 이 같은 친밀감과 공감, 즐거움의 강화가 낯선 사람과의 섹스보다는 사랑하는 파트너나 이전에 알던 사람과의 섹스에서 생겨난다. 우리가 알고 사랑을 느끼는 파트너와 함께 있으면 혈중 옥시토신의 양이 많고, 모르는 사람과 있을 때는 옥시토신의 양이 적기 때문이다.

앞서 살펴보았듯, 여성과 남성 모두 옥시토신을 분비하는데 특히 남성의 경우 오르가슴 동안 옥시토신족에 속하는 바소프레신이라는 호르몬도 방출된다. 바소프레신은 옥시토신의 남성형이다. 옥시토신은 모든 단백질을 구성하는 기본 요소인 아미노산 9가지로 구성된 짧은 단백질인데, 바소프레신은 9가지 아미노산 가운데 하나가 다르다. 수컷의 경우 바소프레신은 파트너와 자식을 보호하고픈 욕망과 충성심을 유발한다. 오르가슴 동안에 고농도로 분비되며, 특히 일부일처 수컷이 짝과 자식 곁에 있을 때도 분비된다.

미국 국립정신보건원에서 진행한 어느 연구에서, 연구진은 일부일처 형태로 살아가는 미국 프레리 들쥐에 바소프레신을 투여하여 놀라운 결과를 얻었다. 수컷들은 불임 상태의 암컷과 같은 우리에 있을 때, 이론상 어떤 성적 욕망도 생기지 않을 텐데도 암컷에게 다정하게 대했고 낯선 상대로부터 보호했으며 제 영역을 주장하는 모습을 보였다. 또한, 다른 암컷과 있어도 수컷 프레리 들쥐 대부분은 바소프레신의 인도 아래 '사랑에 빠진' 이전 파트너에게 돌아가는 쪽을 선호했다. 옥시토신을 투여받고 그 기간에 수컷과 유대감을 형성한 암컷 프레리 들쥐도 비슷한 반응을 보였다.[80] 수컷 들쥐도 그렇고 우리 인간도 그렇고, 장기적 사랑과 애착의 비결은 성적 행동과 오르가슴에 있다. 우리가 같은 파트너와 더 많이 섹스하고 옥시토신과 바소프레신을 뇌에 직접 투여하는 것과 같은 효과를 내는 오르가슴을 더 많이 경험할수록, 관계도 더욱 강해진다.

섹스가 뇌에 좋은 이유

섹스와 오르가슴 동안, 뇌에는 뇌가 받을 수 있는 최고의 화학물질이 제공된다. 즐거움, 황홀감, 편안함, 기쁨, 희망, 활력, 열정, 공감, 안정감, 평화, 신뢰, 관대함, 애정, 애착 같은 감정과 함께 향정신성 물질이 흘러든다. 수많은 화학물질이 불러오는 풍부한 감각은 우리의 건강에 큰 도움이 될 것이다. 섹스와 친밀감은 장기간 이어가는 건강한 관계에 좋은 만큼 신체 건강에도 좋다. 섹스와 자위 동안 뇌를 푹 적시는 이 놀라운 물질들은 개인의 기분을 좋게 해주고 스트레스를 줄여준다.

옥시토신이 분비되면, 스트레스 호르몬 코르티솔이 줄어든다. 코르티솔은 만성적 스트레스 동안 신체에 많은 손상을 가하는 '조용한 암살자'이다. 우리가 스트레스를 받으면 코르티솔은 모든 신체 시스템에 작용하여 대처를 준비하게끔 한다. 투쟁, 도피, 혹은 경직 반응이 그것이다. 만성적 스트레스를 받는 가운데 신체가 계속 대비 중인 상태라면(우리 머릿속에 주로 존재하는 위험), 신체 시스템은 지치고 면역계는 억제된다. 우리 몸은 몸 바깥에서 오는 질병과 몸 안의 질병 둘 다에 더 많이 노출된다.[81]

면역계는 뇌세포 보호에도 중요한 역할을 맡고 있다. 면역계에는 뇌 속 뉴런의 기능 유지와 해독, 재생과 회복에 필요한 기능을 수행하는 세포들이 있다. 우리가 스트레스를 받으면 면역계가 약해져 뇌에서 이 같은 기능 유지도, 적절한 손상 복구도 이루어지기 어렵다. 뇌세포는 매일 자연적으로 죽는다. 나이를 먹고 면역계가 약해지면, 손상된 세포의 수가 점점 증가하고 뇌 기능이 쇠퇴하기 시작한다. 스트레스를 받으면 면역계는 더욱더 약해지며, 뇌는 점점 침식되고 노화가 더 빨라진다. 이런 상황을 막으려면 스트레스를 줄여야 한다. 그러므로 호흡 이완법 혹은 명상 훈련을 연습하고, 잘 먹고 잘 자고, (포옹, 애무, 오르가슴을 통해) 옥시토신 분비를 늘리는 일이 중요한 것이다. 옥시토신 분비가 늘면 식욕도 늘고 수면의 질이 좋아진다. 오르가슴 이후 수면의 질이 보통 더 좋다.[82]

뇌 스캔 검사에 따르면, 섹스하는 동안에 뇌의 여러 부위가 활동한다. 섹스하는 동안 활성화된 뇌 부위를, 운동하는 동안 활성화된 부위와 비교하면 전자가 훨씬 더 활발한 모습을 보인다. 뇌에 수용된 자극이 풍부하기 때문이다. 이 같은 강한 활동 상태는 뇌에 아주 좋다. 면역계의 재생 및 손상 복구 과정이 더 잘 진행되고, 새 뉴런이 만들어진다.

연구에 따르면, 오르가슴을 한 번 경험할 때마다 어마어마한 양의 에너지와 자원이 뇌에 전달된다. 아스파르트산, 콜린, 트립토판, 티로신 같은 뇌의 신경 전달물질을 만드는 비타민 A와 E도 포함된다. 이 재료들이 없으면 뇌는 새 뉴런을 키울 수 없고, 새로운 연결도 생성할 수 없다. 즉, 생각을 할 수가 없다. 오르가슴은 실제로 뇌에 일종의 메시지로서 기능하는데, 뇌를 진정시키면서도 자극을 주는 효과를 내어 뇌가 더 잘 활동하도록 한다. 결론적으로 뇌가 오래 작동하기 위한 중요한 조언을 두 가지 하자면 평생 성적 활동을 자주 하고(파트너가 있든 혼자든), 십자말풀이와 스도쿠를 많이 하라는 것이다. 원한다면 다양한 활동을 할 수 있다.

섹스와 전립선암

보스턴 보건대학원에서 진행한 한 연구에서는, 남성 3만 2,000 명을 대상으로 자위를 통해서든 성관계를 통해서든 사정하는 횟수와 이들이 전립선암에 걸릴 가능성의 상관관계를 조사했다. 전립선 암은 50세 이상의 남성에게 가장 흔한 암이며 잉글랜드에서는 사망 원인 3위를 차지하고 있다. 연구 결과, 전립선암의 위험을 1/3까지 줄이려면 남성은 한 달에 21회의 오르가슴이 필요하다.[83]

그 이유는 남성 생식 기관의 구조와 관련이 있다. 음경을 지나는 수정관에는, 언제든 나갈 채비를 갖춘 3억 6,000만 마리의 정자들이 있다. 이 수억 마리는 사흘 내로 배출이 안 되면, 정액을 생산하는 기관인 전립선으로 돌아와 다시 흡수된다. 이 과정은 신체에 그리 좋지 않으며 국소적 염증이 생길 수 있고, 오랫동안 반복되면 손상을 초래할 수 있다. 애초에 이런 식의 손상을 막고 정자 배출을 장려하여 신체의 비축품이 보충되도록, 나흘째 날에 남성은 섹스 생각과 몽정으로 애먹기 시작할 수도 있다. 자위나 성관계를 통해 묵은 정자를 배출하도록 권장하려는 목적이리라. 모든 정자는 그만의 기회가 있어야 한다, 이것이 남성의 성적 시스템이 삼은 좌우명이다. 남성의 성욕이 흔히 여성보다 더 강한 이유이기도 하다.

남성은 여성보다 평균 5배 이상 섹스에 대해 생각한다. 또한 전세계적으로 남성은 포르노와 성 서비스, 성 중독에 빠지거나 성희롱을 저지를 가능성이 수백 배 높다. 반면, 여성의 성욕은 매달 배란기 즈음 늘어나는 에스트로겐의 영향을 받으며 임신과 출산, 어린이 양육 동안에도 달라진다. 이는 프로락틴처럼 출산과 모유 수유 및 양육과 관련된 호르몬의 존재 때문인데, 프로락틴은 성욕을 줄이고 양육 성향을 키운다. 게다가 여성은 남성보다 스트레스와 불안을 두세 배 더 경험하므로, 코르티솔의 억제 효과로 인해 성욕 또한 크게 줄어든다는 보고가 있다.

전설의 여성 오르가슴

여성 오르가슴은 보통 긴장 완화와 통증 및 스트레스 감소에 일조하고 수정을 돕는 목적이 있다고 추정한다. 오르가슴 동안 분비되는 점액은 자궁 경부에 막을 형성하여, 자궁으로 들어오는 정자의 속도를 올려준다. 여성의 건강에 오르가슴이 얼마나 필요한지 아직 정확한 수치가 존재하지는 않으나, 연구에 따르면 성적으로 활발한 갱년기 여성은 그렇지 않은 여성에 비해 갱년기 증상으로 덜 고생한다. 여성의 자위기구 이용에 관한 연구에 따르면, 자위기구 이용은 혈류 및 질 조직의 근육 긴장에 긍정적 변화를 가져오고 성적 흥분과 성적 욕망 및 만족을 증진하며 오르가슴의 즐거움을 늘리고 성적 불만을 줄인다.

여성의 오르가슴은 고대 이래로 어느 정도 신화적인 지위를 누렸다. 그리스 신화에서 제우스의 신관 테이레시아스는 제우스의 배우자 헤라에게 벌을 받아 7년 동안 여성으로 살게 되었다. 이후 어느 날, 남성과 여성 중 누가 더 섹스를 즐기는지 제우스와 헤라가 벌인 논쟁에 테이레시아스가 끼어들게 되었다. 헤라는 남성이 더 즐거움을 누린다고 주장했고 제우스는 여성이 그렇다고 주장했다. 남성으로, 또 여성으로 살아본 테이레시아스는 여성이 남성보다 섹스를 9배 더 즐긴다고 단언하였다. 이 답을 듣고 헤라는 테이레시아스의 시력을 빼앗아버렸다.

테이레시아스의 답은 부분적으로 맞다. 여성은 남성처럼 한 가지 유형의 오르가슴만을 경험하지 않는다. 여성은 두 가지 유형의 오르가슴을 경험한다. 하나는 클리토리스 윗부분의 외부 자극에서 오는 오르가슴이고, 다른 하나는 질 삽입으로 유발되는 오르가슴이다. 이 두 자극 모두, 패턴이 다른 혈류가 측정 가능하다. 이 같은 다름이 두 유형의 감각에서 차이를 만들어내는 것 같다.

약한 오르가슴도 있고 강한 오르가슴도 있는데, 이 같은 강도에 일조하는 요인은 무엇일까? 2009년 뉴욕 시러큐스 대학교 신경심리학자 스테파니 오르티그Stephanie Ortigue 교수는 사랑하는 파트너가 있는 여성의 오르가슴 질과 그렇지 않은 여성을 비교했다. 먼저, 실험 참가자가 정말 사랑에 빠졌는지 알아내기 위해 오르티그는 참가자가 파트너의 이름을 듣는 순간 어떤 뇌파를 보이는지 측정했다. 사랑에 빠진 여성은 그렇지 않은 여성과 다른 뇌 활동을 보인다. 사랑에 빠진 여성의 경우, 강박적 행동 및 중독과 관련된 부위이자 정서적 뇌에 속한 뇌섬엽의 활동이 더 활발하다.[84]

다음 단계로 오르티그는 오르가슴과 그 강도에 대한 참여자의 보고를 분석하였는데, 결과는 그리 놀랍지 않았다. 사랑을 더 많이 할수록, 더 강한 오르가슴을 경험했다. 사랑과 오르가슴의 질은 당연히 상관관계를 보이는데, 사랑 호르몬 옥시토신이 오르가슴의 강도를 높이기 때문이다. 오르티그는 사랑에 빠진 여성의 경우 오르가슴 동안 기억의 생성 및 재생 관련 뇌 부위가 활발히 활동하여 즐거움이 강화된다는 사실도 추가로 알아냈다. 기본적으로 사랑에 빠진 여성이 강한 오르가슴을 경험하면, 그 경험을 즐거운 기억에 저장했다가 파트너와 다시 함께할 때 기억을 되살린다. 오르가슴 때 분비된 옥시토신은 유대감을 생성하며, 이 유대감은 오르가슴을 느낄 때마다 더 강해진다.

여성 오르가슴의 질과 파트너에게 느끼는 매력의 정도를 조사한 연구에 따르면, 남성 파트너가 균형이 잡힌 얼굴의 소유자일 때 여성이 더 강한 오르가슴을 느낀다. 앞서 언급했듯 얼굴의 균형은 유전자의 질을 알리는 지표로, 오르가슴 또한 좋은 유전자를 선호하는 것으로 보인다.[85]

여성 오르가슴 대 남성 오르가슴

남성의 생식 기관이나, 남성이 오르가슴을 쉽게 경험한다는 점과 여러 남성의 경험이 비슷하다는 점을 고려하면 모든 남성은 거의 비슷해 보인다. 남성마다 차이가 있어도 무시할 수 있으며, 여성의 생식 기관이 보이는 복잡성이나 여성마다 다른 오르가슴의 다양성에 따라갈 수준은 아니다. 여성의 경우, 오르가슴은 여러 층위로 구성되며 특이한 경험이다. 여성이 보이는 차이와 복잡성은, 정자를 가능한 한 빠르게 많이 퍼트려야 한다는 어마어마한 진화적 압박이 여성이 아니라 남성에게 주어지기 때문일 수 있다. 남성은 스스로 자식을 낳을 수 없고 어떤 자식이 진짜 본인의 자식인지 확신할 수 없다. 이런 상황에서는 다양성과 복잡성을 희생해 가며 단순함과 효율성과 속력을 추구해야 한다.

반면 여성은 생물학적 관점에서 보면 임신과 양육의 짐을 전부 다

짊어진 존재이므로, 본인의 유전자가 가능한 한 최고의 유전자와 결합하도록 영리하고 복잡한 메커니즘을 개발하는 일이 진화적으로 중요하다. 만일 당신이 이성애자 여성이고 아이를 같이 기를 파트너를 찾는다면, 선택에 시간을 들여야 한다. 상대의 정자가 일단 당신의 난자를 만나고 나면, 돌이킬 수 없기 때문이다. 이런 관점에서, 다차원적이고 때로는 조심스러운 오르가슴은 훌륭한 메커니즘이다.

여성은 오르가슴으로 자신을 즐겁게 해주는 남성과 더 깊은 사랑에 빠지는 경향이 있다. 오르가슴 동안 방출되는 옥시토신의 양때문이다. 여성의 성호르몬 에스트로겐은 옥시토신의 분비를 늘리므로 여성의 혈중 옥시토신 농도는 언제든 남성의 혈중 옥시토신의 농도보다 보통 두세 배 더 높다. 거기다 테스토스테론은 남성의 혈액에 훨씬 더 많이 존재하는데 이 호르몬이 옥시토신의 활동을 억제하며, 사춘기처럼 이른 시기부터 소년의 뇌에 있는 의사소통과 공감의 중추도 제지한다고 한다.[86] 일본의 연구진은 수컷 쥐의 경우 테스토스테론이 옥시토신의 활동을 억제하고 부성애적 행동을 억누른다는 사실을 발견했다.[87]

테스토스테론으로 혈중 옥시토신 농도가 낮은 남성과는 달리 여성의 경우는 에스트로겐이 있어 혈중 옥시토신 농도가 높기에 섹스 후 유대감을 형성하는 것일까? 남성이 흥분을 추구하기 더 쉬운 것도 이런 이유 때문일까? 뇌를 살펴보면, 성관계 동안 여성의 뇌와 남성의 뇌는 분비되는 물질 및 활성화 부위가 다르다. 남성의 경우 성적 접촉이 전달하는 신체적 감각 관련 부위 및 시각 이미지를 처리하는 부위, 그리고 정서의 조절과 관련된 부위인 편도체가 아주 활성화된다. 테스토스테론의 영향으로 생겨나는 공격성 및 성적 자극의 수준 또한 여성의 뇌에 비해 남성의 뇌가 더 높다. 한편 여성은, 불안과 스트레스 관련 부위의 활동이 줄어들며 편도체 및 다른 정서 관련 부위가 각성한다. 판단의 영역인 전두엽은 남성의 경우 뇌의 성적 자극 직후 스위치가 꺼진다. 여성의 경우 오르가슴 순간에만 거의 꺼진다. 나아가, 오르가슴 동안 옥시토신의 흐름은 남성보다 여성이 더 큰 한편 남성은 도파민이 더 많이 나온다.

섹스하는 동안 뇌에서 어떤 일이 일어나는지 알면, 여성과 남성이 보이는 행동의 차이를 상당 부분 설명할 수 있다. 남성의 뇌는 테스토스테론이 편도체에 미친 영향으로 인해 도파민과 아드레날린이 고농도로 방출되기 때문에 여성보다 섹스와 포르노에 중독되는 모습을 보인다. 새로운 신호, 즉 새로운 사람이 나타나면 도파민 수치도 증가하므로 남성은 여성보다 파트너 여러 명을 두는 경향이 있다. 남성의 편도체 염증 또한, 남성이 여성보다 폭력적 행위에 더 많이 자극된다는 사실과 관련이 있다.

뇌의 관점에서 보면, 성적 자극과 공격성에 편도체라는 동일한 샘이 관여하므로 동물의 세계에서는 성과 폭력이 연결된다. 동물의 세계에서 섹스는 보통 부드러운 바이올린 소리를 배경으로 이루어지는 행위가 아니라, 수컷이 암컷을 정복하고 그 과정에서 다른 수컷과 싸우는 폭력적인 행위이다. 어떤 종은, 폭력적 행동이 아니면 배란이 일어나지 않는다. 예를 들어 거위는 수컷이 암컷에 올라타 목을 살짝 물기만 해도 암컷의 난소에서 난자가 배출되어 자궁으로 향한다. 폭력 없이는 수정도 없다.

이런 차이 말고도, 남성의 오르가슴 동안에는 여성의 오르가슴 동안 분비되는 옥시토신과 비교할 때 훨씬 농도가 높은 바소프레신이 분비된다. 앞서 언급했듯 바소프레신은 옥시토신의 남성형으로 영역 행동을 장려하여, 자기 영역을 표시하고 다른 수컷에 맞서 공격적으로 방어하도록 한다. 이는 옥시토신이 애착 및 양육 행동에 대한 욕망을 장려하는 것과 엄연한 대조를 이룬다. 게다가, 테스토스테론은 수컷의 영역 공격성 행동에도 한몫한다. 매사추세츠 대학 연구진은 테스토스테론이 어떻게 수컷의 뇌에서 바소프레신 수용기를 조절하고, 호르몬과 관련된 영역 행동을 늘리는지 밝혔다. 인간 또한 마찬가지로, 남성은 여성과 관련되면 자기 영역에 더 민감하고 질투하며 때로는 집착도 보였다.[88]

많은 남성이 밝히기를, 여성이 남성의 신체 능력과 음경에 찬탄을 보내면 성적으로 스위치가 켜진다고 한다. 찬탄을 받으면 성적 흥분이 일어나는 현상은 인간에게만 국한되지 않는데, 이런 현상이 나타나는 물고기의 이름을 따서 '시클리드 효과'라고도 한다. 시클리드 물고기 수컷은 암컷이 수컷의 영역으로 들어와 지켜보고 칭찬하는 행동을 보일 때만 성적으로 흥분한다.[89] 수컷이 크기와 외모, 그리고 자신의 영역에 잘못 들어온 수컷을 조건 없이 공격하는 행동으로 깊은 인상을 남기면, 암컷은 그 수컷 주위에 알을 낳는다.[90]

본성일까 양육일까

그렇다면 남성과 여성에 관한 다양한 고정관념은 진짜이고 호르몬의 차이, 뉴런, 수컷과 암컷 유전자의 이득에 근거하고 있을까? 아니면 인간은 쥐들과는 하나도 안 비슷하고, 환경과 교육과 문화의 산물일까? 이 질문에는 하나의 정답만 존재하지는 않는다.

정서적 뇌(변연계)가 관련되는 한, 이제껏 알아낸 사실보다는 아직 모르는 부분이 더 많다. 뇌 연구의 중요한 발견은 최근 수십 년 사이에 비로소 가능해졌다. 자기공명영상MRI이나, 뇌파EEG 검사로 뇌의 전기적 활동을 읽는 능력을 갖추는 등 기술적 돌파구를 찾았기 때문이다. 가장 최근의 혁신은 물리학과 유전학과 뇌 연구를 결합한 분야인 광유전학으로, 유전 공학과 광섬유를 이용하여 실험용 동물의 뇌를 정확하게 자극하는 방법이다. 광유전학을 통해 뇌의 단일 뉴런 혹은 뉴런 연결망의 스위치를 켜고 끄면서, 유기체가 어떻게 반응하고 행동을 바꾸는지 실시간으로 관찰할 수 있다. 뇌를 실시간으로 들여다보면서 어떤 뉴런이 어떤 행동이나 기능을 활성화하는지 관찰한다니, 2012년 이전의 신경과학자들은 꿈조차 꾸지 못했을 것이다.

그렇지만 뇌의 다양한 기관 가운데 정서적 뇌, 변연계는 자세하게 연구된 적이 별로 없었다는 사실에 주목할 필요가 있다. 대부분의 중요한 연구가 동물을 대상으로 진행되었고, 수십 년 전만 해도 과학계의 주된 가설은 동물에게는 정서가 없고 인간에게만 존재하므로 그래서 우리와 여타 동물이 구별된다는 것이었기 때문이다. 다른 동물들도 기본적으로 우리가 경험하는 것과 유사한 정서를 가지고 있으며, 기쁨, 슬픔, 사랑, 증오, 다정함, 우울, 불안, 스트레스 등을 똑같은 화학물질이 매개하고 그 결과 비슷한 행동을 하게 된다는 사실이 드러나자 연구자들은 동물의 정서와 행동도 연구하기 시작했다. 이런 연구를 통해 동물 행동의 생물학에 관해 상당히 많은 지식을 얻게 되었는데, 동물의 행동은 기본적으로 인간과 유사하다. 인간과의 차이는, 우리 인간이 뇌의 최신 기관 전두엽을 통해 정서와 행동을 통제하고 조절한다는 점에 있다.

뇌와 관련하여 계속 성장 중인 또 다른 획기적인 최신 학문은 신경 후성 유전학이다. 이 매혹적인 분야는 환경의 자극과 요인이 신경세포 내부의 유전자 발현에 미치는 효과를, 즉 환경의 자극이 뉴런과 뇌 배선과 신경계 전반의 형성에 어떤 영향을 미치는지 탐구한다. 중대한 후성 유전적 변화는 태아 발달 시기에 자궁 내 자극에 따라 일어나며, 생애 초기에도 부모와 주변 환경이 주는 자극에 따라 일어난다. 일부 후성 유전적 변화는 부계와 모계의 다양한 후성 유전학적 유전 경로를 통해 전달될 수 있다는 증거도 존재한다. 이같은 새로운 발견은 매우 흥미롭고, 유전과 진화에 대해 우리가 알고 있는 모든 지식을 바꾸고 있다.

이처럼 뇌 연구와 유전학 연구가 가속화된 결과, 향후 수십 년 내로 우리는 정서의 생물학이며 신경 화학물질과 호르몬과 유전자가 다양한 정서에 미치는 효과에 대해 훨씬 더 깊이 이해하게 될 것이고, 다양한 특성을 보이는 인간의 행동에 관해서도 더 깊이 이해하게 될 것이다.

무너짐―사랑의 부작용

관계의 초반에는 커플의 오르가슴이 불타오른다. 뇌는 새 파트너로부터 새롭고 짜릿한 자극을 경험한다. 신경계 전체가 황홀경에 빠지며, 앞서 소개한 즐겁고 환각적인 사랑의 약물이 뇌에 넘쳐난다. 그렇지만 우리 모두 알다시피 약물에는 심각한 부작용이 있기도 하다. 사랑에도 부작용이 있다면, 어떤 것일까? 그리고 그 부작용은 언제 사라질까?

사랑의 약물 가운데 가장 강한 약물인 즐거움 호르몬 도파민이 일으키는 부작용부터 살펴보겠다. 사랑에 빠지면 뇌는 도파민에 흠뻑 젖는다. 파트너를 보고 만지고 애무할 때마다 그리고 당연한 이야기지만 성관계를 맺고 오르가슴을 느낄 때마다 어마어마한 양의 도파민을 방출한다. 뇌는 기분이 너무나 좋다. 어마어마한 즐거움과 강한 희열, 넘치는 활력과 흥분의 감각이 주어진다. 우리가 왜 기분이 좋은지 기억하고 이를 받아들이기 위해, 도파민은 기억 부위의 활동을 크게 늘인다. 그래서 즐거움을 떠올리게 하는 대상마다 즐거움이 깃든다. 사랑하는 사람의 모습, 냄새, 감촉, 목소리, 메시지와 즐거움 사이에 조건화가 형성되고, 그렇게 중독의 과정이 시작된다. 우리에겐 이 즐거움을 다시 살리고픈 강한 동기가 생긴다.

사랑에 빠지는 일은 근본적으로 일종의 중독이다. 욕망의 대상, 사랑의 본질 그 자체, 혹은 사랑하고 사랑받는 느낌에 중독되는 것이다. 연인과 같이 있으면 당신은 세상 꼭대기에 올라간 기분으로 황홀감과 즐거움을 느끼나 연인이 곁에 없으면 우울, 불안, 걱정, 피로, 수면 부족, 식욕 부진, 어지러운 생각들, 집중력 부족, 주의력 및 활력 저하 같은 금단 증상이 나타난다. 상태가 '올라가는' 만큼 상태가 '내려간다.' 우울, 슬픔, 불안은 행복 호르몬 세로토닌의 감소로 인해 생기는데, 사랑하는 사람과 멀어지면 세로토닌이 감소한다. 우리는 긍정적 정서와 부정적 정서의 롤러코스터에 올라탄 셈이다.

운이 나쁘면, 이 어지러운 생각은 강박 장애에 다다를 수 있다. 예를 들면, '관계 강박 장애Relationship OCD'는 관계에 대해 시시콜콜 걱정하는 나머지 사랑하는 사람과의 일상에 지장이 생기는 임상적 질환이다. 이 장애는 애정의 대상과 그 사람과의 관계에 강박적으로 몰두하는 특징이 있다. "그가 나를 원할까/사랑할까?", "그녀는 왜 전화나 문자를 하지 않았을까?" 같은 성가신 생각은, 관계에 대한 의심을 부른다. **그 사람일까, 아닐까? 이게 그거일까, 아닐까?** 사랑하는 사람이 이런 사람일까, 저런 사람일까 집착적으로 생각하고 연애에 관해 가족과 친구에게 강박 행동 수준으로 상담할 수 있다. 파트너를 쫓아가고, 그/그녀의 휴대전화와 이메일을 염탐하고, 그/그녀가 어떤 사람과 같이 있었는지 확인하려 하고, 그들이 어떤 옷을 입었는지… 이 장애는 크나큰 스트레스와 불안을 유발하며 현재뿐만 아니라 미래의 관계에까지 지장을 줄 수 있다. 이런 상황이면, 당사자가 전반적인 관계를 망가뜨리지 않도록 지도와 치료를 받는 일이 중요하다.[91]

사랑에 빠진 마음에 나타나는 또 다른 특징은 소위 콩깍지가 씌어서 관계를 바라보는 것이다. 사랑에 빠지면, 세상 모든 것이 장밋빛으로 보이는데 옥시토신 때문이다. 이 사랑 호르몬으로 인해 처음에는 파트너를 그저 완벽한 영혼의 짝, 우리가 평생 기다려온 사람으로 보게 된다. 그리고 상대의 긍정적 특징에 몰두하고 어떤 부정적 특징이든 시야에서 지워버리게 된다. 관계 초기의 호르몬과 화학물질이 물러나고 마법이 효과를 다하면, 파트너의 부정적 특징이 갑자기 눈에 띄고 우리는 자문하게 된다. 상대가 진짜 어떤 사람인지 왜 진작 알아보지 못했을까. 우리 눈에 계속 그렇게 보였기 때문이다. 사랑은 눈을 멀게 한다는데, 이는 분명 옥시토신의 좌우명이다. 우리가 있는 그대로 현실을 볼 수 있다면 대체 어떻게 사랑에 빠질 수 있을까? 옥시토신으로도 충분하지 않다면, 세로토닌이 가세한다. 두 호르몬으로 인해 우리는 파트너와 그 관계에 대해 환상을 품게 된다.

질투, 녹색 눈의 괴물

질투는 사랑에 빠진 상태가 불러오는 또 다른 강력한 부작용이다. 질투는 눈멀게 한다는데, 이 또한 우리의 시야를 왜곡하는 사랑 호르몬 옥시토신의 효과이다. 고대 히브리 성경의 사랑 찬가인 아가서에는 "사랑은 죽음처럼 격렬하고, 질투만큼 모질어"라는 구절이 있다. 우리는 분명 거센 호르몬을 다루고 있다. 연애 관계에서 사실 질투는 파트너가 다른 누군가와 사랑에 빠지리라는 일종의 불안이다. 파트너가 다른 사람과 사랑에 빠진 모습을 본다면, 혹은 절대 있어서는 안 될 일이지만 다른 사람과 성적 접촉을 하는 모습을 본다면 몸이 칼에 베이는 듯한 아픔을 경험할 수 있다.

질투 메커니즘은 진화적 논리가 있다. 그게 아니라면, 우리에게 계속 남아 있지 않을 것이다. 질투는 장기적 관계를 이어가는 일에 도움이 된다. 서로 관계없던 낯선 두 사람이 마음을 키우고, 자기희생과 헌신으로 강한 유대감을 형성하며 평생 함께하기를 희망하는 관계가 장기적 관계다. 관계의 유대감에는 옥시토신을 비롯한 사랑의 화학물질이 관여한다. 그러니 당신의 파트너가 다른 누군가와 있을 때 똑같은 호르몬과 화학물질을 생성하지 못하도록 막는 것이 합리적인 일이다. 다른 사람과의 관계에서 똑같은 호르몬이 고대로 분비된다면 그 혹은 그녀는 그 사람과 사랑에 빠져 우리를 떠날지도 모른다. 그러면 우리의 자식에게는 어떤 일이 벌어질까(심지어 자식이 없다 해도, 두 사람에게 어떤 일이 일어날까)?

그런데 다른 정서도 그렇고 이 호르몬을 생산하는 화학물질도 그렇고, 질투는 뇌의 합리적 부분이 아니라 비합리적인 부분에서 생겨나므로 광기의 수준에 다다를 수 있다. 적당한 질투는 관계를 한층 흥미롭게 만들 수 있다. 파트너가 우리를 질투한다는 느낌은 우리가 욕망과 희구의 대상이라는 감각으로 이어지고, 우리의 자아는 힘을 얻게 된다. 그렇지만 질투가 강박적 수준에 이르면, 둘 중 하나는 숨이 막히는 듯 답답하고 불안한 기분을 느끼고 자신의 충실함과 사랑과 헌신을 반복적으로 증명해야 한다는 압박에 시달릴 수 있다. 끝없는 시험에 드는 기분이 들 것이다. 이런 상황이면 질투는 자기실현적 예언이 될지도 모른다. 버림받을지 모른다는 불안이 현실이 되는 것이다. 파트너는 타인과 사랑에 빠져서가 아니라 스트레스와 고통 때문에 그런 결정을 내리게 된다.

강박적 질투는 파트너에 대한 사랑이 아니라 상대를 통제하고픈 욕구에서 솟아난다. 이는 파트너를 통제하고자 하는 욕망의 표현이자 독립에 대한 공포의 표현이다. 질투심 조절을 맡는 뇌의 부위는 당연히 전두엽이다. 그렇지만 우리가 이전 관계에서 고통과 실망과 스트레스를 더 많이 경험했을수록, 또 인생 초기에 가족과의 관계에서 힘든 일을 많이 경험했을수록, 사랑에 빠졌을 때 생기는 파괴적 질투심과 불안을 전두엽이 잘 조절하지 못하게 된다. 사랑과 고통 사이에 강한 조건화가 형성되면 정서적 뇌가 벗어나기 어려우므로, 강박적 질투를 끊어내기 위해 전문적 도움을 받아야 할 수 있다. 질투는 우리의 관계를 위태롭게 할 뿐만 아니라 우리의 정신 건강과 신체 건강도 위협하기 때문이다.

사랑의 비극

사랑의 마약과 그 부작용의 힘을 증명하는, 돌고래와 한 여성의 일화를 소개하겠다. 1960년대에 나사^{NASA} 과학자들은 돌고래에게 영어를 가르쳐 인간과 의사소통을 할 수 있게 만들자고 결정한다. 이 재치 있는 발상을 실험하기 위해 미국령 버진 아일랜드에 커다란 아쿠아리움을 마련하고 피터라는 어린 돌고래와 23세의 훈련사 마거릿 러밧^{Magaret Lovatt}을 그곳에서 지내도록 했다.[92]

피터와 마거릿은 석 달 동안 수영장에서 살았다. 아침이면 마거릿은 피터에게 영어를 가르치고 밤이 되면 피터가 자신을 볼 수 있도록 수영장 옆 벙커에서 잠을 잤다. 2주 후, 피터의 마음에서 영어가 사라졌다. 피터는 마거릿에게 푹 빠졌다. 그저 마거릿과 같이 있고 싶고, 마거릿의 말을 듣고 싶고, 마거릿과 놀고 싶었다. 돌고래는 사회적 포유류라서 보통 무리 지어 지낸다. 그렇지만 같이 놀 돌고래 친구들을 데려오니, 보통은 아주 좋아하는 활동인데도 피터는 무리에 적대적으로 굴었다. 질투에 휩싸인 피터는 폭력적인 모습을 보이며, 마거릿이 다른 돌고래와 가까워지도록 내버려 두지 않았다. 어떤 돌고래도 마거릿 곁에 가지 못하게 막은 피터는, 무리가 사라지자 비로소 편안해졌다.

피터는 사랑의 약물에 흠뻑 젖어 사랑에 사로잡혔다. 만일 피터가 정말로 질문에 답할 수 있었다면, 마거릿과 영원히 살고 싶다고 말했을 것이다. 피터는 옥시토신의 효과로 대부분의 시간 동안 성적으로 흥분한 상태여서, 마거릿에게 몸을 문지르고 싶을 뿐 다른 일에는 집중을 할 수 없었다. 얼마 후, 나사 과학자들은 실험이 바라던 방향으로 진행되지 않고 있다는 사실을 깨달았다. 피터는 몇 가지 영어 단어에나 반응하는 법을 배웠을 뿐이었다. 한 달이 끝날 무렵 프로젝트는 중지되었고 둘은 헤어졌다. 피터는 다른 아쿠아리움으로 옮겨졌고 마거릿은 제 삶을 이어갔다.

가엾은 피터는 깊이 상심했고, 사랑의 약물 공급이 중단되자 온갖 금단 현상이 나타났다. 피터는 아주 우울해졌고 매사 무관심해졌으며, 먹이를 그만 먹었다. 그리고 2주 후 자살했다. 물속으로 들어가 다시는 물 위로 올라오지 않았다. 피터의 비극적인 사례를 보면, 사랑의 약물이 아주 강력하며 옥시토신 메커니즘 및 정서적 뇌인 변연계가 여러 포유류에서 오래전부터 쭉 보존되었다는 점을 알 수 있다. 말할 필요도 없이, 나사는 이 실험으로 날이 선 비판을 받았고 동물 보호 협회는 동물 학대를 이유로 소송을 제기했다.

인간도 돌고래도 사랑의 이름으로 자살한다. 사랑에 빠지는 일은 머리에 총을 겨누는 일과도 같다는 말이 있을 만큼, 사랑의 힘을 절대 과소평가해서는 안 된다. 미국 질병통제예방센터[CDC]에 따르면, 관계 문제는 자살의 주요 원인으로 사망 사건의 40퍼센트 이상을 차지한다고 한다.[93] 이 서늘한 정보는, 관계의 강력한 힘이 우리의 신체적 정서적 영적 행복에 얼마나 큰 효과를 미칠 수 있는지 보여주는 가장 극적인 사례일 것이다. 인간이 관계에 그토록 많은 관심을 쏟는 진화적 이유는 쉽게 추정할 수 있다. 결국 우리는 아주 사회적인 동물이다. 혼자 지내는 상황이 위협으로 다가와, 너무나 큰 스트레스를 빚어낸 나머지 자살까지 가는 이유 또한 쉽게 이해할 수 있다. 진실은, 우리 인류는 외로우면 아프게 되고 사랑을 하면 건강해진다는 것이다.

상심 증후군

우리는 관계를 갈망하는 생명체이다. 파트너와의 이별은 신경계에서 생존에 아주 위협적인 사건으로 받아들이므로 스트레스 반응을 전폭적으로 활성화한다. 스트레스와 정서 관리를 맡은 샘 편도체는, 부신에 코르티솔과 아드레날린을 혈류로 방출하라는 명령을 보낸다. 코르티솔과 아드레날린은 온몸의 모든 세포에 영향을 미쳐, 싸울 태세를 갖추게 한다.

혈액을 타고 흐르는 아드레날린은 심박수를 끌어 올린다. 심장의 작은 혈관들이 수축하면, 심장으로 가는 혈액 공급이 일시적으로 부족해진다. 그 결과 4만 개의 뉴런으로 구성된 심장의 '소뇌' 혹은 심장의 자율 신경계가 뇌에 통증과 고통이 있다는 메시지를 보낸다. 실연으로 인한 아픔은 이렇게 탄생한다. 이 상태는 심장 조직에 물리적 손상을 입히고 심장 근육 세포를 죽게 할 수 있다. 이렇게 되면 심장에 반흔이 남고 회복 불가능한 손상을 입을 수 있다. 이런 증상을 가리키는 용어는 1990년에 일본에서 처음 등장했는데, '타코츠보 심근병증'이라고 한다. 타코츠보는 손상된 심장과 모양이 흡사한 일본의 문어잡이 통발이다.[94]

실연 스트레스의 강도에 따라, 생존 반응이 활성화된다. 투쟁, 도피, 경직 혹은 '배려와 친교' 반응이 이에 해당한다.

- **투쟁 전략**은 파트너를 공격하고, 분노를 터트리고, 공격적으

로 위협하는 태도로 나타날 수 있다. '투쟁'은 친구와 가족 등 주변인 누구에게나 공격적으로 구는 행동으로 나타날 수도 있다. 투쟁 전략의 입장에서는 아쉽겠지만, 스트레스 시기에 자동으로 작동하는 진정 메커니즘이 타인을 향한 공격을 일부 걷어가 마음을 가라앉혀 준다. 스트레스는 공감 또한 억누르는데, 우리는 기분이 나쁘면 상대를 보지 않으며 그 순간에는 누가 상처를 입는지 신경 쓰지 않는다. 나중에 죄책감이 찾아와 스트레스가 더 늘어난다.

- **도피 전략**은 보통 다른 일에 몰두하는 모습으로 나타난다. 아침부터 밤까지 일하거나 격렬한 신체 활동을 하고, 얼른 새로운 사람을 찾아 데이트하거나 친구들과 어울린다. 파티에서 놀거나, 만성적인 정신적 아픔을 덜고 무뎌질 목적으로 중독성 있는 물질을 쓰는 것도 도피 방법이다.

- **경직 전략**은 무력감과 우울함에 빠지고, 침대 밖으로 나가기 주저하고, 욕망도 잃고 몸을 움직일 동기도 잃어버린 모습으로 나타난다. 경직 상태에 빠진 결과, 오랫동안 같은 상태로 계속 지내게 되기도 한다. 혹여 다시 상처를 입을까, 새로운 사람을 만날 마음이 없는 것이다.

- **'배려와 친교' 전략**은 때로 '아첨하기'로 불리기도 하는데, 파트너를 기쁘게 해주고 달래주려는 모습을 보인다. 약속하고, 그 약속을 다시 논의하고, 또 약속하는 상황이 반복된다.

우리 대부분은 이별 동안 이런 전략을 조합해서 쓰게 된다. 그렇지만 스트레스에 특히 취약한 경우, 이별 후에 혼란스러운 생각에 빠지고 강박적인 행동을 보이는 강박 장애의 특징을 보일 수도 있다.

이별에 대한 반응은 왜 이렇게 강력하게 나타날 수 있을까? 헤어짐은 급성 통증으로 느껴질 수 있는데, 사랑 호르몬 옥시토신이 미주 신경에 발휘하는 진정 작용이 더는 허락되지 않는 사건이기 때문이다. 헤어지면 우리는 포옹, 스킨십, 키스, 웃음, 대화, 맞댄 어깨를 잃게 된다. 파트너의 보호도, 신경계를 달래주는 동반자 관계도 사라진다. 그 대신, 외로움에 빠져 스트레스를 겪을 수 있다. 유타 대학의 줄리언 홀트-룬스타드Julian Holt-Lunstad 교수에 따르면, 외로움은 하루에 담배 15개비를 피우는 일과 맞먹는 손상을 줄 수 있다.95)

상심한 마음을 어떻게 치유할까?

랍비 크필 샤할Kfir Shahar은 이런 말을 남겼다. "사랑이라는 약은 고쳐야 할 질병보다 부작용이 더 심할 수 있는 유일한 약이다." 그렇다면 이별의 상처는 어떻게 극복할까? 가장 중요한 방법 가운데 하나는, 이별 후 가능한 한 도움을 받는 시스템을 구축하는 일이다. 공감을 잘해주는 친구들의 치유력이 우리의 미주 신경에 작동하면, 생존 모드에서 벗어날 수 있을 것이다. 우리가 어떤 상황에 놓였고 어떤 감정을 느끼는지 타인에게 공유하면, 전두엽이 정서적 뇌와 협동하여 사건이 처리되고 단기기억(편도체)에서 장기기억으로 넘어간다. 우리가 우리의 생각에 목소리를 주면, 즉시 자신감이 생기면서 마음이 가라앉을 것이다. 이런 맥락에서 울음은 치유의 효과가 매우 크다. 사건과 연결된 꽉 막힌 부정적 정서를 가둬두고 일상에서 억누르고 있더라도, 울음으로 방출할 수 있다. 울음으로 정서를 최대로 처리하고 방출하면, 이후 마음이 훨씬 진정된다.

여성들의 경우 흔히 남성들보다 도움 시스템을 잘 갖추고 있다. 여성들은 자신의 느낌을 타인과 공유하는 경향이 있다. 남성들은 어떤 일을 겪고 있는지 이야기를 덜 하는 편이고, 따라서 부정적 경험의 처리도 부족한 편이다. 그래서 뒤늦은, 혹은 숨은 우울을 겪을 수 있다. 한편 여성은 부정적 생각에 지나치게 사로잡히거나 혹은 과도한 생각에 빠지는 편이다. 이런 경향은 반추, 혹은 반복적 부정적 사고라고 한다. 여성들이 남성들보다 우울과 불안을 두세 배 더 겪는 주된 이유 가운데 하나이다.

이 같은 상황을 막고 끝난 관계에 작별을 고하기 위해 도움이 될 중요한 조언을 몇 가지 전한다.

• 부정적 생각과 싸우지 말라. 힘든 감정에 사로잡힐 것이다. 슬픔, 비애, 비통과 분노에 자리를 내어주라. 감정들을 억누르고 무시하면, 치유에 필요한 시간만 더 늘어날 것이다. 또한, 정서적 차단과 회피가 더 심해질 수 있다.

• 사람들에게 당신의 감정을 터놓고 말하라. 어떤 연애든 이별이 필수적인 부분이라는 피할 수 없는 사실을 받아들이라. 후회, 죄책감, 자학 같은 생각을 최대한 참아 보라. 이런 파괴적 감정들에 사로잡히면 자기 연민에 젖어버릴 뿐이니.

• 행복을 받쳐주는 기둥을 찾으라. 음악, 춤, 운동, 여행, 태양, 바다, 친구, 가족, 반려동물처럼 기분을 좋게 해주는 것이면 무엇이든 상관없다.

• 가능한 한 전 연인과는 상관없는, 건강하고 새로운 생활양식을 만들어 보라. 부정적 사고 패턴에 빠지는 일은 피하라. 마음은

자신을 보호하기 위해 고통을 회피하는 사고 패턴을 만들어낸다. 예를 들면 "모든 남자(혹은 모든 여자)는 다 똑같아", "아무도 믿을 수 없어", "사랑 따윈 없어, 오직 이기심만 존재할 뿐" 같은 식이다. 그렇지만 이런 패턴은 자기 강화적 속성이 있어 상대를 더 믿지 못하게 되고, 훗날의 관계가 더욱 어려워질 수 있다.

- 실패는 없다. 성장과 배움만이 있을 뿐이다. 지난 만남에서 자기 자신에 관해 무엇을 배웠는지 집중하라.
- 때로 이런 일들은 혼자 하기 힘들다. 부정적 사고 패턴에서 헤어나지 못하는 것 같다면, 전문가에게 도움을 청하라. 우리 모두 도움이 필요하다.

마음의 흉터는 그냥 사라지지 않는다는 사실을 기억하는 것이 중요하다. 우리는 흉터를 명예의 배지처럼 간직하고 평생 살아간다. 미래의 파트너가 될 사람을 만나 새로운 관계를 구축할 때마다, 과거의 경험이 빚은 고통스러운 흉터를 한가득 가져오게 된다. 알다시피, 뇌는 긍정적 사건보다 부정적 사건을 적어도 3배 더 생생하게 기억한다. 이 말은, 예전 파트너와 관련된 어떤 특성이나 행동이 우리의 뇌에 깊이 새겨질 수 있으며, 이를 어떤 식으로든 자극하는 계기 또한 뇌에 남을 수 있다는 뜻이다.

진화적 관점에서 보면, 이 같은 현상은 지각력 있는 존재가 과거의 실수를 되풀이하지 말도록 고안된 생존 학습 메커니즘이다. 그렇지만 오늘날 이 메커니즘으로 인해 우리는 쓸데없이 조심하고, 회피하고, 겁을 내고, 방어적으로 굴 수 있다. 과거에 형성된 조건화에서 우리 자신을 의식적으로 끊어내고 바로잡는 작업이 필요하다. 그래야 똑같은 부정적 경험을 반복하고 기운이 다 빠져버린 상태에 갇혀, 과거의 죄수로 지내는 일을 피할 수 있다.

애착의 유형

각인은 생애 초기에 형성되는 빠르고 강한 학습이다. 아이를 키우는 부모의 특성이 아이의 마음에 새겨져 애착이 생기는 과정을 뜻한다. 이 사건은 우리가 훗날 파트너를 선택하는 방법뿐만 아니라 그들과 유대를 맺는 방법 및 애착의 종류에도 영향을 미친다. 애착이란, 정신의학자 존 볼비John Bowlby가 정의한 대로 아기가 부모 가까이에서 안전하게 보호받고 싶은 내적 성향이다. 진화적 생존 욕구에 기반을 두고 있으며, 평생 개인의 정신 구조에서 핵심적 부분을 차지한다.[96]

유아기 첫해 동안 애착의 유형이 형성되며 평생 일관되게 이어지는 경향이 있다.

안정 애착은 유아기 동안 유아가 표현하는 욕구에 일관된 반응을 얻는 경우 생긴다. 양육자가 언제나 그들을 위해 함께 있으리라는 믿음과 신뢰에 기반하는 관계 모델이 형성된다.

반면, 유아가 자신의 욕구에 일관되지 못한 반응을 받아서 불안이 나타나고 양육자의 모습을 한 상대에게 많이 기대는 유형을 **불안 애착**이라고 한다. 이 같은 애착 유형은 관계를 불신하고 불안을 느낀다. 자기 자신을 살피기 바쁘다 보니 타인을 잘 지지하지 못한다. 상대에게 의존하고, 사랑받지 못할까 봐 겁을 내고, 굴곡진 관계를 여러 번 겪는다. 전체적으로 걱정과 우울과 분노를 더 많이 느낀다.

회피성 애착은 유아기 동안 욕구가 하나도 충족되지 않을 때 나타난다. 이들은 타인을 믿지 말자고, 믿을 사람은 자기 자신밖에 없다고 학습하게 된다. 의심이 많고, 파트너에게 기대는 느낌을 반기지 않는다. 상대와 안전거리를 두며, 파트너가 언제 그들을 찾는지 언제나 정확하게 판단하지는 못한다. 파트너의 기대에 잘 대처하지 못하며, 파트너에게 휘둘릴지도 모른다는 두려움에 친밀감을 꺼린다. 불안과 분노를 드러내지 않으며, 오히려 감정을 숨기는 쪽이다.

아이러니하게도, 불안 애착 유형은 회피성 애착 유형에게 끌리는 경향이 있다. 반대 방향으로의 끌림 또한 자주 일어난다. 그러므로 두 사람이 어울리면, 한쪽이 다른 쪽의 욕구를 절대 충족하지 못하고 보통 낭패를 보고 마는 불행한 관계로 끝나고 만다.

애착 유형을 바꿀 수 있을까? 우리의 뇌가 생의 초기에 형성된다는 점을 고려하면, 대답은 '아니오'이지만, 애착 유형을 인지하고 치료를 받는다면 안정된 애착 유형의 행동을 받아들이고 생애 초기에 형성된 불안정한 애착 유형의 특성을 수정하는 법을 배울 수 있다. 이렇게 되면, 개인의 정체성과 힘과 자율성에 대한 감각을 키우는 데 도움이 될 것이고 결국에는 파트너를 찾아 해피엔딩을 맞는 데도 도움이 될 것이다.

5장

둘이 셋이 되면

통계에 따르면, 결혼한 부부 대부분이 첫째가 태어난 지 3년쯤 되면 위기를 겪는다. 아이를 양육하는 가족 관계는 결혼 생활의 균형에 완전한 변화를 가져온다. 이런 변화는 심리적일 뿐만 아니라 생물학적 변화이기도 하다. 가족 내 생물학이 관계에 어떤 영향을 미치는지 살펴보자.

한 남자가 목초지를 걷다가 눈앞에서 말 두 마리가 풀을 우적우적 씹는 모습을 본다. 두 마리가 어떤 관계인지 알아낼 방법이 있을까? 말에게 목초를 줘보면 알 수 있다. 한 마리가 다른 말의 입으로 목초를 옮겨주고 먼저 먹게 해준다면, 그 말이 어미이고 나머지 한 마리가 새끼일 것이다. 이 중국의 고대 우화는 모성애의 핵심을 보여준다. 그런데 어미는 어떤 까닭에 자신의 욕구보다 새끼의 욕구를 우선으로 두게 될까?

모든 생명체는 이기적으로 태어나며, 자기 자신의 욕구를 먼저 챙기도록 프로그램되어 있다. 그렇지만 어머니가 되면 신경계에 강력한 변화가 일어난다. 암컷은 새끼의 욕구를 우선으로 두게 되는데, 프로그램의 목적이 새끼의 생존 및 다음 세대로의 안전한 유전자 전달로 바뀌기 때문이다. 지구상의 동물 어미들 가운데 97퍼센트가 혼자 새끼를 키우니 사실상 이 행성의 모든 동물은 새끼를 향한 어미의 애착과 헌신, 돌봄에 의존한다고 봐야 한다.

태평양 대문어가 좋은 사례이다. 문어의 많은 종은, 짝짓기 동안 암컷이 수컷의 뉴런을 먹는다. 이후 수컷은 쓰러져 죽는다. 그렇지만 대문어 같은 종의 수컷은 포악한 암컷을 피하는 전략을 개발하여, 암컷이 다가오면 그쪽으로 정자 주머니를 집어 던지다시피 하고 달아난다. 암컷 문어는 빈 동굴을 찾아 수십억 개의 알을 낳고 6개월 동안 동굴에서 꼼짝하지 않고 알을 보호한다. 촉수를 좌우로 움직이면, 알에 산소도 공급할 수 있고 해로운 곰팡이가 쌓이는 일 없이 깨끗하게 유지할 수 있다. 반년 동안 암컷은 먹이를 찾으러 나가지 않으므로 결국 굶주리다 죽는다. 암컷은 마지막 힘을 짜내 알에 물을 뿜어 부화를 앞당긴다. 세상으로 나온 새끼들은 죽은 어미의 부패한 잔해를 먹으며 드넓은 세계로 나아간다. 수십억 마리의 알 가운데 오직 몇 마리만 성체로 자랄 것이다. 이들은 어미 문어에게 목숨을 빚진 존재이다.

임신과 출산 이후 암컷의 행동에 나타나는 극적인 변화는 동물의 세계 전반에서 비슷한 사례를 찾아볼 수 있다. 이러한 변화는 임신과 출산 동안 암컷의 뇌에서 일어나는 과정에 기인하는데 조직 차원에서, 뉴런 차원에서, 후성 유전학을 통한 유전자 차원에서 일어나는 변화이다. 믿을 수 없을 만큼 유연한 뇌의 신경 가소성을 보여주는 매혹적인 사례라 할 수 있다.

임신 동안 어머니의 뇌는 감각이나 운동 자극을 처리하는 신경 핵이 포함된 회색질에 변화가 일어나면서, 아주 큰 재조직 및 구조적 변화를 겪는다. 이 같은 변화는 사회적 상호작용 이해 및 애착 형성과 관련이 있고 공감 능력을 담당하는 부위에서 일어난다.[97]

연구에 따르면, 이런 변화를 통해 어머니는 아기가 표정이나 다양한 울음으로 전달하는 비언어적 의사소통을 이해하는 능력을 키울 수 있다. 결과적으로 아기는 자신을 둘러싼 세상을 이해할 수 있고 신체 내부의 자극을 조절하는 법을 알게 된다. 동물 연구에 따르면 임신 동안 일어나는 뇌 배선의 변화가 어머니가 육아에 적응하는 과정의 핵심이다. 어머니는 제 삶에 들어온 무력한 생명체에 정신적, 정서적 집중력을 키울 수 있게 된다.[98]

어머니의 뇌 변화는 유의미한 수준으로 일어나며 상당 부분 돌이킬 수 없기도 하다. 네덜란드 라이덴 대학의 연구진은 임신 동안의 뇌 변화, 출산 전후의 뇌 변화, 이후 2년이 지난 시점의 뇌 변화를 촬영하고 기록했다(fMRI). 그 결과 장기간에 걸쳐 어머니의 뇌에 유의미한 변화가 일어난다는 사실을 알게 되었다. 컴퓨터 프로그램이 뇌 촬영 이미지를 근거로 삼아 여성에게 임신 경험이 있는지 없는지 100퍼센트 정확히 예측할 수 있을 정도였다. 아기와 어머니의 정서적 사회적 패턴을 알기 위해 애착 실험도 진행하였는데,

어머니의 뇌에 구조적 변화가 크게 일어날수록 아기에게 애착하는 수준도 높다는 결과를 얻었다.[99]

아주 매혹적인 연구가 하나 있는데, 이스라엘 바이츠만 연구소의 탈리 김히Tali Kimchi 교수와 연구팀이 쥐를 대상으로 어미의 마음을 엿보면서 수컷과 암컷 뇌의 차이를 증명해 낸 연구이다. 임신한 쥐는 새끼를 위해 홀로 톱밥과 탈지면으로 보금자리를 만든다(보금자리를 만드는 행동nesting behavior은 임신한 여성에게도 나타나는데, 여성들은 출산을 앞두고 집을 준비한다. 이 행동은 에스트로겐, 프로게스테론, 프로락틴이 관여하는 호르몬 변화의 산물이라고 한다). 새끼가 태어나면 쥐는 새끼를 보금자리 가까이 두고, 새끼가 빠져나가면 다시 데리고 와서 열심히 핥아준다. 이것이 모성 행동이다.[100]

연구진은 갓 태어난 새끼 일부를 빈 우리에 가져다 놓았다. 그리고 우리 일부에 칸막이를 쳐놓고, 칸막이 쪽에 톱밥과 탈지면으로 보금자리를 마련했다. 그런 다음, 몇 시간 전에 새끼를 출산한 또다른 어미 쥐를 우리의 빈 곳에 놓았다. '새엄마'는 즉시 새끼를 한 마리씩 데리고 칸막이를 넘었다. 그렇게 새끼들을 보금자리에 놓고, 곁을 지키며 핥아주었다. 요약하자면, 이 쥐는 모성 행동을 보였다. 다음 단계로, 연구진은 우리 속 갓 태어난 새끼들 곁에 한 번도 출산한 적 없는 암컷 쥐를 데려다 놓았다. 몇 시간이 지나자 이 쥐 또한 새끼들을 칸막이 너머로 데려가 보금자리에 놓고 핥아주었다. 똑같은 모성 행동을 보인 것이다. 그렇지만 수컷 쥐를 새끼들 곁에 두니, 수컷 쥐는 기껏해야 무관심한 태도를 보였고 최악의 상황에는 새끼를 공격하고 죽였다.

이처럼 쥐들이 보이는 행동이 다른 원인을 알아내기 위해 연구진은 쥐의 뇌를 살폈는데, 그 결과 즐거움과 연관된 부위의 변화를 찾아냈다. 처녀 쥐의 뇌에 있는 즐거움 시스템에는 수컷 쥐의 뇌보다 옥시토신(사랑 호르몬) 분비를 담당하는 뉴런의 수가 많았다. 그렇지만 가장 유의미한 변화는 어미 쥐의 뇌에서 관찰되었다. 옥시토신을 분비하는 뉴런의 수가 새끼를 낳은 시점에 두 배가 되어, 처녀 쥐의 뇌에 있는 옥시토신 분비 뉴런의 수보다 두 배 많아졌다. 즉, 출산 동안 어미 뇌의 즐거움 시스템에서 옥시토신 분비를 맡은 뉴런의 수가 두 배로 늘어난다는 뜻이다. 이 같은 변화는 불가역적이며, 실제로 즐거움의 증가로 이어지므로 새끼에게 양육 행동을 보일 동기가 생긴다.

호르몬의 어머니

옥시토신은 모성애를 만드는 호르몬이다. 이 호르몬은 생명의 탄생과 양분 공급, 양육을 지휘한다. 옥시토신은 출산하는 암컷의 혈액에서 최고 농도를 보인다. 자궁 근육의 수축을 일으켜 출산을 유도하고, 유선의 수축을 통해 모유 수유를 관장한다. 진화가 일어나는 동안 이 호르몬은 놀라울 만큼 그대로 보존되었다.

임신 극초기, 옥시토신은 여성의 뇌하수체에서 혈류로 분비되어 신진대사에 변화를 가져온다. 여성의 신체에 에너지를 지방의 형태로 저장하여, 태아 발달의 필요분을 충족하기 위함이다. 임신 후기 동안, 어머니의 혈중 옥시토신의 수치는 벌써 전보다 유의미한 수준으로 높아져 어머니의 행동에 영향을 미친다. 출산을 앞둔 어머니는 친구와 지인에게 마음을 열고 친화적 태도를 보이며, 부모 및 다른 가족 일원과의 유대를 단단히 다진다.

9개월이 끝날 무렵이면, 어머니는 자궁 속 태아에게 필요한 영양분을 20퍼센트 이상 공급하지 못하게 된다. 출산은 실제로 아기의 격심한 배고픔과 함께 시작된다. 태아가 느끼는 배고픔이 자체 뇌하수체를 자극하여 옥시토신 분비량을 늘인다. 이 옥시토신은 어머니와 공유하는 순환계를 통해 어머니의 뇌에 도달한다. 어머니 또한 이에 반응하여 옥시토신을 다량으로 분비하게 되고, 그렇게 자궁 수축이 유도되어 출산이 시작된다(분만 유도용으로 투여되는 피토신은 실제로 자궁 수축을 돕는 합성 옥시토신이다). 출산 이후라도 아기는 고통을 느낄 때면 울음으로 엄마든 다른 누구든 욕구를 채워주러 오게 하면서 옥시토신을 방출할 것이다.

출산 동안 산모의 몸에 넘쳐나는 옥시토신은 통증을 완화하는 효과도 내는데, 옥시토신이 통증 감각의 둔화에 도움이 되는 엔도르핀의 방출을 유발하기 때문이다.

출산 직후, 지치고 배고픈 아기는 어머니의 배 위에서 본능적으로 젖꼭지를 찾는다. 젖꼭지와의 접촉은 어머니의 뇌에 더 많은 옥시토신을 분비하라는 신경 메시지를 보낸다. 옥시토신은 유선 수축을 일으켜 모유가 아기의 입으로 흘러들게 한다. 모유 수유 동안, 옥시토신은 강한 친밀감과 희열을 자아낸다. 피부끼리 닿는 경험으로 어머니와 아기 모두 옥시토신 분비가 증가하고, 두 사람의 유대도 강해지기 시작한다.

옥시토신은 장기기억 부위(해마)의 활동 증가 또한 유도한다. 그래서 이 시기 동안 서로에게 인식된 냄새, 감촉, 맛, 목소리 등의 특징은 아기와 어머니의 뇌에 새겨진다. 출산 이후부터 며칠 동안 이어지는 이 현상은, 각인 과정의 일부로 새끼와 어미 사이에 깰 수 없는 유대를 형성한다. 그래서 새끼는 어미를 인식할 수 있고, 어미에게 친밀함과 보호와 영양 공급을 청할 수 있다. 둘의 유대는 새끼에 대한 어미의 의무감 또한 형성한다. 둘의 관계는 서로 보고, 안고, 애무하고, 키스하고, 미소 짓고, 웃고, 상냥한 말을 건네고, 칭찬하고, 공감하는 순간마다 더 강해진다.

그렇지만 어머니는 친밀감과 강렬한 행복을 느끼는 한편 우울하고 슬퍼질 수 있다. 출산 후 에스트로겐과 프로게스테론 수치가 급격히 떨어지면 기분 변화가 일어날 수 있으며, 스트레스 호르몬 코르티솔의 분비 또한 불안과 우울을 가져올 수 있다. 어머니의 수면 부족 또한 스트레스와 우울 증가에 한몫할 것이다. 산모의 절반 이상이 출산 후 다양한 유형의 우울증을 경험한다. 여성 7명 가운데 1명은 우울증 진단을 받는데, 이를 가리켜 산후 우울증이라고 한다.

출산은 몸과 마음에 크나큰 충격을 남긴다. 출산의 경험이 너무도 엄청나고, 수용과 처리가 힘든 자극이 마음속에 넘쳐나면 이 같은 과부하로 인해 옥시토신 분비에 문제가 생길 수 있다. 결국 어머니는 마음의 외상을 환기하는 자극을 피하면서 마음의 문을 닫아버리고 위축된다. 산후 우울증은 슬픔, 에너지 결여, 무력감, 탈진, 공허함, 분노 표출, 돌봄의 어려움(자식에게 거의 무관심하거나, 지나치게 걱정하는 상태), 수면 장애, 식이 장애, 성욕의 급격한 감소 등의 모습으로 나타날 수 있다. 아기에 대한 과도한 보호 혹은 아예 무관심한 상태 또한 애착 과정에 지장을 줄 수 있다.[101]

산후 우울증은 아주 흔한 현상인데, 사례의 절반은 진단이 안 되며 많은 여성이 치료 없이 넘긴다. 흥미롭게도 이 질환은 전통적인 부족 사회보다 서구 산업 사회에서 더 흔하게 나타난다. 산업화 사회의 경우, 부족 사회보다 대가족과 지역 공동체의 도움이 부족한 경우가 많다. 서구 사회의 많은 여성은 하루 대부분 아기와 단둘이 남겨지는데, 이런 상황은 소외감과 우울을 키운다. 어머니들은 그들이 너무나 행복하고 세상 맨 위에 있는 듯한 기분을 느껴야 한다는 사회의 기대에 부응하지 못한다는 생각이 들 수 있다. 현실의 어머니는 지치고, 스트레스를 받고, 외로운 모습이다. 서구 사회에서 갓난아기와 어린이를 키우는 어머니들은 우울증 고위험 집단이다.

진화적으로 말하자면, 우리 인간은 사촌 관계인 원숭이나 다른 포유류처럼 집단 내에서 자식을 키우도록 만들어졌다. 예를 들어, 어린 침팬지는 인간의 부족 사회처럼 어미를 포함하여 평균 4마리가 키운다. 부족 사회에서는 젊은 어머니들이 홀로 남겨지는 일이 거의 없다. 대가족 일원과 공동체 사람들, 출산 유경험자 어머니들로부터 정신적, 정서적 도움을 많이 받는다.

아버지에게는 어떤 일이 일어날까?

임신 및 출산 동안 어머니의 몸과 뇌에 나타나는 호르몬의 변화 및 구조적 변화는 아버지의 몸과 뇌에서는 발생하지 않는다. 아버지가 된 많은 남성은 혼란스럽고, 인생의 극적인 변화에 어떻게 대응해야 할지 모르고 파트너에게 어떤 일이 일어나는지도 모른다. 그렇다면 이들은 아버지로서의 정체성을 어떻게 형성할까? 생물학은 아버지에게 어떤 영향력을 발휘할까? 또, 관계에는 어떤 영향을 미칠까?

앞서 설명한 탈리 김히 교수의 연구는 수컷 쥐의 경우 뇌의 즐거움 시스템에서 옥시토신을 분비하는 뉴런의 수가 처녀 쥐보다 적다는 사실을 밝혀냈다. 암컷과 수컷의 행동 또한 달라서, 처녀 쥐는 나중에 양육 행동을 보여준 한편 수컷 쥐는 새끼에게 무관심하거나 공격 행동을 보였다. 이 차이는 남성 호르몬 테스토스테론 때문이다. 뇌의 발달 시기에 테스토스테론은 옥시토신의 생성을 지연하며, 그 결과 남성의 뇌는 공감 중추의 발달이 늦어진다.[102]

그렇지만 연구진이 수컷의 뇌에 합성 옥시토신을 주입하자, 행동이 달라졌다. 수컷 쥐는 새끼를 한 마리씩 들어 칸막이 너머로 데려가 보금자리에 놓았다. 새끼를 보호하고 핥아주었다. 옥시토신 투여로 수컷 쥐의 행동이 완전히 달라졌다.

야생 상태의 포유류 수컷은 대부분 새끼에게 부성 행동을 보이지 않으며, 그들과 유대를 형성하지도 않는다. 테스토스테론은 수컷이 본능적으로 지위를 위해 싸우고, 위험을 감수하며 암컷을 찾도록 유도한다. 파트너 및 새끼와 강하고 안정된 유대를 형성하고 흔치 않은 헌신을 보이는 수컷은 프레리 들쥐처럼 일부일처를 형성하는 희귀한 종의 수컷이다. 앞서 살펴보았듯, 사랑 호르몬과 관련된 유전적 변화를 겪은 존재이다.

그렇다면 인간 남성에게는 어떤 일이 일어났을까? 다른 포유류와는 달리, 남성은 자식과 깊고 강한 유대를 형성할 수 있고 돌봄도 할 수 있다. 이 같은 부성애는 어떻게 발달했을까? 중요하고 매혹적인 생물학적 질문이다.

이스라엘 바르일란 대학의 루스 펠드먼Ruth Feldman 교수는 첫 아이를 낳은 젊은 이성애 커플들을 6개월 동안 관찰했다. 펠드먼은 일주일에 한 번씩 커플의 집에 방문하여 부모가 아기를 돌보는 동안 혈액과 침에서 옥시토신 농도가 얼마나 증가했는지 각각 측정했다. 펠드먼 교수와 연구진은 부모가 제각기 육아하는 동안, 아버지의 혈중 옥시토신 농도의 증가 수준이 어머니의 그것과 다른지 알고자 했다. 그 결과, 어머니의 혈중 옥시토신 수치가 더 높긴 했으나 아버지 또한 육아하는 동안에는 옥시토신 수치가 늘어나 어머니의 그것과 같아졌다. 아버지들은 아이를 돌보고 같이 놀아주며 시간을 함께 보내는 동안 호르몬 차원에서 유대 관계를 다진다는 뜻이다.103)

연구진은 또 다른 흥미로운 부분에 주목하였는데, 어머니와 아버지와 아기의 삼각관계와 관련된 현상이다. 어머니의 옥시토신 농도가 높으면 아버지도 높으나, 어머니의 농도가 낮으면 아버지도 낮다. 아기와 시간을 더 많이 보내는 주요 양육자(대부분 어머니이다)가 2차 양육자에게 영향을 미치는 관계가 존재하는데, 이를 담당하는 메커니즘이 바로 우리에게 친숙한 거울 뉴런 메커니즘이다. 어머니와 아버지는 뉴런을 통해 정서적으로 연결되어 있고, 아기의 뇌와도 연결이 되어 영향을 미친다.

가족의 뉴런은 매력적이고 복잡한 그림을 그리는 집합체이다. 그렇기에 여성들이 산후 우울증을 겪으면, 함께한 남성도 영향을 받는다. 펠드먼의 연구며 이와 유사한 다른 연구들에 따르면 아이 돌봄에 정서적으로 관여한 아버지 또한 호르몬의 변화를 겪는다. 옥시토신과 바소프레신(남성형 옥시토신으로 보호 및 영역성과 관련된다)이 증가하고 프로락틴(양육 행동 촉진)도 늘어나는 한편, 성욕이 줄고 테스토스테론 수치도 낮아진다. 이 같은 남성의 호르몬 변화는 아이와 얼마나 가까운지, 아이와 상호작용한 시간이 얼마나 되는지에 달려 있다. 헌신적으로 아이를 돌본 아버지는 어머니처럼 뇌에서 옥시토신을 분비하는 뉴런이 더 많다.

후속 연구에서 펠드먼은 아버지들에게 흡입기로 합성 옥시토신을 투여했다. 옥시토신을 흡입한 참여자들은 침에서 측정된 호르몬 수치가 10배 증가했다. 옥시토신 수치는 아기들의 침에서도 증가했고, 아버지의 행동은 눈에 띄게 달라졌다. 아버지들은 아이들과 두 배 더 놀았고, 아이들의 눈을 더 오래 바라보았으며, 더 자주 만져 주었다. 아기들은 덜 울었다.

펠드먼 교수와 연구진은 아이들을 입양하여 양육하는 게이 커플도 관찰했다. 실험 참여자 가족의 집에 찾아가 아버지와 아기의 혈중 옥시토신 수치를 측정했다. 물론, 이들 부모 또한 정확히 같은 메커니즘을 보여주었다. 이들은 옥시토신 수치가 증가했는데, 특히 양육 행동 동안 아주 높았다. 나아가 유아와 더 많은 시간을 보내는 주요 양육자와 2차 양육자와 아기 사이에서, 이성애 부부가 보이는 삼각관계와 똑같은 삼각관계가 관찰되었다.104)

아기가 아버지의 뇌에 미치는 영향

앞서 살펴보았듯이, 아버지가 아기와 유대를 맺는 시간은 그들이 주고받는 신체적 정서적 상호작용의 수준에 달려 있다. 신생아 탄생 후 몇 주와 몇 달 동안 아버지의 애착 수준은 어머니의 그것에 비해 낮은데, 부모가 아기와 상호작용하는 시간의 양이 달라서 그렇다. 미시간 대학에서 진행한 실험은, 아버지의 뇌와 어머니의 뇌가 신생아의 울음에 어떻게 반응하는지 다른 아기의 울음과 비교하는 것이었다. 아버지의 뇌는 처음에는 아기의 울음에 어머니의 뇌만큼 빨리 반응하지 않았다. 그렇지만 4주가 지나자 차이가 좁혀져, 아기의 울음에 대한 반응 속도가 어머니의 그것과 비슷해졌다.[105]

아버지들은, 아버지가 되면 정말로 뇌에 무슨 일이 벌어진 느낌이 든다고 한다. 어디에 있든 무엇을 하든 방심 없이 경계하며 자식을 지키게 된다. 아기를 돌보고 먹을 것을 줄 때는 아기의 작은 얼굴에 나타난 모든 정서적 표현이나 작은 딸꾹질 소리, 울음을 의식한다.[106]

실제로, 덴버 대학과 예일 대학 연구진이 막 아버지가 된 남성의 뇌를 신생아 탄생 후 3주 무렵, 그리고 16주 무렵에 스캔한 결과 막 어머니가 된 여성들의 뇌처럼 감각 정보를 처리하는 회색질의 부피가 증가했다. 애착 및 양육 관련 뇌 부위도 증가한 것으로 나타났다. 그 외에도 '자동조정' 모드와 연관된 뇌 부위에서는 회색질의 부피가 줄어들었다. 이 부위는 우리가 외부 세계와 접촉하지 않을 때 활성화된다. 이 부위의 수축은 자식에게 주의를 기울이기 위해 자원이 새롭게 할당된 상황을 반영한다고 볼 수 있다. 아버지가 아이와 시간을 더 많이 보내는 사이 줄어든 또 다른 영역은, 불안감과 연관된 뇌 부위이다.

아버지 또한 어머니처럼 낙담하거나 지나치게 조급해지고 스트레스를 받을 때가 있다. 아버지가 된 남성의 4퍼센트에서 10퍼센트 정도가 우울증 진단을 받는다. 남성의 산후 우울증 신호로는 가만히 있지 못하고, 화를 내고, 너무 급하고, 업무에 장시간 몰두하고, 알코올 소비가 늘어나는 모습이 해당한다. 게다가 파트너가 산후 우울증이면 아버지가 산후 우울증을 경험할 가능성 또한 커진다. 직장의 압박, 지속적 수면 부족, 쌍둥이의 탄생, 부부 관계의 위기 또한 위험을 키울 또 다른 요인이다. 산후 우울증을 겪는 아버지는 아기와의 상호작용이 위축된다.

아버지와 마찬가지로 아이를 입양한 어머니 또한 생물학적 어머니처럼 호르몬 및 뉴런의 변화를 경험한다. 임신과 출산의 경험이 없어도 옥시토신 메커니즘을 통해 아이들과 유대를 형성한다. 호르몬 메커니즘은, 호르몬이 더 많이 생산될수록 뇌에서 그 수용기도 더 많이 생기고 애착이 단단해지는 방식으로 작동한다. 육아 과정 자체가 옥시토신 및 그에 수반된 호르몬을 늘리고, 부모의 마음도 영구히 바꾸어 놓는다.

열정을 식히는 육아

통계에 따르면, 관계의 위기는 보통 첫 아이 탄생 후 3년 무렵 시작된다. 그리고 5년에서 7년마다 재발하며 크나큰 정신적 충격을 안겨준다. 처음 5년을 견디면, 이후의 시간은 잔잔하게 보낼 가능성이 크다.

앞서 부모 되기의 과정에서 몸과 마음에 일어나는 변화가 얼마나 크고 강한지 살펴보았다. 어머니와 아버지의 호르몬 차이며 호르몬의 작동 방식, 그리고 이 모든 과정에 내재한 진화적 논리도 살펴보았다. 그러니 많은 커플이 아이가 생긴 후 관계에 손상이 왔으며 친밀성이 줄어들었다고 보고하는 현실도 놀랍지 않다.[107]

우리의 이기적 유전자는 자기 자신의 욕구 말고 다음 세대의 욕구를 우선하도록 뇌의 배선을 새롭게 짠다. 아이를 언제나 신경 쓰고, 먹이고, 씻겨주고, 달래주고, 양육하고, 아이의 잠을 재워주고, 실수 없이 보호해야 한다. 아이의 욕구를 살피도록 이끄는 주요 호르몬이 프로락틴이다. 프로락틴은 부모가 아이와 있으면 뇌하수체에서 혈액으로 분비된다. 아이가 어릴수록 프로락틴이 더 많이 필요하고, 그래서 더 많이 분비된다.

프로락틴은 또 언제 분비될까? 오르가슴 직후 성적으로 반응하지 않을 때, 성적 에너지가 급격히 줄어들고 욕망이 없을 때 프로락틴이 한순간 차분함을 가져온다. 프로락틴은 성욕을 자극하는 테스토스테론의 분비 또한 줄인다.

이는 진화적으로 타당할까? 물론, 아이가 있으면 부모의 에너지는 아이들을 향해야 한다. 아이는 정서적으로 안정되고 예측 가능하며 자식에게 집중하는 부모가 필요하다. 아이에게 필요한 안전과 확신과 규칙적 일상은 성적 욕망과 열정을 억누르는 것들이다(불확실하고 불안정하며 흔치 않은 상황에서 성적 분위기가 분명 잘 조성된다). 그러므로 아이들이 있으면 프로락틴 분비가 늘어나고 테스토스테론과 에스트로겐 분비가 줄어든다. 그 결과 성적 에너지가 꺼지고, 육아 에너지가 힘을 얻는다.

동물의 경우, 어미가 새끼에게 젖을 주고 돌보는 동안에는 발정하지 않는다. 암컷 오랑우탄의 경우 새끼와 함께 지내는 동안 최장 8년까지 성욕을 잃는다. 새끼가 곁을 떠나 암컷 혼자 남으면 성욕이 바로 돌아온다. 암컷은 서열 상위 수컷을 찾아, 돌아온 열정으로 구애한다.

프로락틴 외에도, 가족이 확장하는 동안 부부 관계를 서서히 망치는 호르몬으로 코르티솔이 있다. 침묵의 살인자와도 같은 스트레스 호르몬이다. 부모 되기는 스트레스 수준의 극적인 증가 또한 수반한다. 어머니의 코르티솔 수치는 보통 이전의 두세 배로 높아진다. 이 시기는 아이 걱정이며 돈 문제 걱정으로 많은 근심과 불안이 닥치는 한편, 수면 부족과 지속적 피로 또한 피하기 어렵다. 수면 부족은 주요 스트레스의 원천으로, 우리 신체의 모든 메커니즘과 기분, 전체적 건강에 영향을 미친다. 피로, 성마른 모습, 공격적 태도는 수면 부족의 징후 가운데 일부에 불과하다. 수면 장애는 어린이가 흔히 겪는 일로, 자연히 부모 또한 수면 장애를 겪게 된다. 수면 전쟁이 끝나서 첫아이가 밤에 잠을 자기 시작하면, 바로 둘째가 같은 경로를 밟을 수 있고 그렇게 모든 일이 다시 시작된다. 그러므로 어린이를 키우는 부모가 섹스를 가장 적게 하는 집단이라고 해도 놀랍지 않다.

코르티솔은 성욕 또한 억제한다. 스트레스를 받는 시기에 우선할 일은 생식에 힘을 소비하는 대신 생존에 집중하기다. 앞서 보았듯, 생존 모드는 다음의 선택지를 따른다. 투쟁, 도피, 경직 혹은 배려와 친교. 부모가 된 커플의 경우, 선택지는 다음의 방식으로 나타날 수 있다.

- **투쟁** : 파트너를 공격하고, 모든 문제를 상대방 탓으로 돌리며 괴롭힌다.
- **탈출** : 직장에 더 많은 시간을 쏟고, (티브이나 휴대전화 등) 화면을 응시하고, 친구들을 만나러 가고, 격렬한 운동을 하고, 술을 마시고, 기분 따라 과식을 하고, 포르노를 시청하고, 다른 곳에서 섹스를 찾고, 정신을 둔감하게 해주는 약물을 사용하는 방식으로

탈출구를 찾는다.

- **경직** : 우울, 탈진, 무력감에 빠진다. 둔기며 활기, 생기가 없다. 지나치게 잠을 많이 자고 위축된 모습을 보인다.
- **배려와 친교** : 타인의 욕구에 강박적으로 관심을 기울인다. 그렇게 악순환이 생겨난다. 스트레스를 더 받을수록 접촉이 줄고 친밀감이 줄고 탈출하고 싶고, 그러면 죄책감이 더 생겨나고 스트레스도 늘고, 그렇게 접촉이 또 줄고 친밀감도 줄고… 결국 정서적 분리가 완벽히 이루어진다.

이런 악순환에다 쿨리지 효과(6장에서 살펴본다)도 추가할 수 있다. 쿨리지 효과는 파트너를 향한 욕망을 파괴하는 뇌 배선으로, 도파민이 그 기반이다. 시간이 흐르면 같은 파트너에 대한 흥분과 익숙한 자극에 대한 민감도가 줄어드는 현상을 가리킨다. 파트너에게 흥분을 추구하든 아니든 수년 동안 지속될 수 있는 커플 관계를 멀어지게 만드는 확실한 경로이다.

여성들의 80퍼센트 이상은, 같이 사는 파트너에게 매력을 느끼지 못하는 상태가 3개월 이상 지속된다고 추정된다. 약 60퍼센트가 파트너에게 6개월 동안 매력을 느끼지 못하며 약 20퍼센트, 즉 5명 중 1명은 일 년 동안이나 파트너에게 열정이 식은 상태로 지낸다. 성욕을 잃은 여성도 있고, 파트너를 향한 성적 욕망은 줄어들었으나 다른 남성에게는 여전히 매력을 느끼는 여성도 있다.

성욕의 감소는 30대 이상의 여성, 즉 어머니가 되는 여성과 60대 이상의 여성, 즉 갱년기 이후의 여성에게 흔히 나타난다. 이 두 시기를 특징짓는 사건은 호르몬의 변화, 스트레스의 증가 및 성호르몬의 감소이다.

아버지의 성욕은 어떨까? 남성의 18퍼센트는 파트너를 향한 성적 욕구가 감소한다. 그 이유는 스트레스, 불안, 우울, 테스토스테론의 감소 등 다양한데 역시 아버지 되기 및 남성 갱년기가 원인일 수 있다. 55세부터 남성의 테스토스테론 수치는 청년의 1/5 수준으로 줄어든다.

그렇지만 조사에 따르면, 일부일처 관계에서 남성과 여성의 섹스 욕망은 평균 6배 차이를 보인다. 남성은 더 많이 원하고, 덜 만족스럽다. 앞서 보았듯, 남성의 생식 기관은 여성의 그것과 다르다. 남성은 섹스에 대해 더 많이 생각한다. 스트레스를 해소하고 긴장을 풀기 위해 성적 접촉이 필요하다. 파트너가 갑자기 성적 흥미를 상실하면 남성은 보통 거부당한 느낌, 사랑받지 못한다는 느낌을 받는다. 이렇게 되면 관계에 긴장이 높아지고 일과 운동, 화학물질이나 친구에게서 탈출구를 찾는다. 남성의 주요 사랑 언어는 스킨십인 한편 여성의 주요 언어는 언어와 공감이다. 남성은 긴장을 풀고 상대와 친해지기 위해 접촉이 필요하며, 여성은 언어와 공감을 먼저 찾는다. 당연히, 테스토스테론과 에스트로겐 때문이다.[108]

미국의 데이비드 버스David Buss 교수가 진행한 연구에 따르면, 연구에 참여한 기혼 여성의 80퍼센트 이상이 결혼 동안 자신의 욕망이나 섹스의 즐거움과는 상관없는 여러 가지 이유로 성관계를 요구받은 적이 있다고 한다. 섹스가 자유로이 선택한 즐거움의 원천이 아니라 집안일 목록에 올라가면, 이 또한 마음을 달래주는 요인이나 성적 자극이 아니라 스트레스 요인이 되고 만다.

시간이 지나면 상대에게 호의를 계속 베푼다고 생각하는 쪽과

호의를 계속 받는다고 느끼는 쪽이 서로 분노할 수 있다. 앞서 보았듯, 사람 사이의 의사소통은 95퍼센트가 비언어적이다. 눈에 실린 감정, 표정, 목소리, 그리고 당연히 신체 언어로 이루어진다. 성적 행위만큼 비언어적이고 정서적인 의사소통이 강력한 때가 또 있을까. 몸으로만 말하는 이 순간에, 몸은 거짓말을 하지 않는다. 우리는 몸으로 느낀다. 1,000분의 15초면, 상대가 우리에게 끌리는지 스킨십을 즐기는지 탐지할 수 있다. 내일의 다툼을 여는 씨앗은 전날 저녁 침실에서 커플이 나누는 이 비언어적이고 정서적인 의사소통 동안 뿌려질 가능성이 있다.109)

분노는 시간이 지나면서 커질 수 있고 스킨십은 줄어들 것이다. 심지어 커플 치료에서는 이런 상태를 지칭하는 용어도 있는데, '민감성 건조'라고 한다. 조만간 관계가 끝이 날 상태이다. 앞서 살펴본 대로, 신체 접촉 동안 우리 몸에서는 사랑 호르몬 옥시토신이 분비되어 미주 신경을 활성화한다. 미주 신경은 긴장 완화 시스템을 담당하며, 휴식과 소화를 장려한다. 우리의 신경계가 긴장을 풀고 안심하려면 스킨십과 친밀한 관계가 필요하다. 서로의 몸이 맞닿을 일이 없고 안정을 찾을 일도 없다면, 스트레스와 분노와 긴장이 늘어나고, 그렇게 정서적 단절로 이어지리라 예측할 수 있다.

억압 시스템과 압박 아래의 육아

커플은 수십 년 혹은 남은 평생, 정서적으로 거리를 둔 채 함께 지낼 수 있다.

가족을 이루기 시작할 때, 결혼이라는 틀은 전통적으로 가족의 사회적, 정서적, 경제적 기반이 된다. 섹스는 가족 구성원을 얻는 수단이고, 가족은 우리 인간의 정신적 행복을 받치는 기둥 역할을 한다. 우리는 커플로 살지 않고, 가족 형태로 산다. 우리의 생존은 우리가 태어난 순간부터 사회 시스템에 소속되어 있는지 그 여부에 달려 있다.

자식이 생기면, 앞서 언급한 대로 부모는 아이들의 몸과 마음을 보호하고 살피고 돌보도록 프로그램되어 있다. 그래서 보통은 부모 자신의 욕구를 상대적으로 쉽게 무시한다. 중요한 것은 아이들의 생명을 보호하는 일이다. 우리가 아이들과 쌓아가는 친밀한 관계, 아이들이 우리에게 주는 사랑이 우리의 행복에 아주 중요하다. 이런 친밀한 관계에 손상을 가할 일이 일어나지 않도록 우리는 노력한다.

게다가 가족 관계 또한 한몫한다. 예를 들어 우리가 우리 가족에게 해를 끼친다면 부모나 형제, 자매가 우리를 어떻게 생각할까? 가족은 구성원이 여러 세대에 걸쳐 서로 아주 강한 영향력을 발휘하는 시스템이다. 가족 시스템의 일원으로서 생존하기 위해, 인간 뇌의 가장 강력한 메커니즘 가운데 하나가 작동한다. 프로이트Freud가 인간 뇌의 가장 중요한 방어 메커니즘 가운데 하나라고 언급한 바 있는, 억압 메커니즘이다. 이 메커니즘은 우리가 충동적으로 행동하거나 생존을 위협하는 일을 저지르지 못하도록 고안되었다.

그래서 우리는 파트너와의 관계 안정을 위협하거나 갈등을 유발할 수 있는 것이면 무엇이든, 감정이든 사건이든 행동이든 억누르려고 애쓴다. '평지풍파를 일으키는' 일은 피한다. 실제로 억압을 통해 적어도 겉보기에는 합리적인 부부 관계가 유지된다. 그렇지만 입을 다물고 감정을 가린 채 살다 보면, 부부 사이의 거리는 더 멀어지고 정서적 분리가 심해질 수 있다. 몇 개월 몇 년이 지나면, 부부 사이에서 피하는 일들의 목록이 길어진다. 방 안의 코끼리에 관한 대화를 피하려고 애쓰듯 그렇게 분투하는 사이, 대화의 긴장이 점차 높아진다. 정서적 부분은 거의 없고, 언제나 지루하고 실용적인 내용만이 대화의 소재로 '허용될' 것이다.[110]

남성과 여성이 억압과 부인을 다루는 방식에 어떤 식이든 차이가 있을까? 두 성별 모두 현 상태를 유지하고 **모두스 비벤디**Modus vivendi, 즉 평화로운 공존을 위한 협약을 지키기 위해 방어 메커니즘을 아주 효과적으로 사용하긴 한다. 그렇지만 남성은 달갑지 않은 감정에 관해 이야기할 때 더 불편하다. 그리고 자신의 느낌이 어떤지 혹은 파트너에게 무엇을 필요로 하는지 설명하기 어려워한다. 배우자 사이의 다툼을 살핀 존 가트맨John Gottman 박사의 연구에 따르면, 다툼 동안 무관심한 태도로 소통을 끊는 방해 전략은 남성들에게서 약 80퍼센트나 더 자주 나타난다. 다투다가 감정적으로 무너지면, 아예 소통 자체를 끊어버리는 것이다. 이것이 고전적 억압이다. 불쾌한 감정 다루기를 회피하는 것이다.

여성의 경우 이런 전략이 아주 공격적이고 무례하다고 받아들인다. 자신의 감정과 욕구를 무시하고 묵살하고 있다고 해석하는 것이다. 크게 보면 다툼의 목적도 화해일 수 있다고 보는 여성의 관점에서, 이런 전략에는 긴장을 풀거나 화해와 공감을 부를 틈이 없다. 여성이 치료를 권하고 도움을 청하는 상황에서, 남성은 대체로 관심을 보이지 않는다. 흔한 변명은 이러하다. **시간 낭비, 돈 낭비야. 우린 도움이 필요 없는데, 다 괜찮으니까. 치료사들이 뭘 알아? 말**

도 안 돼.

물론 이런 반응은 남성의 뇌에서 테스토스테론이 의사소통 및 공감의 부위를 억제하기 때문이다. 이렇게 되면, 자신감이 강해지고 지위에 집착하게 된다. 즉, 약점과 욕구를 드러내지 않기 위해 전력을 다한다는 뜻이다. 생물학적 영향 외에도 가부장적 사회의 소년은 감정을 혼자 처리하고 약점을 드러내지 말라고, 울지도 말고 압박을 견디라고, 원칙적으로 소녀처럼 보이지 말라고 교육받는다.

그 결과 관계의 위기가 발생할 때와 부부가 치료를 찾는 때에 시차가 발생한다. 그 간격은 평균 6년쯤으로, 여성 쪽에서 마지막으로 이혼을 들먹이면 비로소 함께 치료를 찾는다(이혼의 세계에서 소송 절차는 대부분 여성이 시작한다). 6년 동안 억누른 부정적 감정은 분노가 되었다. 축적된 코르티솔은 분개와 증오, 억누른 분노, 심지어 혐오로 변하여 표면 아래서 부글거리며 흐른다. 정서적으로 다시 이어지는 일은 어려울 것이고, 심지어 불가능할 때도 있다.

한쪽에서 상담 치료가 필요하다고 하면, 다음의 우회적 표현임을 이해하는 일이 중요하다. "나는 부정적 정서가 넘쳐나고, 당신에게 거리감을 느껴. 치유를 받고 싶고, 친밀한 관계를 만들고 싶어." 이런 감정을 억압과 부인을 통해 무시하면, 관계의 자기 파괴적 메커니즘이 활성화될 것이다. 물리적 분리가 있든 말든, 커플이 정서적으로 멀어지는 일은 시간문제일 뿐이다.

그렇다면 가족의 틀 안에서 장기간 사랑을 이어가려면 어떻게 해야 할까? 먼저 부모가 되면 어떤 생물학적 변화가 일어나는지 알아야 한다. 자식을 돌보고 걱정하고 돕는 일에 집중하면, 남성과 여성이 모두 겪는 좌절과 죄책감을 약간은 덜 수 있다는 점을 이해하

자. 가족은 서로 연결된 뉴런 단위이다. 아이들의 마음에 일어난 일은 부모에게 영향을 미치고, 부모의 마음에 일어난 일 또한 아이들에게 영향을 미친다. 아이들의 스트레스 수준은, 부모의 스트레스 수준에 영향을 미치며 이는 당연히 부부 관계에도 타격을 준다.

앞서 언급했듯 어린이에게는 안정적이고 규칙적이며 확실한 생활이 필요하다. 부모는 대체로 지루하고 예측이 가능한 삶을 살게된다. 그렇게 육아 담당 호르몬은 성적 자극과 열정의 스위치를 꺼버린다. 한편, 부모의 정서적 관계 또한 아이들의 행복에 중요하다. 부모가 서로 친밀하고 사랑하는 사이면, 아이들의 신경계도 안정된다. 그런데 부모의 정서적 관계는 성적 만족감에 달려 있다. 이 모순을 어떻게 해결할 수 있을까? 이 문제는 균형 잡기가 까다로운데, 서로 관심을 기울이고 사정을 알아가는 과정이 중요하다. 내가 두 아이의 엄마이고 필요한 것도 많고 어려운 문제도 많은 처지라면, 성적 욕망이 돌아오길 기다려야 할 수도 있다. 오래 기다려야 할 것이다. "나를 위해주지 않는다"라고 내 파트너를 비난할 수 있지만, 사실 아무 상관이 없는 문제이다. 생물학의 문제일 뿐이다. (6장에서 다룸) 쿨리지 효과에다 어머니로서 받는 스트레스가 나의 성욕에 그리 큰 자리를 남겨주지 않을 뿐이다. 슬픈 일은, 스킨십이 스트레스 완화에 아주 중요한데 스트레스가 심하면 스킨십 욕구가 없다는 점이다. 어쩌면 스트레스의 악순환에 진입하고 있는지도 모른다….

그러니 우리의 성욕에 책임을 지는 일은 부모로서의 우리가 피할 수 없는 일이다. 우리는 호기심을 원료 삼아 탐색하고 스스로 배우는 여정을 떠날 필요가 있다. 불교에서는 감정이란 벽에 붙은 깃털과도 같다고 한다. 바람은 한순간 깃털을 벽의 오른쪽으로 옮겨

주었다가, 다음 순간이면 벽의 다른 쪽으로 옮겨준다. 하루가 끝날 때면, 맨 처음에는 욕망이 없는 느낌이었다고 해도 우리가 지향한 행동들, 느긋한 대화나 반가운 메시지 보내기, 어루만짐, 성적인 영상을 보거나 자위기구로 함께 노는 일 등이 욕망을 일으킬 것이다. 섹스는 파트너를 위해서가 아니라 자기 자신을 위한 일이 되어야 한다. 스트레스를 완화하고 숙면하려면 가능한 한 많은 스킨십과 오르가슴이 필요하다.

양육의 여정이 끝날 무렵이면, 갱년기가 (남성과 여성 모두) 기다리고 있다는 사실을 잊지 말자. 갱년기가 되면 더 많은 호르몬의 변화와 스트레스가 찾아온다. 앞서 언급한 대로, 연구에 따르면 갱년기 즈음에 성적으로 활발한 여성은 갱년기 증상으로 인한 고통이 훨씬 적다. 중요한 점은, 오르가슴은 몸과 마음에 선물과도 같으며 신체 활동이나 건강한 식생활, 마음 챙김 못지않게 중요하다는 것이다.

부부간의 사랑을 위한 추가적 도구는 이 책 뒷부분에서 소개할 것이다. 힘든 시기를 버티고 장기적으로 사랑을 이어나가기 위한 과학적 처방전과 함께한다.

6장

우리는 신의를 지키도록
프로그램된 존재일까?

**이상과 같이 관계의 시작에는 사랑의 화학물질이 정신을 홀리고 강한
욕망을 만들어내며 부작용도 동반한다. 그런데 안타깝게도 이 열정은
보통 그리 오래가지 않는다…….**

때로는 장기적 관계에 어떤 마법이 걸린 것 같기도 하다. 두 사
람이 처음에는 강한 열정으로 시작한다. 사랑에 푹 빠져 서로를 갈
망한다. 그러다 어느 순간, 함께 살거나 결혼을 결심한다. 사랑이
영원하리라 확신한다. 그렇지만 2, 3년 내로 기묘한 긴장이 생긴다.
문득 개인적 공간이 필요하다는 느낌이 든다. 성적 매력과 욕망이
줄어들고 파트너를 향한 의심이 솟아나기 시작한다. 이쯤 해서, 의

심이 들어도 함께 지내거나 혹은 헤어지고 다른 새 사람과 이 전체 과정을 다시 시작할 수 있다. 많은 관계가 왜 비슷한 패턴을 밟는 것처럼 보일까? 이 패턴은 정확히 어떤 것일까? 생물학적으로 설명할 수 있을까?

파트너를 향한 흥분과 욕망이 어느 정도인지 그래프를 그려보자. 시간 단위는 월 혹은 년이 될 것이다. 아마 관계의 시작에는 모든 자극이 새로운 만큼, 흥분 정도가 기하급수적으로 늘어날 것이다. 즉, 빠른 증가 추세로 시작한다는 뜻이다. 이 시기는 '사랑에 빠지는' 단계이다. 함께 있고 싶고, 언제나 맞닿고 싶고, 떨어져 있으면 그립고, 오랜 시간 같이 있지 못하면 우울, 조급증, 수면 및 식욕 부진 같은 금단 증상이 나타난다.

사랑에 빠진 기간은 짧게는 6시간이고 길게는 2년까지 이어질 수 있는데, 평균 1년쯤 된다. 이 단계 동안 옥시토신 관계가 충분히 굳어지면 헌신 단계로 넘어갈 수 있다. 관계를 공식화하고 일상에서 시간을 함께 보내고자 한다. 커플은 동거하거나, 결혼하고 함께 아이를 낳거나, 혹은 두 사람 모두 결혼이 두 번째라면 이미 있는 가족 일원들을 데리고 결합한다.

헌신 시기에는, 욕망과 흥분의 그래프가 평평한 직선을 그린다. 즉, 흥분은 더 증가하지 않으며 일정 수준을 안정되게 유지한다. 시간이 흐르면, 사랑에 빠진 시기가 끝나고 친숙한 일상이 그리는 규칙적 패턴이 이 자리를 대체한다. 긴 시간, 때로는 더 짧은 시간 동안 흥분과 욕망의 그래프가 완만히 내려가는 모습을 보일 수 있다. 이 같은 하락은, 두 사람이 서서히 정서적으로나 신체적으로 거리를 두는 과정이다. 신체 접촉 및 성욕이 고갈되는 상황 또한 함께 일어난다. 친밀함의 급격한 감소로 이어질 수 있다.

　그래프에서 이 단계는 '위험에 빠진' 관계 시기에 해당한다. 옥시토신 생산이 급격히 줄기 때문이다. 몇 년 전 혹은 몇 달 전만 해도 서로 전혀 몰랐던 두 사람이 온전히 옥시토신을 함께 생산한 결과 관계를 맺게 되었는데, 이제 둘이 함께 호르몬 생산을 멈춘다고 해보자. 말수가 줄고, 상대의 말을 덜 경청하고, 덜 공유하고, 스킨십이 줄고, 키스도 덜 하고, 함께 오르가슴을 경험하는 일도 줄어드는 것이다. 그러면 결혼 관계가 깨지고 커플은 다시 낯선 두 사람으로 돌아갈 위험이 커진다.

　2020년, 이스라엘에서 국가 기념일인 가족의 날을 맞이하여 실시한 조사에 따르면 부부의 1/3이 왓츠앱을 통해서만 의사소통을 한다고 한다. 말할 필요도 없이, 왓츠앱은 옥시토신을 유의미한 수준으로 생성하지 않는다. 또 다른 조사에 따르면, 이스라엘의 부부 가운데 1/10만이 만족스러울 만큼 친밀한 관계를 맺고 있다고 응답했다. 이런 결과는 이혼 관련 데이터를 어느 정도 설명해 준다. 이혼 데이터에 따르면 세속 유대인 집단에서는 두 커플 중 한 커플, 일반 인구 집단에서는 세 커플 중 한 커플, 그리고 서구 사회에서는 평균 두 커플 중에 한 커플이 이혼한다. 나라가 더 발전할수록, 이혼율도 증가한다.[111]

　종교와 문화의 제약과 규율에서 자유로운 이 현대사회에서, 제도화된 결혼 시스템은 어떤 방식이든 이혼 가능성이 50퍼센트이다. 그리고 결혼 첫 5년 동안 이혼 가능성이 가장 크다. 5년이 추가될 때마다, 다음 5년을 같이 보낼 가능성이 커진다.[112]

　5장에서 살펴보았듯, 통계에 따르면 전 세계에서 부부가 겪은 위기 대부분은 첫 아이가 태어나고 3년이 지나면 시작된다. 이 같은 현상이 '판에 박힌 일상' 혹은 '세월에 따라 닳아진' 결과라고도 하나, 우리는 호르몬과 화학물질과 뉴런이 큰 몫을 한다는 사실을 이미 살펴보았다. 그렇다면 시간이 지남에 따라 사랑에는 어떤 일이 일어날까? 그리고 흥분과 열정의 그래프는 왜 점차 쇠퇴하는 것일까? 이런 현상이 보편적이라면 이제는 우리의 뇌가 진화적 관점에서 볼 때, 평생 같은 사람에게 흥분하고 사랑을 보내도록 만들어져 있는지 질문해야 할 것 같다.

사랑을 담당하는 화학물질의 가장 실망스러운 부작용은 의심의 여지 없이 내성 현상, 즉 감소이다. 함께 시간을 더 많이 보낼수록, 파트너는 더 익숙해진다. 그 혹은 그녀가 주는 자극이 더는 새롭지 않다. 파트너에 대한 반응으로 뇌에서 방출되는 도파민과 세로토닌의 수치가 떨어진다. 뇌의 보상 시스템인 도파민 시스템은 새로움과 다양성을 사랑한다. 모든 것은 시간이 흐르면 지루해진다. 시스템은 새로운 신호를 받으면 스위치가 더 세게 켜진다. 똑같은 친숙한 신호를 반복해서 받으면, 시스템이 흥분하는 문턱의 높이가 올라가고 뇌는 다양성을 찾게 된다.

이 내성 효과로 인해 우리는 파트너에게 점차 덜 흥분하게 되지만, 새로운 사람이 나타나면 한창때로 되돌아온다. 일상의 파트너에게 성적 흥분이 감소하고 새 파트너에게 성적 흥분이 증가하는 현상은 쿨리지 효과, 또는 성적 포화 효과라고 하며, 거의 모든 포유류에 존재한다. 앞서 쿨리지 효과를 언급한 바 있는데, 이 효과는 진화가 우리의 뇌에 심은 아주 오래되고 강력한 배선이라는 점에 익숙해져야 한다. 이 세상에서 실연으로 인한 고통의 적어도 절반

은 이 배선 탓이다.[113]

쿨리지 효과

1950년대에 미국 버클리 대학의 연구자 프랭크 비치Frank Beach와 리스베트 조던Lisbeth Jordan은 수컷 쥐의 성적 흥분에 관한 흥미로운 연구를 진행했다. 일련의 실험에서, 먼저 그들은 발정기의 암컷 쥐를 수컷 쥐와 함께 우리에 두었다. 그리고 수컷 쥐가 사정하기까지 얼마나 걸리는지 측정했다. 1차 실험에서는 수컷이 매번 똑같은 암컷 쥐와 있었다. 암컷 쥐는 4일마다 짝짓기한다. 그래서 연구진은 암컷 쥐들을 4일마다 수컷 쥐의 우리에 넣어 주었다(암컷은 임신을 방지하는 시술을 받았으므로 계속 수정할 수 있다). 그런데 2주 후 2차 실험에서는 수컷 쥐가 4일마다 다른 암컷과 있도록 하고, 똑같이 사정 시간을 측정했다.

결과는 놀라웠다. 실험 초반, 수컷이 똑같은 암컷과 짝짓기를 할 때는 횟수가 반복될수록 사정에 걸리는 시간도 늘어났다. 처음에는 2분이었다(수컷 쥐가 오르가슴에 도달하는 평균 시간은 2분에서 4분 사이이다). 두 번째 짝짓기 때는 3분이, 세 번째에는 5분이, 네 번째에는 목표 달성을 위해 15분이 걸렸다. 다섯 번째에는 17분이 걸렸고, 여덟 번째와 아홉 번째가 되자 수컷 쥐는 더는 암컷 쥐에게 다가가지 않았고 짝짓기 시도조차 하지 않았다.

그렇지만 2차 실험에서 4일마다 새로운 암컷과 있게 되자 이 활력 넘치는 사랑꾼은 사정까지 평균 2분에서 3분이 걸렸으며 탈진할 때까지 짝짓기를 계속했다. 심지어 죽음도 불사한 이 같은 모습은,

새 암컷과 같이 있는 한 계속되었다. 쥐가 탈진으로 죽은 이유는 수컷이 새 암컷을 만날 때마다 사정하는 정자의 양이 늘어났는데, 정자의 생산에는 어마어마한 에너지가 필요하기 때문이다.

성적 포화 현상은 수컷 쥐만이 아니라 다양한 포유류 수컷에게서 발견된다. 그런데 이 현상은 애초에 왜 존재할까? 왜 수컷은 새 암컷에게 더 빨리 사정하고, 같은 암컷이면 속도가 느려질까? 답은 정서적 뇌에, 도파민 시스템에 숨어 있다. 수컷의 뇌는 오르가슴 동안이나 그 전에 새 암컷을 상대하면 도파민을 더 높은 수준으로 방출한다. 그리고 전부터 같이 지낸 암컷과 있으면 도파민을 더 낮은 수준으로 방출한다.

수컷의 뇌가 새 암컷과의 짝짓기에 이미 아는 암컷의 그것보다 더 많은 보상을 주도록 프로그램되어 있는 이유는 씨앗 뿌리기에 대해 보상을 제공하기 위함이다. 뇌는 유전자에 의해 프로그램되어 있으며, 수컷의 유전자는 수컷이 가능한 한 많은 암컷에게 정자를 뿌리면 보상을 준다. 이 암컷들은 미래 세대에 유전자를 전달할 것이다. 유전자의 관점에서 보면, 야생 상태에서 같은 암컷과 매번 짝짓기하는 행위는 의미가 없다. 아마도 암컷은 처음 짝짓기로 이미 임신했을 텐데, 또 짝짓기를 해봐야 시간 낭비일 뿐이다. 수컷 쥐는 새끼를 같이 키우지 않는다. 포유류의 97퍼센트가 그렇듯, 쥐 또한 일부다처 동물로 다른 수컷과 싸우면서 자기 정자로 암컷의 난자를 수정하기 바쁘다. 일부다처 구조에서, 수컷은 암컷 한 마리와 유대 관계를 맺지 않으며 일생 동안 가능한 한 많은 암컷을 임신시키려 한다.

계속된 실험에서 수컷의 성적 포화 효과를 반복 관찰한 버클리 연구진은, 수컷 쥐의 뇌에 신호가 어떻게 전달되는지 알고 싶었다. 수컷 쥐는 새 암컷과 친숙한 암컷을 어떻게 구분할까? 이 질문에 답하기 위해, 연구진은 친숙한 암컷 쥐의 피부에 새 암컷 쥐의 질 분비물을 발랐다. 친숙한 암컷 쥐의 피부에 새 암컷 쥐의 분비물이 묻자, 수컷 쥐는 상대 암컷을 새 암컷으로 여기고 빠르게 절정에 도달했다. 즉, 수컷 쥐 뇌의 도파민 시스템은 질 분비물에 있는 페로몬 냄새를 신호로 수신한다. 수컷 쥐는 암컷 쥐마다 독특한 페로몬 냄새를 기준으로 암컷들을 확인하고 구별한다.

성적 포화 효과는, 앞서 언급했듯 매우 강력하며 종마, 수컷 망아지, 수탉, 침팬지 등 여러 동물에서 나타난다. 수컷이 가능한 한 많은 암컷과 짝짓기를 하게 하는 이 같은 뇌의 배선은 유전자에 어마어마하게 중요하다. 유전자는 다음 세대에 아주 많은 복제본을 전달하고자 하므로, 진화를 통해 이 배선은 계속 유지되었다. 그렇다면, '쿨리지 효과'라는 대중적인 표현은 어떻게 만들어지게 되었을까?[114]

쿨리지는 이 현상을 발견한 과학자가 아니라, 미국의 30대 대통령이다. 재임 중 캘빈 쿨리지Calvin Coolidge는 25년을 함께 한 아내 그레이스와 함께 양계장의 발전을 살피기 위해 텍사스의 어느 농장을 방문하였다. 그레이스는 닭장 한 곳에 들어갔다. 농부가 다양한 혁신에 관해 설명하는데, 정작 대통령 부인은 암탉 이삼십 마리 당 수탉이 한 마리만 있어도 된다는 사실에 흥미를 보였다. 닭의 정력이 인상적이었던 그레이스는 농부에게 점잖게 부탁했다. "대통령이 오면 이 사실을 알려주세요."

당황한 농부는 쿨리지가 닭장에 들어오자 말을 꺼냈다. "대통령

님, 영부인께서 이 수탉 이야기를 전해달라고 하셨습니다."

대통령은 주의 깊게 농부의 말을 들은 다음 이렇게 물었다. "매번 같은 암탉과 합니까?"

"당연히 아니지요. 매번 다른 암탉과 합니다." 농부가 말했다.

"이 사실을 영부인에게 전해주세요." 대통령이 대답했다.

프랭크 비치 교수는 이 이야기를 알고 있었고, 수컷에게서 성적 포화 효과를 발견하자 대통령의 이름을 따서 부르기로 했다.

쿨리지 효과는 두 성별 모두에 나타날까?

이제까지 수컷 이야기를 했다. 그렇다면 암컷은 어떨까? 쿨리지 효과는 두 성별 모두 똑같이 나타날까? 여성은 친숙한 쪽보다 새로운 쪽을 선호할까? 아니면 같은 사람과 계속 관계를 맺는 것을 선호할까?

강연할 때마다 청중에게 이 질문을 던지면, 여성 대부분은 일제히 외친다. "같은 사람이랑 하는 쪽이 좋습니다."

그럼 나는 이렇게 대답한다. "농담하지 마세요."

어느 저녁에는 한 여성이 이런 말을 했다. "내가 무슨 대답을 하길 기대하세요? 남편이 바로 옆에 앉아 있는데!"

30년이 지나서야 과학자들은 성적 포화 효과가 암컷에게도 똑같이 존재하는지 실험하기로 했다(이 같은 지연은 과학적 편견을 보여주는 추가 증거이다). 1980년대 후반, 캐나다의 브리티시 컬럼비아 대학 연구진은 발정기를 맞이한 처녀 들쥐를 큰 우리에 넣었다. 세 방으로 나누어진 우리에서, 암컷 들쥐는 가운데 방을 차지했다. 가운데 방에는 양옆 방으로 갈 수 있는 입구가 있는 한편, 양옆 방에서 가운데 방으로는 갈 수 없었다. 그래서 암컷 들쥐는 자신이 원하는 방에 갈 수 있었다.

실험 초반에, 연구진은 젊은 수컷 들쥐를 오른쪽 방에 넣었다. 연구진의 추정은 발정기인 암컷 들쥐가 오른쪽 방에 가서 짝짓기하면, 오르가슴 동안 분비된 옥시토신으로 인해 수컷과 유대 관계를 맺는다는 것이었다. 애착과 사랑의 과정을 따라, 암컷 들쥐는 며칠에 한 번씩 수컷을 찾아 만족을 느낄 터였다. 짝짓기 후에도 발정기가 이어지도록, 연구진은 암컷이 임신하지 못하는 시술을 했다.

이와 동시에 연구진은 며칠에 한 번씩 왼쪽 방에 보기 좋은 새 수컷을 넣어 두었다. 그리고 암컷이 어느 방을 자주 찾는지 관찰하였다. 맨 처음 연구진이 주목한 부분은, 즉시 행동하는 수컷과는 달리 암컷은 시간을 끌면서 어느 쪽으로 가든 서두르지 않는다는 점이었다. 암컷은 두 수컷을 주의 깊게 살피고, 확인하고, 비교한 다음 선택했다. 결국에 암컷은 전에 짝짓기한 첫 번째 수컷에게 돌아가긴 했으나, 가끔은 왼쪽 방의 새 수컷을 살폈고 관심이 충분히 생기면 새 수컷과도 짝짓기하는 모습을 보였다.

연구진은 쿨리지 효과가 암컷에게도 존재하지만, 수컷과 비교하면 그 정도가 덜하다고 결론을 내렸다. 수컷과 마찬가지로 암컷에게도 새로운 자극에의 노출은 즐거움과 보상을 준다. 그렇지만 암컷은 임신과 출산 및 새끼 기르기를 혼자 짊어지므로, 수컷 파트너를 고를 때 매우 주의 깊게 선택한다. 암컷에게 쿨리지 효과가 더 가볍게 나타난다면, 테스토스테론과의 관련이 있을 수 있다. 암컷의 경우 테스토스테론 수치가 낮다. 테스토스테론이 수컷의 쿨리지 효과를 키우고 보상 메커니즘에 작동한다고 볼 수도 있다. 익숙한 자극보다 새로운 자극에 더 많은 도파민의 방출로 보상을 주는 것이다. 테스토스테론이 쿨리지 효과의 원인이라는 증거는, 이 효과가 거세한 수컷의 경우에는 사라졌다는 연구에서 찾을 수 있다. 고환은 테스토스테론을 생산하는 공장이다.115)

그렇다면 쥐 말고 여성을 대상으로 쿨리지 효과의 존재를 다룬 연구가 진행된 적이 있을까? 아직 아니다. 여성은 남성보다 포르노를 적게 본다고 알려져 있다. 1억 명이 매일 폰허브PornHub 웹사이트를 찾으며, 500만 명이 매해 새 영상을 올린다. 시청자의 1/4만이 여성인데, 흥미롭게도 웹사이트의 데이터에 따르면 여성 시청자들이 가장 많이 본 종류는 레즈비언을 다룬 것이고 두 번째는 쓰리섬을 다룬 것이다. 쿨리지 효과는 아직 인간 여성을 대상으로는 검증되지 않았으나, 여성이 지배적인 모계 중심의 사회에서 어떤 일이 일어나는지 살펴보는 작업은 무척 흥미롭다.

이런 사회는 세계적으로 단 하나만 남았다고 추정된다. 중국 북쪽에서 살아가는 모수오 족은 전통에 따라 할머니가 딸에게, 딸이 손녀에게 재산을 상속하는 모계 사회이다. 여성들, 특히 할머니들이 공동체의 대소사를 담당한다.

여성이 지배적인 사회라면, 모든 여성이 집에서 아내를 기다리는 헌신적이고 주의 깊고 충실한 남편을 두고 있으리라 생각할지 모르겠다. 모수오의 언어에는 '아버지' '남편' '결혼'이라는 단어가 없다. 전통에 따라, 여성이 성인이 되면 자신의 방을 가지며 누구든 원하는 상대를 선택할 수 있다. 선택받은 운 좋은 남성은 밤에 여성을 찾는데, 보통 근사한 먹을거리나 마실 거리를 챙겨 온다. 함께 잔 다음 날 아침이면 남성은 다시 자기 할머니의 집으로 돌아간다.

아이가 태어나도, 생물학적 아버지의 존재는 상관없다. 가족 안에서 딸이 아이를 키우면 형제자매가 육아를 돕는다. 때로 여성은 수년 동안 같은 파트너와 장기간에 걸쳐 관계를 유지한다. 관계가 수명을 다했다고 여성이 느끼는 상황이 와도, "이제 어떻게 할까" 같은 대화는 나누지 않는다. 대신 여성은 전통에 따라 발코니에 붉은 깃발을 걸어 놓는다. 남성에게 관계가 끝났다고 알리는 신호다. 그러면 남성은 짐을 챙겨 나가 다시는 돌아오지 않는다. 붉은 깃발은 이제 여성이 혼자임을 다른 남성에게 알리는 신호이기도 하다.

모수오 족의 이 같은 풍습은, 모계 사회에서는 친자 확인이 필요하지 않음을 알려준다. 여성과 남성은 아이를 기르고 상속을 받기 위해서가 아니라 사랑과 동지애를 목적으로 함께 지낼 뿐이다. 모수오 공동체가 서구 사회에 노출되어 호기심 어린 관광객들이 찾아간 순간부터, 사회가 변하고 모계 사회적 특성을 잃어버렸다는 점에 주의해야 할 것이다.

쿨리지 효과와 우리의 성적 환상

2001년, 오스트레일리아 연구진은 젊은 남성 집단에 짧은 포르노 영상을 반복해서 틀어주었다. 같은 장면을 계속 보게 한 것이다. 남성들이 영상을 보는 동안 연구진은 발기 상태를 측정하여 신체적 각성 정도를 조사하고, 질문지를 작성하게 했다. 그 결과 남성들이 같은 비디오를 계속 반복해서 보면 신체적, 정신적 자극의 세기가 점점 줄어든다는 사실을 알게 되었다. 같은 비디오를 19번 본 남성들이 화면 앞에서 거의 조는 모습을 보이자, 연구진은 줄거리는 같고 다른 여성 배우가 연기하는 영상을 틀었다. 기적처럼, 남성들은 즉시 큰 자극을 받았다. 발기 상태도 그렇고 질문지 답변을 봐도 그러했다.[116]

이 실험 결과는 남성에게 존재하는 쿨리지 효과를 과학적으로 입증한다. 친숙한 신호의 경우 자극의 세기가 줄고, 새로운 신호가 나타나면 자극의 세기가 늘어난다. 쥐와는 달리, 인간의 경우 냄새는 별 관련이 없다. 페로몬이 여전히 우리의 성적 자극에 일조하긴 해도, 시각이 더 큰 역할을 한다. 우리는 시각적 동물로, 뇌의 절반이 시각 정보 처리에 쓰인다. 그러므로 새로운 여성의 시각적 이미지는 흥분을 유도한다. 수십억 달러 규모의 포르노 산업은 쿨리지 효과에, 새로운 이미지와 영화와 영상의 지속적 공급 필요에 크게 기대고 있다.

아프리카 대초원에서 발달한 우리의 뇌는 오늘날처럼 강력한 성적 자극에 수도 없이 노출된 경험이 없었다는 사실에 주의할 필요가 있다. 포르노를 소비하면 도파민 시스템은 푹 젖고, 포르노 중독과 섹스 중독 현상으로 이어진다. 뇌는 이런 자극에 내성이 생긴다. 그래서 개인이 오르가슴을 경험하려면 매번 더 강한 신호가 필요하다. 포르노 소비가 늘어나면, 시청자는 같은 수준의 자극을 얻기 위해 영상 시청에 더 많은 시간을 쓰게 되고 훨씬 더 노골적인 내용의 영상을 찾게 된다.

포르노에 중독된 남성의 뇌 활동을 사회적 기능 손상의 관점에서 살피고 코카인 중독자의 뇌와 비교한 연구에서 연구진은 두 집단의 뇌 모두 보상 시스템의 같은 부위, 즉 즐거움 시스템이 활성화

된 상태라는 점에 주목했다.[117]

포르노는 인간의 성적 환상, 우리 뇌에 작용하는 성적 자극을 반영한다. 그리고 전두엽의 사회적 도덕적 금지에서 벗어난, 고대의 원초적이고 원시적인 동물의 마음을 엿보게 해준다. 어떤 자극이 우리 뇌의 스위치를 켤까? 우리는 이 문제에 관해 마음을 열고 과학적으로 이야기할 준비가 되어 있을까? 과학자들은 논쟁적인 주제, 사회의 정치적 올바름의 영역을 넘어서는 주제를 달갑게 여기지 않는다. 그렇지만 남성과 여성의 성적 환상이 보이는 차이를 비롯하여 성적 환상을 깊이 연구한 학자가 있다. 미국의 사회심리학자 로이 바우마이스터Roy Baumeister 교수는 2000년에 여러 문화권의 여성과 남성 1,500명에게 가장 자주 떠올리는 성적 환상을 자세히 묘사하도록 했다. 우리의 환상은 흔히 자기 자신에게는 아주 개인적이고 독특하게 보일지 몰라도, 우리는 모두 호모 사피엔스라는 같은 종에 속해 있고 대략 같은 뇌를 지니고 태어났다. 그래서 남성은 남성끼리, 여성은 여성끼리 비슷한 점을 공유한다.[118]

연구 참여자들의 답을 분석한 결과 모든 문화권의 이성애자 남성에게 가장 흔한 환상은, 예상대로 두 명 이상의 여성과 섹스하는 것이었다. 종교, 피부색, 인종, 민족과는 상관없었다. 즉 쿨리지 효과를 가장 잘 보여주는 답으로, 정자를 즉각 퍼트리기 위해 더 강력한 오르가슴을 자극하는 내용이다. 두 번째로 흔한 환상은, 여러 문화권의 남성들이 응답한 대로 책임 없는 가벼운 섹스이다. 또, 관계의 다양성이 반복되는 모티프로 나타난다. 유전자는 다양성에 즐거움으로 보상한다는 점을 기억하자.

그렇다면, 다양한 문화권의 여성에게 가장 흔히 나타나는 환상은 무엇일까? 기대했을 법한 답이 나왔다. 즉, 그리 간단하지도 단순하지도 않다는 것이다. 데이터 분석에 따르면 여성의 가장 흔한 환상은 여성이 사는 사회가 어떤 곳인가에 따라 크게 달라진다. 남성이 여성을 지배하고 여성의 지위가 낮은 강력한 가부장적 사회의 경우 가장 흔한 환상은 상황을 통제하는 강력하고 지배적인 남성이 등장한다. 강압적 섹스에 대한 환상이 유의미한 수준으로 존재한다. 한편 여성의 지위가 전체적으로 높은 평등한 사회의 경우 가장 흔한 환상은 노출이다. 여성이 스스로 쾌락을 추구하거나 성관계를 맺는 동안 다른 여러 남성 혹은 여성이 쳐다보는 내용을 상상한다.

다양한 사회의 여성들이 품은 성적 환상의 차이를 가리켜, 연구자들은 '여성의 성적 가소성'이라고 부른다. 보다시피, 쿨리지 효과는 남성과 여성의 환상 둘 다에 일조하는 것으로 보인다. 다양한 파트너 여러 명의 이미지는 성적 자극이 주어지는 동안 뇌의 도파민 수치를 늘인다. 그래서 많은 사람이, 정해진 파트너와 섹스하는 동안 더 강한 오르가슴에 도달하기 위해 다른 사람에 대한 환상을 품는다고 보고한다.

이 환상들은 흔히 수치와 죄책감을 끌어낼 수 있다. 그러므로 환상을 품는 일은 진화로 인해 우리 뇌에 형성된 배선과 관련된, 생물학적이고 자연스러운 과정일 뿐임을 이해하는 것이 중요하다. 우리 파트너나 우리 관계에 부족한 부분이 있어서가 아니다. 정서적, 성적 뇌는 다음 세대의 유전적 구성을 다양화하기 위해 가능한 한 여러 선택지를 찾도록 프로그램되어 있다. 이에 대한 보상이 도파민과 아드레날린이 전하는 흥분과 쾌락이다. 우리의 관계가 얼마나 완벽한지 혹은 파트너가 우리와 아이들에게 얼마나 좋은지는 중요하지 않다. 우리 뇌는 우리를 비롯하여 포유류 대부분이 공유하는 원시적 전율을 찾고 있다.

신의의 문제

때로 다양성을 향한 갈망은 환상 수준에서 그치지 않는다. 사람들은 영속적인 관계의 틀 밖에서 다른 파트너와 가벼운 혹은 지속적인 성적 관계를 맺는다. 이를 가리켜 배신 혹은 간통이라고 한다. 전 세계적으로 여러 사회에서 가장 흔하게 일어나지만, 사람들 사이에서 거의 논의되지 않는 현상이다. 익명 조사로 사람들에게 "파트너 몰래 바람피운 적 있습니까?"라고 물으면 절반 정도가 그렇다고 답한다. 질문을 바꾸어, "만일 절대 걸리지 않는다는 보장이 있다면, 바람피우실 건가요?"라고 물으면 85퍼센트가 긍정한다.[119]

이 현상은 인간에게만 국한된 것이 아니다. 평생 한 마리의 짝과 새끼를 같이 키우는 동물조차도 자주 바람을 피우며 파트너에게 이 사실을 숨긴다. 비둘기를 대상으로 수행한 실험에서, 둥지에 있는 알의 유전자를 검사한 다음 알을 품은 수컷의 유전자와 비교해 보니 알의 1/3이 수컷의 유전자와 일치하지 않았다.[120]

성적 포화 효과는 때로 사람들이 큰 위험을 무릅쓰면서 새 파트너와 도파민 가득한 오르가슴을 짜릿하게 경험하는 이유를 설명해 준다. 진화적 관점에서 불륜 문제를 본다면, 영리한 적응에 해당한다. 우선 영속적인 관계의 유대를 깨지는 않는다. 이 관계는 자식에게 최대한의 안전과 도움을 제공한다. 한편, 당신이 남성이고 파트너 몰래 때때로 바람을 피운다면, 뇌에 가벼운 신호를 주면서 자기 유전자를 더 많이 뿌리고 있는 것이다. 당신이 여성이라면 관계 밖에서 좋은 유전자를 모아서, 달걀을 한 바구니 안에 다 넣지 않는 일을 하는 셈이다.

쿨리지 효과의 뇌 배선이 너무나 강력하기에, 사회는 관계의 해체 및 가족 구조의 손상을 막기 위해 금지 규정을 만들었다. 많은 사회가 가부장적이므로, 남성보다는 여성 쪽에 강한 금지가 주어졌다. 종교 기관의 힘이 약해지고 인터넷이 힘을 얻은 지금의 현대사회에는, 인간의 마음에 새로운 어려움이 생겨났다. 만날 파트너를 찾는 일은 더 쉬워지고, 연락을 주고받는 속도는 더 빨라졌다. 관계를 숨기는 능력도 좋아졌다. 가상 시대에, 다른 사람과의 성적 혹은 정서적 관계를 찾을 기회는 문자 그대로 손바닥 안에 있다. 진화적 관점에서는 아직 충분한 시간이 흐르지 않았기에, 질투는 우리의 정서 창고에서 버려지지 않았다. 그래서 사랑하는 파트너가 타인과 사랑하는 관계를 좋아한다는 현실을 받아들이기 어렵다. 지금이 관계를 맺기 어려운 시대가 되어버린 이유이기도 하다. 신뢰의 수준은 떨어졌으나 마음에는 끊임없이 자극이 넘쳐난다.

승자독식

쿨리지 효과, 혹은 성적 포화 효과는 유전자가 널리, 다양하게 퍼지도록 장려하는 까닭에 전 세계 커플들에게 여러 문제를 일으킨다. 이별, 이혼, 배신 문제와 개인의 혼란 및 아픔에 크게 일조한다. 우리의 유전자는 개인의 행복에는 관심이 없다. 우리의 임무는, 어떤 대가를 치르든 간에 다음 세대에 가능한 한 많은 복제 유전자를 전달하는 일이다. 그것이 우리가 보상을 받는 이유다.

리처드 도킨스Richard Dawkins는 《이기적 유전자The Selfish Gene》에서 우리 존재가 사실은 유전자가 다음 세대로 옮겨가기 위해 사용하는 "탈 것"에 불과할 수 있다는 개념을 처음으로 제시했다. 암탉은 또 다른 알을 생산하기 위한 알의 수단이라는 이야기이다. 이 관점에서 보면, 내가 남자 한 명이 아니라 남자 네 명을 상대로 아이 네 명을 출산한다면 좋은 유전자 기계가 될 수 있다. 나의 유전자가 생존을 위해 네 가지 다양한 선택지를 가지게 되었으니까. 남자 네 명과 만든 다양한 유전자 조합은 아이 중 누구든 변화하는 환경에서 살아남을 가능성을 키운다.[121)]

여성의 유전자와 남성의 유전자 모두 다양성을 원하지만, 자식을 생산할 수 있는 기계는 여성뿐이다. 그러므로 여성은 자식 유전자의 일부가 자신의 것임을 언제나 확실히 안다. DNA 검사에 따르면, 10~15퍼센트 정도의 사람들이 성을 물려준 아버지의 생물학적 자식이 아닌 것으로 추정된다. 보통 가족 내 첫째 혹은 막내가 해당한다. 즉, 관계가 성립할 때 어머니가 이미 임신한 상태이거나 혹은 몇 년 뒤 다른 파트너를 만났다는 뜻이다. 대체로 여성은 자신이 누구와 관계를 맺는지 알지만, 남성은 영원한 불확실성의 운명에 놓여 있다. 이런 상황이 두 성별 사이 전쟁의 근원이며 가부장제의 기원이고, 동물의 세계 곳곳에서 수컷이 통제와 친자 확인에 강박적으로 매달리는 이유이다.[122)]

수컷은 자기 유전자가 다음 세대로 전달되는지 확인하기 위해 두 가지 전략을 개발했다. 이 전략은 효과를 입증했으며 진화가 이루어진 수백만 년 동안 살아남았다. **첫 번째 전략 : 씨를 퍼트리자!** 수컷은 깃털 때문이든 색깔 때문이든 언제고 포식자의 눈에 띄게 될 가능성이 무궁무진하다. 혹은 더 강한 수컷에 밀릴 가능성도 마찬가지이다. 그러니 모든 기회를 이용하여, 씨를 공유할 수 있는, 생식 가능한 암컷 찾기에 집중한다. 수컷이 혼란에 빠지거나 지나친 애착을 품지 않도록 테스토스테론은 쿨리지 효과를 발동하여, 새 암컷과의 짜릿한 관계를 찾게 한다. 기억하자. 테스토스테론으로 가득한 주변의 수컷 모두 자기 정자를 뿌리길 원하므로, 다른 수컷보다 더 빠르게 똑똑하게 움직여야 한다. 주변 경쟁자는 제거해야 한다. 심지어 그 경쟁자가 성적 성숙에 다다른 아들이라고 해도 그렇다.

두 번째 전략: 암컷을 꼭 붙잡아 둔다. 암컷을 지배하라. 암컷이 다른 수컷과 너무 가까워지지 않게 한다. 또, 다른 수컷이 그들에게 너무 가까이 오지 못하게 한다. 새끼가 자기 자식임을 확인할 수 있는 유일한 방법이다. 가능하다면, 두 전략을 조합하여 자기만의 하렘을 만들고 암컷을 확실히 통제하라. 즉 일부다처 이야기이다.

이런 상황에서, 암컷에게 가장 효과적인 전략은 무엇일까? 암컷은 임신과 출산과 양육의 모든 부담을 짊어진다. 아이들이 자기 자식임을 언제나 확신한다. 그리고 모든 수컷이 암컷을 원한다. 유전자의 관점에서, 암컷은 지원자 가운데 최고를 선택하는 일에 집중하고 어느 수컷이 가장 좋은 씨의 보유자 같은지 주의 깊게 살펴야 한다. 주변에서 가장 성공적인 유전자를 고르면, 암컷은 자기 새끼가 생존할 가능성을 높일 수 있다. 만일 암컷이 가장 좋은 상대를 찾는다면, 같이 지내야 한다. 그 수컷은 암컷과 암컷의 새끼를 다른 수컷으로부터 보호할 것이다.

암컷에게 최고의 상대를 고르는 일이 얼마나 중요한지는 치타를 비롯한 몇몇 고양잇과 동물을 보면 알 수 있다. 이들은 수컷들의 달리기 경주를 봐야 배란한다. 수컷끼리의 경주를 관찰하는 일은 암컷의 난소에 배란할 때가 되었다는 신호로 작용한다. 경주를 지켜본 암컷들은 모두 승자를 원한다. 가장 빠르고, 강하고, 크고, 아름답고, 근육질에다 용감한 수컷이다. 종에 따라서는 가장 아름답게 노래를 부르는 수컷도 해당하는데, 암컷이 추구하는 바에 달려 있다. 알파 수컷이거나 혹은 알파에 근접한 수컷이기만 하면 된다.

예를 들어, 버빗원숭이는 이웃한 집단 사이에서 싸움이 생기면 암컷들이 아주 흥미롭게 관전한다. 싸움 동안 수컷들이 얼마나 용기를 내는지 보는 것이다. 싸움 도중에 용감하게 굴지 않고 겁을 내거나 숨는 수컷의 경우 암컷들이 쌀쌀맞게 굴거나 심지어 혼을 내고 때리기까지 한다. 반대로, 용기를 보인 수컷들은 더 많은 관심을 받으며 암컷들은 이들과의 짝짓기에 더 큰 반응을 보인다. 종의 수컷에게는 어마어마한 압박이 존재한다. 수컷이 자기 자신을 증명하지 못한다면, 유전자를 다음 세대에 넘길 가능성은 사라진다. 그러므로, 수컷은 싸운다. 그리고 승자가 다 가져간다. 다들 알파 수컷에게 자리를 양보하고, 암컷과 영역 둘 다 가질 특권을 넘긴다.

알파 수컷의 승리

수컷이 다른 수컷을 이기면 그 보상이 어마어마하다. 그러므로 자연히 수컷은 사회적 서열 싸움에 주로 집착한다. 침팬지 사회의 경우, 수컷은 6시간마다 다른 수컷을 공격한다. 13시간마다 암컷을 성적으로 공격한다. 그리고 암컷은 100시간마다 다른 암컷을 공격한다. 고릴라의 경우, 수컷이 성적으로 성숙하면 등에 은색 털이 나타난다. 실버백 알파다. 이 수컷은 다른 수컷들과의 싸움에서 승리하고 무리를 이끌지만, 싸움에서 져 패자가 될 수도 있다. 암컷들은 보통 패자를 떠나 승자와 함께한다.

수컷에게는, 암컷이 승리의 신호를 보는 일이 중요하다. 이를 가리켜 테스토스테론 승리 효과라고 한다. 수컷이 싸움에서 이길 때마다 혈중 테스토스테론의 수치가 증가한다. 그래서 수컷의 외모가 변한다. 이차 성징이다. 모든 생명체는 그만의 신호가 있다. 소의 경우, 뿔이 자라면서 날카로워진다. 새의 경우, 날개가 더 알록달록하고 아름다워진다. 침팬지와 고릴라는 근육량이 늘어난다. 승리한 수컷은 영역과 자원, 번식의 권한을 얻는다. 암컷들은 이 수컷을 따르며, 승리가 이어지는 한 곁에 있다.

암컷이 크고 강하고 지배적인 수컷에게 흥분하는 성향과 알파가 되고 싶은 모든 수컷의 원초적 야망을 결합하면, 남성과 여성 모두에게 만연한 강압적인 성적 환상을 진화적 관점에서 설명할 수 있게 된다. "알파가 되고 싶고, 알파와 함께하고 싶은" 환상은 여러 연구가 확인한 바 있다. 해리튼Hariton과 싱어Singer의 1974년 연구에 따르면 "정복하는 혹은 정복당하는" 시나리오는 남녀 모두 두 번째로 흔한 환상이다. 1988년의 어느 조사에서는 참여 여성의 절반 이상이 강압적 섹스에 대한 환상을 품고 있었다.[123] 여성에게 강압적 환상이 널리 나타나는 현상에 대해 심리학에서는 마음의 방어적 메커니즘이 작동한 결과라고 본다. 즉 여성이 강간에 대한 공포를 품고 있다면, 그 공포를 다루는 하나의 방식으로서 성적 환상을 품는다는 것이다. 이는 한 가지 설명인데, 만일 침팬지나 거위, 닭, 고양이, 개를 상대로 같은 조사를 할 수 있다면 이 동물들 또한 강압적 섹스에 대한 환상을 품고 있다는 결과를 얻을 것이다. 앞서 언급한 대로, 자연에서는 거위를 비롯한 여러 암컷은 수컷이 목을 물고, 온몸으로 누르는 느낌을 받을 때만 배란한다.[124]

이상과 같이 우리의 환상은 폭력과 섹스가 맞물린, 원초적이고 동물적인 성적 심리를 엿보게 해준다. 동물의 세계를 통틀어 폭력과 섹스는 테스토스테론이 매개하는데, 이 호르몬은 성적 충동과 더불어, 서열을 향한 공격적이고 집착적인 충동도 끌어낸다. 수컷이 테스토스테론을 더 많이 부여받았으므로 더 성적이고 공격적이며, 암컷은 테스토스테론의 특질을 전시하는 수컷에게 끌린다. 알파 수컷은 본디 과민성이나 과도한 공감 능력을 타고나지 않았다. 반대로, 자기애적이고 자기 지위에 집착하며 수컷과 암컷 양쪽 모두에게 더 공격적으로 군다. 강압적인 성적 환상은 사실 테스토스테론에 대한 환상, 즉 권력과 통치의 호르몬을 향한 우리 모두의 열망이다.125)

새로운 알파 수컷 포유류가 힘을 얻게 되면, 이전 알파 수컷의 자식들을 바로 죽여버리는 일이 흔하다. 암컷들이 젖을 분비하는 한 배란이 되지 않으므로, 죽이는 것이다. 새로운 경쟁자가 나타나 알파 수컷을 이기고 왕좌를 차지할 때까지 주어진 길지 않은 시간 동안, 암컷이 배란해야 알파 수컷은 자기 유전자를 다음 세대로 전달할 수 있다. 암컷은 하루나 이틀 동안 슬퍼하다가, 수유 중단으로 배란이 다시 시작되면 임신을 위해 새로운 우두머리에게 간다.

암컷은 새 우두머리가 올 때마다 자식이 잔인하게 살해당하는 일에 대처하기 위해 여러 방법을 개발했다. 어떤 종의 암컷은 영역의 가장자리, 주변부로 물러나 조용히 새끼를 키운다. 많은 포유류의 경우, 새로운 수컷의 페로몬 냄새가 기존의 임신한 암컷에게 임신 중단 신호로 작동한다. 그래서 임신이 끝나고 태아는 암컷의 몸에 재흡수된다. 지배자가 새끼를 죽이기 전에, 엄마가 죽이기도 한다. 이 현상을 가리켜 (과학자 힐다 브루스Hilda Bruce의 이름을 따) 브루스 효과라 한다. 진화적 논리로 설명하면 어머니가 태아에 에너지를 더 쏟지 못하게 하는 일인데, 태어난다고 해도 출산 후 새 알파 수컷에게 어쨌든 죽임을 당할 것이기 때문이다. 브루스 효과는 쥐를 대상으로 증명된 바 있다. 다 자란 수컷 쥐의 소변을 임신한 암컷이 있는 우리에 넣자, 암컷이 유산했다. 페로몬 냄새가 스트레스 호르몬 코르티솔의 분비 증가를 불러, 태반의 조기 박리를 불러온 것이다.126) 몇몇은 이 효과가 인간에게도 존재하며 다른 이유 없이 유산을 즉각 유발하는 경우가 있다고 주장한다.

수컷 간의 전쟁은 정자 수준에서도 계속된다. 난자 하나를 수정하기 위해 정자 세포 3억 6천만 개가 왜 필요한지 궁금한 적이 있는가? 정자 세포 대부분은 단순히 수정을 위해 존재하는 것이 아니며, 자궁 내에서 전면전을 치른다. 생물학자 로빈 베이커Robin Baker 박사의 연구에 따르면, 질에 들어간 정자 가운데 20퍼센트는 난자 수정을 위하여 자궁을 향해 빠르게 헤엄치는 선구자 역할이다. 그렇지만 40퍼센트는 승산 없는 싸움을 하며 자궁 경부에 무리를 짓고 자리 잡아 일종의 코르크 마개 역할을 하는데, 새로운 정자가 들어와서 방해하지 못하게 하기 위함이다. 나머지 40퍼센트는 방어자 역할을 맡는다. 이들은 세포핵(머리) 끝에 독소를 함유하고 있는데, 자궁 내에 다른 수컷의 정자가 있으면 달라붙어 독소를 주입, 제거한다. 카미카제 노릇을 하는 정자인 셈이다. 모든 성적 접촉은 전쟁이다. 수컷은 이전에 누가 왔는지, 어떤 정자가 자궁 안에 있을 수 있는지 절대 모른다. 그런 이유로, 인간 남성도 그렇고 수컷은 전에 몰랐던 새로운 암컷과의 오르가슴 동안 사정하는 정자 수를 늘린다.

가장 적합한, 그리고 가장 잘 적응한 종의 생존

최근에 과학계는 정자 세포의 힘에 관해 더 많이 이해하기 시작했다. 애틀랜타 에모리 대학의 과학자 브라이언 디아스Brian Dias와 케리 레슬러Kerry Ressler가 2014년 12월 학술지 〈네이처 뉴로사이언스 Nature Neuroscience〉에 발표한 논문은 유전학 분야의 신기원을 열었다. 이들이 진행한 실험에서, 수컷과 암컷 쥐는 전기 충격을 통해 바닐라 향과의 조건화를 형성했다(이 향은 쥐에게 원래 중성적인 냄새이다). 바닐라 향이 쥐의 우리에 퍼질 때마다, 우리 바닥에 전기가 흘렀다. 몇 번 거듭하자 바닐라 향과 전기 충격의 조건화가 이루어져, 쥐들은 바닐라 향을 맡을 때마다 우리에서 달아나려 했다. 여기까지는, 아주 고전적인 조건형성이다.

다음 단계에서 연구진은 이 쥐들을 짝짓기하고, 이어서 학습 경험이 없는 쥐들과도 교배하여 새끼를 얻었는데 놀랍게도 아버지 수컷들은 조건화 정보를 다음 세대에게 물려주었다. 새끼들은 우리에서 바닐라 향을 맡자 달아났다. 전기 충격을 한 번도 경험한 적 없고 바닐라 향을 전에 맡은 적이 없는데도 그러했다. 그런데 암컷의 경우, 새끼에게 정보를 물려주지 못했다. 오직 수컷만 그랬다. 수컷은 자신이 취득한 새 정보를 정자 세포를 통해 자식에게 물려줄 수 있는 것으로 보인다. 즉, 획득 형질은 정자 세포를 통해 세대 간 유전이 가능하다는 뜻이다.[127]

진화론의 발달 연대기를 살펴보면, 찰스 다윈과 19세기 프랑스 동식물학자 장 바티스트 라마르크Jean-Baptiste Lamarck 사이의 환상적인 논쟁이 기록되어 있다. 다윈은 부모가 생전에 획득한 형질을 자식에게 물려줄 수 없다고 주장한 한편, 라마르크는 가능한 일이라고 보았다. 이들의 논쟁은 기린이 왜 긴 목을 가지고 있는가를 놓고 이루어졌다.128)

다윈에 따르면, 처음에는 목이 짧은 기린과 목이 약간 긴 기린이 있었다. 그런데 환경에 변화가 일어나 나무 위쪽에 이파리가 더 많아졌고, 그 결과 목이 짧은 기린은 죽고 목이 긴 기린만 남게 되었다. 그렇지만 라마르크에 따르면, 기린은 나무 위쪽의 신선한 잎을 먹기 위해 세대마다 목 근육을 사용했으며 이 형질이 새끼에게 전달되어 목이 길어진 것이다. 디아스와 레슬러의 연구는 라마르크의 손을 들어주었다. 이 실험 결과는, 크게 보면 부모가 일생에 걸쳐 획득한 생존에 유용한 형질을 자식에게 물려준다는 것을 보여주기 때문이다.

다음 단계로, 디아스와 레슬러는 정자 세포 내부에서 어떤 메커니즘을 통해 정보가 전달되는지 알고자 했다. 그 결과, 세포 내부 DNA의 특정 유전자에 후성 유전적 변화가 일어난다는 사실이 밝혀졌다. 후성 유전적 변화는 환경의 자극에 따라 유전자에서 발생하는 화학적 변화로, 이로 인해 세포 내 특정 단백질의 발현에 변화가 나타난다. 이 복잡한 과정을 가리켜 후성 유전적 부계 유전이라고 한다. 디아스와 레슬러의 연구는 진화가 과거의 생각보다 훨씬 다양한 방식으로 작동하고 있음을 증명한다. 부계 유전의 이 같은 의미는 암컷의 알파 수컷 선택에 담긴 진화적 논리, 즉 주어진 환경에 대처할 가장 성공적인 유전자를 지닌 수컷을 선택한다는 논리에 힘을 실어 준다. 암컷은 이 형질을 새끼에게 물려주고자 한다. 그러므로 암컷은 수컷이 경험이 많고 강하고 용감하며 위험 부담을 두려워하지 않는 최고의 존재로서 환경으로부터 새 정보를 가져오기를 원한다.

수컷은 실제로 어떤 역할을 맡고 있나?

아마도 이 후성 유전적 메커니즘은 진화의 가장 큰 수수께끼 가운데 하나인 애초에 수컷들이 왜 생겨났는지에 대해 설명을 제공할 것이다.

생물학자들은 암컷과 수컷이 관여하는 유성 생식의 경우 파트너를 찾아 짝을 짓는 등 자원이 많이 드는 과정인데도 왜 이렇게 고도로 발달했는지 쉽게 설명하지 못했다. 한편 수컷 없이 암컷만이 관여하는 무성 생식(단성 생식이라고 한다)은 널리 성공을 거두었다고 보기는 어렵다. 자원이 덜 드는 경제적인 방식이고 복제품을 더 빨리 생산하는데도 그렇다.129)

식물, 곤충, 연체동물, 물고기, 파충류, 여기에 조류까지도 정자 없는 생식이 어느 정도 가능하다. 예를 들어, 특정 상황에 따라 정자가 없으면 난자의 DNA가 자체적으로 복제되어 어머니만 있고 아버지는 없는 새끼가 태어난다. 그렇지만 진화적 관점에서 이 같은 복제는 그리 유익하지 않다. 모든 새끼가 어머니의 복제품이면 유전적 다양성의 측면에서 부족하기 때문이다. 그러므로 환경이 변하면, 예를 들어 새로운 바이러스가 나타나면 모든 새끼가 죽을 수 있다.

반면 지렁이처럼 기어다니는 벌레나 달팽이는 자궁과 난자와 정

174

자를 모두 가지고 있는, 암수한몸 상태이다. 달팽이가 다른 달팽이를 만나면 이들은 서로에게 '사랑의 막대'를 밀어 넣으며(보통 거칠게 군다) 정자를 전달하고, 홀로 지낼 시간을 대비해서 그것을 저장한다. 이 말은, 당신이 달팽이이고 다른 달팽이를 만나지 않는다고 해도 혼자 새끼를 만들 수 있다는 뜻이다.

개미와 벌의 경우, 여왕개미가 알을 낳으면 대체로 암컷 일꾼들이 태어나는 한편 극소수의 수컷이 수정되지 않은 알에서 태어난다. 이 수컷들은 아버지가 없고 어머니만 있다. 이들은 어머니 여왕의 결혼식 날 밤까지만 살 수 있다. 공중을 날며 결혼 비행을 하다가 여왕개미와 짝짓기를 하고 나면, 즉시 바닥에 떨어져 죽는다. 수컷의 세포 안에는 염색체가 한 쌍이 아닌 절반만 있다. 수컷의 주된 역할이 군락 내 결함이 있는 유전자를 골라내는 것이기 때문이다.

왜 이럴까? 수컷이 각 염색체의 사본을 하나만 가지고 있다면, 성공적으로 부화한 수컷이란 배아 발달이 문제없이 끝났으며 정상적인 염색체를 가지고 있음을 증명하는 존재이다. 만일 염색체의 유전자 가운데 하나에 돌연변이가 나타났다면, 그 수컷은 태어나지 못했을 것이다. 그러므로 수컷을 통해, 전체 군락은 돌연변이를 축적한 유전자면 그 무엇이든 시스템에서 제거할 수 있다.

거대 관벌레의 경우, 수컷은 암컷을 찾기를 바라며 바다를 떠도는 작은 고환과도 같다. 암컷은 거대하고 자궁 주위에 입구가 있어, 바다를 부유하는 수컷을 받아들일 준비가 되어 있다. 이 자궁을 가리켜 남편이 가득한 주머니라고 불러도 된다. 암컷은 수컷을 내부로 받아들여, 괜찮다는 판단이 들면 그 정자를 가지고 스스로 수정한다.

포유류는 수컷이 동물의 왕으로 진화하였다. 덩치가 크고 근육질이며 위험에 맞서고 겁을 주는 법을 안다(이론적으로는 그렇다). 포유류가 생식 전략의 초점을 양 말고 질에 두는 쪽으로 바꾸어 이런 현상이 나타났을 수 있다. 수백만 마리에게 최소한으로 투자하는 대신, 몇 안 되는 새끼에게 최대한의 부계 투자를 하는 것이다. 새끼의 수가 적다는 것은, 환경에 예상치 못한 변화가 나타나는 경우 투자한 전부를 다음 세대에서 잃을 수 있음을 뜻한다. 그러므로 수컷 간의 다툼에서 승리를 거둔 서열 높은 수컷을 선호하면서 유전자를 계속 개량하고, 최고로 개량된 유전자를 다음 세대로 쭉 전달해야 한다.

사정이 이러하므로 진화의 관점에서 가장 믿을 만한 생식 전략은, 암컷과 수컷 유전자 모두에게 가장 효율적이라고 증명된 바 있는 일부다처이다. 승자가 모든 것을 차지한다. 수컷들이 싸워서, 승리를 거둔 단 한 마리가 모든 영역과 암컷들을 차지하는 특권을 누리는 것이다. 모든 암컷이 그 수컷에게 끌리고, 그 수컷과 짝짓기를 하고, 그렇게 새끼를 낳아 기르며 곁에서 지낸다. 그 수컷이 다른 젊고 강한 수컷에게 패배할 때까지 그럴 것이다. 이 전략은 아주 안정적이라서 자연의 생명체 95퍼센트가 가부장적 일부다처를 따른다.

그렇지만 자연에는 모계 중심적인 포유류가 하나 있으니, 하이에나이다. 하이에나는 알파 수컷이 아니라 알파 암컷이 있다. 시스템이 반대라서, 암컷이 수컷보다 테스토스테론 수치가 더 높다. 하이에나 암컷은 대단히 강하고 크며, 생식기가 수컷의 그것과 거의 같다. 외부로 돌출된 음핵은 남성의 생식 기관처럼 발기한다. 게다가 암컷은 음낭을 가지고 있는데, 수컷의 음낭과 흡사하나 내부가 섬유 조직으로 채워져 있다. 사회 규칙을 보면 흥미로운 구석이 있다. 사냥이 끝나면 하이에나 암컷은 새끼가 먼저 먹이를 먹도록 한다. 그다음 서열에 따라 암컷이 먹고, 마지막으로 수컷이 남은 먹이를 먹는다. 가부장제 포유류의 경우 수컷이 서열에 따라 먼저 먹고, 그다음은 암컷 차례이고, 새끼는 맨 마지막이다.

우리 인간은 어느 그룹에 속할까? 일부다처를 따르는 종(의심의 여지 없이 부계 중심)일까, 아니면 일부일처를 따르는 종일까? 이 질문에 답하려면 일부일처가 무엇이고 언제 발달했는지 살펴봐야 할 것이다. 우리는 일부일처 종에 관해 더 알아야 하며, 다른 동물의 세계와 비교해서 어떤 점이 특별한지 이해할 필요가 있다.

7장

인간은 일부일처로
타고난 존재일까?

일부일처는 암컷 한 마리와 수컷 한 마리가 장기간에 걸쳐 배타적으로 관계를 맺는 행동 패턴으로, 서로에게 충실하며 새끼를 함께 키운다. 자연에서 종의 약 5퍼센트가 일부일처를 따른다.

펭귄, 비둘기, 북극 늑대, 시클리드 물고기, 프레리 들쥐, 마모셋 원숭이, 긴팔원숭이, 호저가 일부일처 목록에 이름을 올리고 있다. 대부분의 일부일처 종은 척박한 환경에서 살아간다. 주기적으로 식량 부족이나 험한 기후, 많은 포식자에 시달리거나 새처럼 먹이를 찾기 위해 드넓은 구역을 날아다녀야 한다. 모든 일부일처 동물의 공통점은, 한 명이 먹이를 구해오려면 다른 누군가가 새끼를 돌봐야 한다는 것이다. 즉 어머니와 아버지 모두 새끼를 돌볼 줄 알아야한다. 어머니가 먹이를 구하러 둥지 밖으로 날아가면, 아버지는 알을 지켜야 한다. 알은 영양이 아주 풍부하여, 포식자들이 노릴 위험이 있다. 다음에는 역할을 바꾸어 아빠가 먹이를 구하러 나가는 사이 엄마가 둥지를 지킨다.

어머니가 혼자 새끼를 키울 수 있는 환경이라면, 일부일처는 발달하지 않을 것이다. 유전자의 관점에서는 일부다처가 더 효율적이기 때문이다. 그렇지만 어머니가 혼자서 부양할 수 없고, 알이나 새끼가 포식자에게 끊임없이 잡아먹히는 상황이면 변화가 일어난다. 아버지가 곁에서 새끼를 돌보고 새끼의 어미인 암컷과 안정적인 관계를 유지하면서 다른 암컷을 쫓지 않으면 이득이 생긴다. 이런 상황이면 둘 다 더 오래 살며, 다음 세대에 유전자를 전달할 수 있다. 이때, 일부일처에 대한 선호도 함께 물려줄 수 있다. 그렇게 일부일처가 몇몇 종에서 발달하게 된다.

쿨리지 효과는 일부일처 수컷과 암컷의 경우 약하게 나타난다. 이들은 새 파트너보다 같은 파트너가 상대일 때 더 많은 성적 자극을 받으며 흥분한다. 그런데 새끼를 다 키워 둥지에서 떠나보내면 어떻게 될까? 계속 함께 지낼까? 그렇지 않다고 한다. 번식기가 끝나면, 일부일처 종의 쌍은 대부분 헤어지고 새 짝을 찾는다. 평생 같이 지내지 않으며 번식기마다 짝을 바꾼다. 이를 가리켜 연속적 혹은 사회적 일부일처주의라고 한다. 그렇다면 번식기가 끝나면 왜 헤어지는 것일까? 물론 답은 또, 우리의 프로그래머 유전자에서 찾을 수 있다. 유전자는 우리가 다양한 파트너를 만나도록 끊임없이 밀어붙인다.

자식이 스스로 번식할 수 있을 때까지 키웠는가? 좋다. 이제 다양성의 시간이다. 새 파트너를 찾아보라. 게다가 좋은 유전자를 만날 어떤 기회도 낭비하지 않도록, 새끼를 키우는 중이라고 해도 기회만 있으면 몰래 바람을 피워보라. 앞서 살펴본 대로, 비둘기 둥지에 있는 새끼의 1/3은 알을 품은 수컷의 새끼가 아니다. 그러니 이제 커플에 대해 "한 쌍의 사이 좋은 새들 같다"라는 비유는 재고하라. 더 적절한 비유는 "한 쌍의 앨버트로스 같다"가 될 것이다. 앨버트로스는 자연에서 가장 일부일처에 충실한 동물이다.

일부일처를 따르는 종 가운데, 평생 서로에게 충실하며 절대 헤어지지 않는 하위 집단이 십여 가지 있다. '유전적 일부일처주의' 혹은 '성적 일부일처주의'에 속하는 종이다. 유전적 일부일처주의의 경우, 쿨리지 효과가 전혀 존재하지 않는다. 이들은 평생 함께 사는 파트너와의 접촉에 흥분한다. 동물의 세계에서 이렇게 유전적 일부일처를 따르는 십여 종의 동물로 앨버트로스, 흑고니, 시클리드 물고기, 뾰족꼬리들꿩, 말레이시아 숲쥐, 검은 독수리, 흰손긴팔원숭이, 초원솔새가 있다. 800만 종 가운데 이런 일부일처 종이 몇 안 된다는 것은 아마 지구상에서 '영원한 사랑'을 찾을 가능성이란 667,000분의 1, 혹은 0.17퍼센트라는 뜻이다. 사랑의 수학은 시시각각 암울해지는 것 같다.

일부일처의 유전학

이 같은 유전적 일부일처 동물의 생물학은 다른 동물과 비교해 어떤 차이가 있을까? 일부일처 유전자가 존재할까? 2016년, 애틀

랜타 에모리 대학의 행동신경과학센터 래리 영Larry Young 박사와 연구팀은 일부일처 유전학의 실마리를 밝힌 근사한 논문을 발표했다. 연구진은 프레리 들쥐의 뇌 및 유전체(DNA 서열 전체)를 가까운 사촌격 동물인 목초지 들쥐와 비교하였다. 목초지 들쥐는 많은 들쥐와 설치류들이 그렇듯 완벽한 일부다처이다. 이 비교를 통해 연구진은 일부일처의 생물학적 메커니즘을 밝히고자 했다.130)

프레리 들쥐는 미국 중부 및 캐나다에서 발견되는 작은 설치류로, 포식자가 많은 도심 지역에 주로 살기 때문에 언제나 경계 태세를 취해야 한다. 이들은 파트너와 평생 강력하고 안정적인 관계를 맺으며 번식기가 끝나도 파트너를 바꾸지 않는다. 수컷 프레리 들쥐는 사촌인 목초지 들쥐와는 행동이 아주 다르다. 첫 오르가슴 직후 암컷에게 즉시 애착을 형성하며 평생 암컷 곁을 떠나지 않는다. 암컷이 수컷을 떠나면, 수컷은 우울해지고 암컷이 돌아올 때까지 먹이를 멀리한다. 수컷은 기회가 생길 때마다 암컷에게 몸을 비비고 바싹 붙고 싶어 한다. 쿨리지 효과가 전혀 나타나지 않으므로, 수컷은 자신이 선택한 파트너에 절대 싫증 내지 않는다. 심지어 암컷이 죽어도 수컷은 다른 파트너를 찾지 않는다. 프레리 들쥐는 번식기마다 새끼를 헌신적으로 돌보는 흔치 않은 동물이다. 다들 프레리 들쥐가 최고의 남편이자 아버지라고 한다. 그렇다면 이 대초원의 왕자는 어떻게 만들어진 걸까(이런 존재를 어떻게 만들까)?

먼저, 연구자들은 도시에 사는 일부일처 프레리 들쥐의 전체 DNA 서열을 사촌이자 일부다처인 목초지 들쥐의 그것과 비교했다. 목초지 들쥐는 상대적으로 포식자가 적고 먹이가 많은 환경에서 서식한다. 이제 도시 소년과 시골 사촌의 차이를 살펴보자. 이

둘은, 특정 유전자의 제어 영역에 차이가 있다. 바로 사랑 호르몬 옥시토신의 남성형인 바소프레신의 수용체 생산을 담당하는 유전자이다. 바소프레신은 옥시토신처럼 애착과 유대를 맡고 있다. 영역 행동 및 새끼 방어 또한 맡고 있다. 유전자의 제어 영역은 해당 유전자의 발현 정도, 즉 특정 세포에서 이 유전자로부터 단백질이 얼마나 많이 생산되느냐를 결정한다. 도시 들쥐의 경우, 바소프레신 수용기를 맡는 유전자의 제어 영역에 변화가 일어나 사랑 호르몬 수용체가 더 많이 발현된다. 그렇게 프레리 들쥐의 행동이 완전히 달라진 것이다.

연구진은 일부일처 프레리 들쥐가 목초지 들쥐에 비해 뇌의 즐거움 및 보상 시스템의 뉴런에 사랑 호르몬 수용기가 더 많다는 결과를 얻었다. '즐거움과 보상' 시스템에서 사랑 호르몬의 수용기가 더 많이 발현되는 상황은 어머니 들쥐의 뇌 또한 비슷하다. 즉 일부일처 아버지 들쥐의 마음은, 사랑과 애착 메커니즘이 관여하는 한 어머니 들쥐의 그것과 비슷해진다는 뜻이다. 둘 다 새끼와 서로에게 유대감을 가지고 가족을 헌신적으로 즐겁게 돌본다. 일부일처 프레리 들쥐의 테스토스테론 수치는 낮다. 외모와 행동 또한 암컷과 흡사하다.

영 박사와 연구진은 '일부일처 유전자'로 명명된 이 바소프레신 수용기 유전자의 변화가 수컷 프레리 들쥐가 보이는 일부일처 행동의 원인임을 증명해야 했다. 그래서 연구진은, 일부다처를 따르는 목초지 들쥐 유전자의 제어 영역에 유전 공학적 기법으로 변화를 주었다. 그 결과 놀랍게도, 일부다처주의였던 목초지 들쥐가 일부일처 행동을 보였다. 뇌가 변화하자 사촌인 프레리 들쥐처럼 행동하게 된 것이다.

이 실험은 유전자의 변화가 뇌의 변화를 유발하고, 그 결과 행동의 변화를 가져오는 과정을 보여주는 중대한 연구였다. 즉, 일부일처는 강력한 유전적 기반이 있다는 추론이 가능해졌다. 자연에서는 이 같은 변화가 환경 조건이 달라지면 시간이 지남에 따라 나타난다. 프레리 들쥐가 서식하는 척박한 환경에서는 일부일처가 이점이 있는데, 수컷과 암컷이 부모로서 서로 완벽하게 헌신하지 않으면 종과 유전자가 생존하기 어려울 수 있기 때문이다.

언젠가 미래의 연구에서는, 환경에 대한 대응으로 나타나는 이 같은 변화가 후성유전학을 통해 일어난다고 밝혀낼지도 모른다. 앞서 환경 조건의 변화에 따라 쥐가 바닐라 향에 대한 공포를 바로 다음 세대에 물려준 실험에서 살펴보았듯, 후성 유전적 변화는 정자 세포를 통해 아버지에서 자식으로 전달된다.

2016년의 연구 이후, 래리 영 실험실의 연구진은 일부일처를 가능하게 하는 신경 경로 또한 밝혀냈다. 즉, 일부일처를 따르는 프레리 들쥐 뇌의 즐거움과 보상 시스템에서 사랑과 애착을 담당하는 특정 신경 경로를 찾았다. 연구진은 첫 성적 접촉 이후 들쥐의 뇌를 조사하여, 사랑에 빠지는 것이 뇌 신경 경로에 어떤 영향을 미쳤는지 살폈다. 사랑에 빠지는 것은, 사랑하는 상대의 이미지와 냄새를 보상 및 즐거움과 연결하는 해당 신경 경로에 결부되어 있다. 나아가 연구진은 실제 접촉이 없고 오르가슴이 없어도, 처녀 들쥐가 유리창을 사이에 두고 다른 총각 들쥐에게 반하도록 유도할 수 있었다. 암컷 쥐의 즐거움 시스템에서 옥시토신이 전달되는 해당 신경 경로를 인공적으로 자극하여 사랑의 열병을 창조한 것이다. 인공적 자극의 전달은 유전 공학과 광섬유를 이용하여 뇌의 개별 뉴런이나 신경 경로의 스위치를 켜고 끌 수 있는 광유전학 기술을 이용했다.131)

미래에는 결혼 상담 대신 뇌 치료를 통해 우리 뇌의 즐거움과 보상 시스템에 주기적으로 전기적 자극을 가해서 평생 사랑하는 근사한 관계를 형성하게 될까?

일부일처와 육아

일부다처 동물과 비교할 때 일부일처 동물이 보이는 가장 두드러진 특성 가운데 하나는 육아이다. 수컷과 암컷이 양육의 짐을 똑같이 나눠지거나 혹은 수컷이 육아를 함께한다. 반면, 일부다처 동물의 경우 암컷이 육아를 혼자 맡는다. 그렇다면 일부일처 수컷과 암컷의 육아 기술은 유전인지 아니면 환경의 영향인지 의문이 생겨난다. 육아 기술은 유전자로만 전달될까, 아니면 환경의 영향 또한 있을까? 2017년 하버드 대학 호피 혹스트라Hopi Hoekstra 박사가 일부일처제와 양육 행동의 유전학을 파고들면서 관심을 갖게 된 주제가 정확히 이 질문이었다. 만일 일부다처 부모에게서 태어난 수컷이 태어난 날부터 쭉 일부일처 부모 밑에서 자란다면 어떻게 될까? 이 수컷은 자신을 키워준 아버지처럼 일부일처를 따를까, 아니면 생물학적 아버지처럼 일부다처를 따를까?

이 질문을 검증하기 위해 혹스트라는 일부다처 생쥐가 낳은 새끼를, 드물게 일부일처를 따르는 올드필드 생쥐 부모에게 주었다. 일부다처 부모의 새끼는 헌신적인 일부일처 부모 아래서 자랐으나, 유전자가 승리를 거두었다. 일부다처 부모의 아들은 정확히 생물학적 부모와 같은 행동을 보였고 일부일처 부모 밑에서 자랐어도 자기 자식을 전혀 돌보지 않았다. 헌신적으로 자식을 돌보는 일부일처 부모의 모습은 자식에게 영향을 주지 못했다.[132]

두 번째 단계로, 올드필드 생쥐의 일부일처 양육 행동을 담당하는 유전체 영역을 판독하기 위해 혹스트라 박사는 일부다처 쥐 5마리와 일부일처 쥐 5마리를 교배했다. 이들의 자식 또한 서로 교배하여, 잡종 자손 770마리가 태어났다. 이 770마리의 유전체는 기본적으로 일부일처 부모와 일부다처 부모의 유전체가 섞여 있다. 다음 단계로, 혹스트라는 이 770마리의 행동을 관찰했다. 놀랍게도 770마리는 폭넓은 양육 행동을 보였다. 새끼를 전혀 돌보지 않는 쥐들이 있는가 하면, 되는 대로 자식을 돌보기는 하나 근사한 둥지는 만들어 주지 않는 쥐들도 있었다. 일부일처 올드필드 쥐와 똑같이 행동하는 쥐들도 몇몇 있었는데, 심지어 새끼를 핥아주며 헌신적으로 육아하는 부모가 되어 멋진 둥지를 공들여 지어준 쥐들도 있었다.

극단적 일부다처 행동에서 극단적 일부일처 행동까지 수컷이 보이는 다양한 행동을 살핀 연구진은 각각의 행동을 담당하며 쥐마다 다르게 발현되는 DNA 서열 및 특정 유전자들을 조사·비교하였다. 예를 들어 연구진은 둥지 짓기에 큰 영향을 미치는 유전체의 특정 영역을 발견했다. 수컷의 다양한 행동에 영향을 미치는 것은 유전체 조각 하나가 아니라 여럿이었는데, 예를 들면 부모가 새끼를 얼마나 오래 핥아주는가, 얼마나 많이 안아주는가, 얼마나 곁에 오래 머물러주는가, 연구진이 임의로 집에서 새끼를 꺼냈다가 다시 돌려보내면 얼마나 새끼에게 빨리 가는가의 네 가지 특성이 그러했다.

혹스트라와 연구진은 암컷의 양육 행동보다 수컷의 양육 행동에 더 중요한 유전체 서열이 있는 한편 그 반대도 마찬가지라는 결과를 얻었다. 즉, 일부일처 육아의 진화적 경로 및 일반적인 일부일처의 진화적 경로에서 암컷과 수컷이 서로 다른 길을 가게 되었음을 시사한다. 이 같은 나뉨은 옥시토신 호르몬의 남성형인 바소프레신의 발생에서도 확인할 수 있다. 바소프레신은 암컷과 수컷의 육아 및 결혼 행동에서 차이를 만들어낸다.

인간은 본성상 일부일처와 일부다처 중 어느 쪽일까?

유전학과 신경학, 생화학 분야의 일부일처 연구는 아직 초기 단계이다. 더 많은 연구가 동물만이 아니라 인간에게 존재하는 일부일처 생물학의 기반을 밝히리라 기대된다. 이런 연구를 통해 우리가 유대를 맺는 방식이며 관계 행동에 영향을 주는 다양한 요인들을 바라보는 관점이 달라질 텐데, 관계 행동 중에는 20년 전까지 우리가 존재 자체를 몰랐던 것들도 있다. 언젠가 사랑의 유전학을 완벽하게 판독하는 날이 오면 각자 자기 유전체 정보를 손바닥 안에, 즉 휴대전화 속 파일로 가지고 다닐 것이고 데이팅 앱은 개인의 DNA를 근거 삼아 자동으로 짝을 지어줄 것이다.

우리 인간은 97퍼센트의 포유류처럼 일부다처 집단에 속할까, 아니면 일부 조류나 3퍼센트의 포유류처럼 실제로 일부일처에 속할까? 이 풀리지 않는 문제로 과학자들이 씨름하고 있는데, 양쪽 모두 긍정 의견과 부정 의견이 존재한다. 인간의 경우 모든 것이 더 복잡하고 여러 가지 사회문화적 요인에 의존하는데, 이 요인은 어떤 사회인가에 따라 다르고 또 시간이 지나면 변할 수 있다.

진화의 나무에서 우리와 유전적으로 가장 가까운 포유류인 원숭이, 고릴라, 침팬지, 보노보, 오랑우탄을 보자. 이들은 모두 일부다처 생활로 보인다. 그렇지만 긴팔원숭이는 예외이다. 긴팔원숭이는 동남아시아의 열대우림에 서식하는 코가 짧은 영장류이다. 여느 원숭이와는 달리 긴팔원숭이는 일부일처로 살며 보통 부부와 아이로 구성된 핵가족을 유지한다. 새끼 긴팔원숭이는 여덟 살이 될 때까지 부모와 함께 살며, 이후에 독립한다. 새끼가 떠나면 어떻게 될까? 부모는 평생 같이 살까? 긴팔원숭이는 새끼가 떠나면 파트너를 바꾸기도 하고 함께 사는 동안에도 서로 바람을 피우니 아마도 연속적 일부일처 집단에 속한다.

우리가 어떤 집단에 속하는지 답하려면(현실적으로 인간의 배신 및 이혼 횟수를 보면 최소 '연속적 일부일처'일 것이다) 각각의 주장을 검증해야 할 것이다.

먼저, 일부일처 수컷과 일부다처 수컷이 어떻게 다른지 살펴보자. 일부일처 수컷은 암컷과 아주 흡사하다. 이들은 새끼 돌봄에 필수적인 존재이고 모든 암컷에게 언제나 잘 보일 필요도 없고 다른 수컷과 싸울 필요도 없으므로, 깃털이나 뿔 같은 장식도 화려한 색도 필요 없다. 겉모습이 암컷과 거의 같으며, 테스토스테론의 수치가 일부다처 수컷의 그것과 비교하여 상대적으로 낮다. 사실, 암컷의 수치와 비슷하다.

이와 달리, 일부다처 수컷은 덩치와 근육이 암컷보다 보통 더 크며 뿔이나 깃털, 인상적인 색깔 등으로 장식한다. 이 같은 외형은 고농도의 테스토스테론이 작용한 산물이자 2차 성적 표식이기도 한데, 성적 성숙 단계에 나타나기 시작하여 일부다처 수컷이 더 많은 싸움에서 이기고 암컷과 승리를 누릴 때 강화되기 때문이다.

인간은 어떨까? 인간 남성은 깃털이나 뿔이 없고 경고성 색깔도 없지만, 테스토스테론 수치가 여성보다 15배에서 100배 높다. 그래서 남성의 체격이 여성보다 평균 15퍼센트 더 크고, 지방 대비 근육량이 여성에 비해 많은 것이다. 남성은 피부 아래 근육이 있는 한편 여성은 피하지방이 있고 그 아래 근육이 있다. 남성은 신체 구조 및 얼굴 구조가 여성과 다르다. 털이 많고 목소리가 낮다. 이 같은 남성의 2차 성적 특징은 여성에게 매우 매력적으로 다가온다.

그렇다면 남성의 음경과 고환은 어떨까? 테스토스테론 수치는 음경과 고환에도 영향을 미치기 때문에 일부일처 종의 경우 음경과 고환이 상대적으로 작다. 대부분의 조류가 음경을 어떻게 완전히 잃어버렸는지 언급한 바 있다. 또한 앞서 살펴보았듯, 전체 동물의 세계에서 신체 크기 대비 가장 큰 음경과 고환을 지닌 존재는 바로 인간 남성이다. 비율로 따지면 인간의 음경과 고환은 동물의 왕국 전체에서 가장 크다.

부연하자면, 고환의 크기는 생성되는 정자의 양과 관련이 있다고 2011년 일본 도카이 대학의 유인원 연구진이 밝힌 바 있다. 연구진은 침팬지, 오랑우탄, 고릴라의 고환 조직을 비교하였는데 그 차이가 상당했다. 고릴라 고환의 경우 정자 생성 상피 조직의 밀도가 오랑우탄과 침팬지의 그것보다 성긴 편이었다. 또한 침팬지가 만드는 정자의 양은 오랑우탄보다 14배나 많았고 고릴라보다는 200배나 많았다. 즉, 일본 과학자들은 고환의 크기가 실제로 정자 생성과 관련이 있음을 증명할 수 있었다.[133]

인간의 고환은 각각의 평균 무게가 약 20그램으로, 신체 크기에 비해 크다. (신체 대비 크기를 보면) 고릴라와 긴팔원숭이의 고환보다는 침팬지와 보노보의 고환과 더 유사하다는 점에서, 정자 경쟁의 수준을 짐작할 수 있다. 즉 남성은 많은 정자를 생산해야 하는데, 여성의 몸과 마음을 원하는 경쟁자가 많기 때문이다. 앞서 살펴보았듯, 정자 세포의 80퍼센트는 다른 남성의 정자를 공격하고 막아내는 데 쓰인다.[134]

인간의 정자 경쟁에 관한 과학적 증거는, 2003년 미국 시카고 대학에서 진행한 유전학 연구에서 밝혀졌다. 연구진은 정액에 있는 특정 단백질의 생산을 담당하는 두 유전자(SEMG1, SEMG2)의 서열을 분석하였다. 이 단백질의 역할은, 정자가 사정 직후 질과 자궁 경부로 들어가면 응고를 유도하여 '짝짓기 마개'라고 부르는 정자 덩어리를 생성하는 것이다. 7장에서 간략하게 설명했듯, 짝짓기 마개의 목적은 여성의 질로 다른 경쟁자의 새 정자가 들어오지 못하게 막는 것이다. 이 정자 단백질 특화 유전자들은 오직 정자 경쟁이 치열한 동물의 수컷 유전체에서만 발견된다. 즉, 암컷이 여러 파트너와 짝짓기하면 수컷 사이에 많은 경쟁이 있다는 뜻이다. 연구진은 여러 종을 대상으로 암컷이 접하는 평균적인 성적 파트너의 수와 수컷 유전체의 정자 단백질 특화 유전자의 존재 사이에 직접적 관계가 있음을 밝혀냈다. 암컷이 평균적으로 파트너가 더 많을수록, 이 유전자들도 더 많이 나타난다. 이 같은 연구 결과는 일부일처가 인류의 진화에서 핵심 전략이 아니었음을 뜻한다.[135]

이미 살펴보았듯 인류는 남성과 여성의 겉모습이 크게 다르며 남성은 신체 대비 큰 고환을 가지고 있고, 정자 경쟁을 시사하는 정자 단백질 유전자도 존재한다. 또한 같은 파트너와 시간을 어느 정도 보내고 나면 성적 흥분이 줄어들도록 유도하는 쿨리지 효과도 고려해야 한다. 이 모든 것들이 표준적인 일부일처의 특성과는 다르다. 게다가 남성은 엄격한 서열을 만들어, 일부다처 종처럼 서로 싸운다. 사실상 인간의 모든 사회 구조에는 위계가 존재하는데 일부다처 종의 사회에도 같은 패턴의 위계, 즉 우세 위계가 흔히 존재한다. 우세 위계에서는 각 개체가 다른 개체를 통제하려고 하며, 다들 알파 수컷에게 복종한다. 우리는 이 같은 위계를 가족이나 군대, 직장, 정계에서 볼 수 있다. 언제나 지도자는 한 명으로 가족의 우두머리, 집단의 수장, 단체장, 국장, 장관, 대통령 혹은 왕이 존재한다. 고농도의 테스토스테론에서 나타나는 남성적 특징은, 언제나 지도력으로 이어졌다. 인상적인 풍채에 큰 키가 주는 장점을 누리고, 카리스마가 있으며, 기꺼이 위험을 감수하는 냉철한 성격의 소유자. 인류의 역사는 알파 수컷과 그들이 지배권을 두고 벌이는 전쟁과 투쟁을 다룬다. 왕, 황제, 장군, 모두 테스토스테론 수치가 높고 공감이 부족하며 자아와 권력으로 밀어붙인다. 일반적으로 남성만이 정복 전쟁에 나서 적을 죽이고 새 영토를 차지하며, 전투에서 승리한 보상으로 제 땅을 늘려간다.[136]

전쟁 시기에 남성은 새끼(어린이)를 죽이고 학살을 저지르고 소녀와 여성을 강간한다. 경쟁 상대의 유전자를 파괴하면서 거칠고 잔인하게 씨를 뿌린다. 인간 진화의 관점에서 이런 방식은 성공적이었다. 인류의 최고 알파 수컷, 인구 집단에 유전자가 가장 많이 퍼져 있는 남성은 바로 사이코패스이자 소아성애자이고 잔인한 살인마인 칭기즈 칸이다. 칭기즈 칸은 약 850년 전에 살았던 인물로,

주요 연구에 따르면 중앙아시아 남성 5명 가운데 1명은 Y 염색체에 그의 유전자가 있다고 한다. 전 세계 인구로 보면 남성 200명마다 1명에게 있다고 추론할 수 있다. 남성들이 벌인 정복과 전쟁의 결과가 우리 대부분이라는 사실을 부인할 수 없다.[137]

인류에게 힘과 지배와 생식은, 다른 일부다처 종처럼 언제나 밀접한 관계를 맺고 있었다. 번식의 특권은 지배자 수컷의 것으로, 여러 문화권에서 왕 혹은 황제는 전통적으로 언제나 많은 후손을 거느렸다. 남아메리카 잉카 제국의 경우, 번식을 엄격히 관리했다. 잉카의 법전은 정부와 공공 정책을 다룬 게 아니라, 남성이 사회적 지위에 따라 결혼할 수 있는 아내의 수를 정했다. 왕은 아내 1,500명과 결혼할 수 있고, 귀족은 700명까지 가능했으며 관리자는 50명까지였다. 이렇게 서열에 따라 수가 줄어, 빈자의 경우 법이 허용한 아내의 수는 오직 1명이었다. 법에 따라 일부다처제는 부유한 사람의 몫이었고 일부일처제는 오직 가난한 사람에게만 적용되었다.

오늘날에도 세상을 둘러보면 드물긴 해도 일부다처제가 여전히 존재하는 사회를 볼 수 있다. 예를 들면, 일부 아랍인과 사하라 사막 이남의 아프리카에서 생활 방식으로 남아 있다. 낭만적 사랑이라는 개념은 상대적으로 생긴 지 얼마 되지 않았으며 서구 사회에서 주로 존재한다. 성서 시대의 경우 일부다처제가 흔한 관습이었고 고대 히브리 남성은 아내 여러 명과 결혼했다. 그러다 랍비 게르솜Gershom이 일부다처제를 금지하면서, 약 1,000년 전 유럽의 유대인 디아스포라 시기까지 이어진 생활양식이 바뀌었다.

랍비 게르솜의 일부다처제 금지 이전에는, 남성이 여성에게 음식과 옷을 마련해 주고 성관계를 가질 수 있는 한 여러 명과 결혼할 수 있었다. 랍비 게르솜은 금지령을 도입하면서, 일부일처제를 장려하는 여러 이유를 제시했다. 남성이 아내에게 군림하며 폭력적으로 구는 행동을 억제하고 절도와 방탕한 생활도 막고, 가정의 평화를 도모하고자 했다. 아내가 여러 명이면 서로 질투하고 다툴 수 있기 때문이다. 랍비 게르솜은 가계 문제 또한 고려했다. 아내를 한 명 더 들일 때마다 새 가족이 생길 수 있으니, 재정적 부담이 있는 상황에서는 일부일처제가 해결책이 될 수 있었다.

미국의 인류학자 조지 머독George Murdoch이 1960년부터 1980년까지 1,231개의 사회를 조사한 결과, 일부다처제 비율이 큰 집단은 588개였고 비율이 작은 집단은 453개였다. 일처다부제(여성에게 여러 남성 파트너가 있는 체제)를 따르는 사회는 4개였고, 일부일처제는 186개였다. 일부다처제 사회에서는 아내가 한 명 이상인 남성의 수가 대부분 제한적이었는데, 일부다처제에 필요한 물질적 자원의 수준을 모든 사람이 맞출 수는 없기 때문이다. 일부 사회의 경우 아내의 수가 남성의 지위를 상징한다. 일부일처제 사회의 경우에도, 법적 아내 말고 애인이나 정부를 두거나 파트너 여러 명을 두면 남성의 지위가 높음을 알릴 수 있다.[138]

연구에 따르면 일부다처제는 질병에 걸리기 쉬운 지역, 특히 열대 지방에서 더 흔하게 나타난다. 이런 지역의 경우, 영아 사망률이 매우 높아 일부다처를 증진하는 유전자가 생존할 가능성이 더 크다는 가설을 생각해 볼 수 있다.

환경은 분명 생식과 생활양식에 영향을 미치며, 사회가 특정 생식 전략을 선호하도록 힘을 실어 준다. 티베트의 경우, 히말라야산맥에 있어 농지가 심각하게 부족하다. 그래서 희귀 전략인 일처다부제가 자리 잡고 있다. 여성이 남성 여러 명과 결혼하는데, 상대 남성들은 주로 형제이다. 이런 환경적 조건에서 일처다부제의 장점은, 얼마 안 되는 농지가 한 가족을 먹여 살리기 어려운 크기로 나뉘는 일을 방지할 수 있다는 것이다. 일부 아시아 사회에서 일처다부제가 존재하는 또 다른 요인은, 여아를 살해하여 전체 인구에서 여성의 수를 줄이는 잔인한 풍습 때문이다. 여아 살해 같은 극단적인 풍습과 대조적으로, 아마존강 주변에 사는 어느 부족의 경우 여성은 똑똑하고 강하고 키가 크고 재미있는 아이를 낳으려면 부족에서 가장 똑똑한 남성, 강한 남성, 키가 큰 남성, 재미있는 남성과 자야 한다고 믿는다. 그러면 이 남성들의 정자가 모두 섞여 각 특성이 앞으로 태어날 아이에게 주어진다는 것이다.

일부일처제의 짧은 역사

이상과 같이, 일부일처는 호모 사피엔스에게 상대적으로 새로운 개념이다. 인간이 생물학적으로 일부일처주의라는 입장의 주된 논거는 우리의 자식이 무력한 상태로 태어난다는 것이다. 인간의 아기는 동물의 세계에서 가장 오랫동안 도움이 필요한 상태로 태어나, 장시간 돌보아야 한다. 또한 어린이는 어마어마한 자원을 필요로 하는데, 심지어 서른 살이 될 때까지 부모의 집에 같이 살기도 한다. 그러므로 자식이 성장해서 스스로 제 자식을 키울 수 있을 때까지 두 부모의 돌봄이 필요하다.

인간 사회에서 일부일처제는 유럽, 유라시아, 미국에서 생활양식으로 자리 잡았는데 사회문화적 흐름과 관련이 있다. 로마인들이 맨 먼저 유럽과 아시아에 걸친 식민지에 기독교의 영향력을 통해 이 풍습을 전파했다. 그렇지만 진실한 사랑과는 별 상관이 없었고, 남성들이 저항하지 못하도록 지역을 통제할 필요가 있어서 그랬다. 일부다처제 시스템이면 씨족 내 남성들이 씨족과 족장에 충성하므로, 씨족이 소규모 군대처럼 하나의 힘 있는 단위로 행동하기 때문에 중앙 정부의 설립이 어려워진다(오늘날에도 일부다처제와 씨족 구조는 일부 아랍 및 아프리카 국가에서 중앙 정부의 통치와 관리를 어렵게 만들고 있다). 로마는 일부다처제를 금지하고 일부일처제를 장려하여 씨족 메커니즘을 부수기로 했다. 남성 한 명을 아내 한 명과 결혼하여 주택 담보 대출을 받고 세 아이를 가지는 제도에 묶어둘 수 있다면, 그 남성은 더 이상 제국에 저항하지 않고 훨씬 순종적인 모습을 보일 것이다. 이 방법은 성공적이었고 제국이 이겼다. 이런 식으로 일부일처제는 서서히 인류 사회에 자리 잡았고 진보와 발전을 가져왔다. 일부일처제의 낭만적 사랑이라는 개념은 사회 제도의 영향력 아래 기독교 세계 전역에 뿌리를 내렸고, 훗날 문학과 연극, 영화, 텔레비전 및 새로운 형식의 온갖 미디어의 영향력을 통해 퍼져나갔다.139)

이상과 같이 인간은 매우 복잡한 생명체이며 우리의 행동은 여러 가지 생물학적, 사회적, 혹은 문화적 환경 요인에 기대고 있다. 그리고 일부일처제 양식은 의심의 여지 없이 사회적 영향의 산물이다. 1970년대부터 이혼이 서구 사회에서 훨씬 쉬워졌다. 페미니스트 혁명이 여성의 권리를 크게 끌어올렸고, 양육권을 가져와서 혼자 아이를 키울 수 있는 여건이 마련되었다. "죽음이 우리를 갈라놓을 때까지" 평생 일부일처제를 유지하는 모델은 사상누각이 되었다. 결혼제도는 쇠퇴하고 이혼율은 계속 증가하고 있다. 젊은 세대를 중심으로 결혼부터 이혼까지 걸리는 시간은 평균 2년에서 3년이다. 오늘날 인간의 행동은 연속적 일부일처와 여러 명의 파트너를 두는 일부다처 사이의 어딘가에 자리하고 있다. 그리고 이 모든 일이 몇 세대 만에 일어났다.

예를 들어, 나의 이스라엘인 할머니의 경우 지난 세기 초반에 어떤 선택권도 없이 스무 살의 나이로 스무 살 연상의 남성과 결혼했다. 나의 어머니는 1970년대에 연인과 결혼했으나 집에서 아이를 기르며 생활했고 남편에게 완벽하게 의지했다. 그리고 오늘날, 현재 44세인 나는 이미 이혼을 두 번 했고 한부모로 멋진 두 아이를 키우고 있으며 온전히 스스로 선택한 상대와 관계를 맺고 있다. 이 모든 일이 불과 세 세대 만에 일어났다….

사랑의 미래

미래는 인간의 관계가 어떻게 변할까? 답을 찾기 위해, 먼저 우리의 유전체를 확인해 볼 수 있다. 우리는 프레리 들쥐처럼 '일부일처 유전자'를 가지고 있을까? 아니면 목초지 들쥐처럼 일부다처 유전에 해당할까? 유전학은 우리의 사랑 패턴에 관해 어떤 내용을 알려줄까?

이 같은 질문이 2008년 스웨덴 카로린스카 연구소의 하시 발룸 Hasse Walum 박사의 관심을 끌었다. 발룸은 프레리 들쥐를 일부일처로 살게 한 유전적 변화가 인간 남성의 유전체에도 똑같이 존재하는지 알고 싶었다. 그래서 발룸과 연구진은 일란성 혹은 이란성 쌍둥이자 동거 중인 남성 600명의 유전자 정보를 분석했다. 다음 단계로, 연구진은 이 쌍둥이들이 일부일처에 얼마나 어울리는 특성을 보이는지 그 파트너에게 평가를 청했다. **당신의 파트너는 당신**

에게 얼마나 큰 애정을 보입니까? 파트너와의 관계는 얼마나 좋습니까? 파트너는 얼마나 충실합니까? 파트너는 아이 양육에 얼마나 참여합니까? 등의 질문이 제시되었다.[140]

그런 다음 연구진은 남성 쌍둥이의 유전체 서열에서 '일부일처 유전자'를 분석했다. 특히 사랑 호르몬 옥시토신의 남성형에 해당하는 바소프레신 수용기를 담당하는 유전자를 확인했다. 일부일처 프레리 들쥐와 일부다처를 따르는 그 사촌은 이 유전자가 다르다. 정서적 메커니즘을 맡는 많은 유전자가 그렇듯, 이 유전자 또한 진화가 이루어진 내내 잘 보존되었다. 그래서 프레리 들쥐에서 발견되는 형태와 인간 남성에게 존재하는 형태를 비교할 수 있다. 연구진은 남성마다 '일부일처 유전자' 서열에 차이가 존재하며, 유전자 형태가 프레리 들쥐의 그것과 더 유사한 남성의 경우 여성 파트너들이 일부일처 형식에 더 충실하다고 평가했다는 결과를 얻었다.

또한 연구진은 남성들의 '일부일처 유전자' 배열에 유의미한 수준의 차이가 나타나며, 해당 유전자가 다양한 종류의 변화를 겪고 있다는 점에 주목했다. 이 연구의 여파로, 유전자 서열 분석을 120달러에 제공하는 미국의 어느 유전 회사는 이제 남성의 일부일처 유전자 검사도 해준다. 파트너의 일부일처 수준을 확인하고 싶은 사람이라면 누구나 침 혹은 다른 체액에서 DNA 표본을 채취하여 분석을 의뢰할 수 있다.

그렇다면 우리의 존재론에 대한 이 수수께끼는 최종적으로 유전학이 풀게 될까? 발룸의 연구에 따르면 인간 또한 일부일처와 관련된 유전자가 파트너 한 명과 장기간 맺는 관계에 만족하는 수준이나 같은 파트너에게 성적으로 흥분하는 수준에 영향을 미친다. 사랑의 유전학은 앞으로 더 많은 발견이 기대되는 매혹적인 분야로, 예를 들어 관계 및 양육 행동과 관련된 유전자를 해독하는 연구가 있으며 환경이 우리의 생물학과 유전학에 영향을 미치는 다양한 방식에 관한 연구, 즉 관계 행동의 후성 유전학 연구도 있다. 지금 단계로서는, 시간이 지남에 따라 우리의 연애 및 결혼 생활과 선택에 영향을 미치는 유전적, 생물학적, 환경적, 문화적 요인들에 대해 완전히 알지는 못하는 상황이다. 어떤 남성도 그의 친구와 똑같지 않으며, 마찬가지로 어떤 여성도 그 자매와 같지 않다. 우리는 우리의 관계 행동에 영향을 미치는 모든 생물학적, 심리적, 문화적 요소가 모자이크처럼 조각조각 모여 형성된 존재이다.

아마도 우리는 평생 함께 사는 성적 일부일처 종에 절대 속한 적 없을 것이고, 앞으로도 그럴 것이다. 인류는 연속적 일부일처와 일부다처, 혹은 일처다부가 그리는 연속선상에서 움직인다. 우리는 매우 성적인, 이 세상에서 가장 성적인 동물이자 아주 유연하게 대응하는 존재이므로 오늘날 그 어느 때보다도 혼란스러울 수 있다. 우리가 정말 어떤 존재인지, 우리에게 어떤 방식이 맞는지, 사회가 우리에게 무엇을 요구하는지 혹은 요구해야 하는지를 두고 정답이 있지 않기 때문이다. 우리의 유전자가 관련된 한, 유전자는 우리가 한 바구니에 알을 다 담지 않도록 여러 명의 파트너를, 특히 좋은 유전자를 가진 파트너를 만나 위험을 분산하도록 유도할 것이다.

이 모든 문제는 우리가 처한 환경에서 고를 수 있는 선택지에 달려 있다. 사랑의 생태학은, 지구상 모든 종의 성적 행동에 지시를 내리는 존재가 환경이라고 말한다. 희소성의 환경, 즉 자원이 충분하지 않고 위협이 많으며 부모 둘 다 새끼의 생존을 위해 필요한 조건이면 유전적 선택이 일부일처를 선호하게 된다. 그렇지만 풍요로운 환경이라면, 즉 자원이 넉넉하고 부모 한쪽의 투자만으로도 새끼가 살아남아 잘 자랄 수 있다면 우리의 유전자는 여러 명의 파트너와 더 많은 경쟁을 펼치는 쪽을 선호하게 된다.

인류가 거주하는 환경 또한 세대를 거쳐 자원이며 개개인을 유혹하는 요인들이 희소한 상태를 벗어나 풍요로운 상태로 크게 달라졌다. 그래서 일부일처제의 유지가 더욱 어려울 수 있다. 풍요로운 현대 시대는 특히 일부일처제에 도전하고 있다. 이 시대를 가리켜 '독신 시대'라고 부르는 것도 충분한 이유가 있다. 정자를 기증받아 아이를 낳기로 한 싱글맘의 증가가 시대적 특징이다. 내가 사는 이스라엘의 경우 그 비율이 2005년부터 2015년까지 30퍼센트나 늘었다. 2023년 잉글랜드의 보고서들을 살펴보면, 정자 기증으로 태어난 아이들이 현실에서 늘어나고 있음을 알 수 있다.

정자 기증은, 특정 유형의 일부다처제로 회귀하고 있다는 뜻이기도 하다. 정자은행에 걸어가 냉장고에서 무작위로 표본을 꺼내달라고 요구하는 여성은 없다. 은행을 찾은 여성은 여러 남성의 유전적 특성을 보여주는 안내서를 세심하게 살펴본다. 목록에서 최고의 유전자를 고르는 성적 선택을 한다. 보통 잘 교육받고, 똑똑하며, 근육질에다 조각 같은 외모의 소유자를, 즉 최대한 알파에 가까운 남성을 고를 것이다. 인구 집단에 자기 유전자를 여기저기 뿌려 놓은, 잘생기고 젊은 무명의 의사들이 존재한다.

차갑고 기계적인 정자은행에 맞서, 익명의 남성들이 정자를 무료로 제공하는 독립적인 정자 운동도 일어났다. 그 가운데 1만 3,000명이 등록한, '알려진 기증 등록소Known Donor Registry'라는 곳이 있다.

해당 사이트에서 사용하는 소개말은 "당신의 자궁에 좋은 유전자를", "당신을 어머니로 만들어 드리고 싶어요" 등 다양하다. 이미 자기 정자를 여성 수십 명에게 기증한 30대와 40대의 기증자들이 있다. 이들은 여성이 임신 테스트 결과 양성이 나왔다고, 자신의 또 다른 아이가 세상에 태어날 준비를 하고 있다고 전해올 때 얼마나 기분이 좋은지 설명한다.

심지어 2023년에도 유전자는 지구의 역사가 동틀 무렵처럼 상황을 주도하고 있다. 네덜란드의 정자은행 관리자 얀 카르바트^{Jan Karbaat} 박사가 알고 보니 자기 정자를 제공하여 아이를 낳게 했다는 놀라운 사실이 밝혀졌다. 박사의 정자를 통해 적어도 60명의 아이가 태어났는데, 해당 여성들은 동의한 적이 없고 이 사실조차 모르고 있었다. 박사의 속임수는 시간이 흐른 뒤 아이들이 정자은행 관리 의사와 닮았다는 사실을 부모가 눈치채기 시작하면서 비로소 발각되었다.

일부다처 종에 해당하는 동물의 암컷은 엄밀히 따지면 정자를 기증받아 직접 수정하는 선택지를 가지지 못한다. 그렇지만 이들의 선택 과정은 본질적으로 인간이 거치는 과정과 차이가 없다. 이들이 수컷의 유전자를 얻을 때는 수컷이 새끼를 키울 필요가 없다. 오늘날, 이미 존재하는 기술을 이용하여 정자 대신 난자 혹은 다른 세포의 DNA를 써서 난자를 수정한다면 어떻게 될까? 남성에게는 어떤 운명이 기다릴까? 미국의 저널리스트 해나 로진^{Hanna Rosin}은 저서 《남자의 시대는 끝났다^{The End of Men: And the Rise of Women}》에서 지금 이 시대는 최근 몇십 년 동안 여성들이 일으킨 변화로 인해 여성들이 남성들을 남겨둔 채 빠르게 앞으로 나아가고 있는 역사적 순간이라고 했다.141) 그렇다면 우리는 이제 어떻게 해야 할까?

사랑을 나누는 관계는 미래에 어떻게 될까?

"아마도 우리 인간은 전형적인 한 쌍의 일부일처 종도 아니고, 서로 경쟁하는 고전적인 일부다처 종도 아닐 것이다. 공식적으로 우리 존재는 비극적 혼돈에 빠진 종이다." 저명한 연구자 로버트 새폴스키Robert Sapolsky 교수의 말이다. 이 혼돈의 시대에, 우리는 공주가 영원히 행복하게 함께할 잘생긴 왕자를 기다리는 디즈니 식의 사랑 이야기에 환멸을 느끼는가 하면 강력하고 안정적인 관계를 열망하기도 한다. 한 사람과 지속적인 유대를 맺고 싶다. 우리를 정말로 잘 알고 우리를 사랑할 사람, 그 보답으로 우리가 사랑을 줄 사람을 만나고 싶다.

오늘날 많은 사람이 우리의 관계가 어떤 모습을 그릴지 새롭게 상상하며, 도움을 받기 위해 생물학을 찾는다. 이런 말들이 들린다. **왜 우리의 자연적 본능을 억누를까? 우리는 타고난 일부일처주의자가 아니다. 모든 일부일처제는 오래된 그리고 새로운 제국과 그 엘리트들의 음모이다. 우리는 사회의 희생자여서는 안 된다. 족쇄에서 자유를 찾자. 자유롭게 사랑하는 것이 우리의 본능이다. 그렇다면 왜 평생 한 명과 섹스하고 사랑하는 삶에 묶여야 하는가?** 이런 담론에는, 일부일처제의 어려움에 대처하기 위한 많은 모델이 존재한다. 특히 시간의 흐름에 따라 흥분이 식는 쿨리지 효과에 대처하는 모델도 있다.

한 가지 모델은, 커플의 합의로 전통적이고 낭만적인 결혼 및 가족 관계 밖에서 가벼운 성적 만남을 갖는 '열린 관계'이다. 그래도 서로 질투하거나 장기적 관계를 망치지 않기 위해 보통은 밖에서 어떤 관계를 맺는지 공유하지 않는다. 이 모델은 일부일처제 속에서 연애할 대상을 찾는 중간 유형으로, '모노가미시monogamish'라고 한다.

커플은 다양한 이유로 열린 관계 모델을 받아들인다. 아마 섹스가 좀 지루하고 서로의 몸에 지나치게 익숙한 가운데 강한 오르가슴을 짜릿하게 다시 얻고 싶을 것이다. 커플은 서로의 성욕이 어떻게 다른지 안다. 예를 들어 한쪽은 섹스를 더 자주 원하고, 다른 쪽은 우정과 안정감, 관계의 정서적 측면을 더 중시하는 식이다.

그렇지만 생물학적 이유 때문인지 아니면 우리 안에 깊이 배어든 사회적 관습 때문인지 커플 대부분은 열린 관계를 길게 끌고 가지 못한다. 때로 참기 힘든 질투가 생겨나 대가를 치르기도 한다. 파트너가 다른 사람과 어떻게 지내는지 생각만 해도 견디기 어려운 가운데, 스스로 새로운 성적 파트너와의 경험을 추구하는 일에는 특별한 관심이 없는 상황을 생각해 보자.

열린 관계를 건강하게 끌고 가기 위해서 커플이 심리 치료를 받아야 할 때도 있다. 생물학의 관점에서, 사랑 호르몬 옥시토신은 사랑과 성적 만남을 구분하지 않는다. 타인과 섹스하면, 우리는 사랑에 쉽게 빠질 수 있다. 우리가 관계를 일회적 만남이라고 정의를 해도, 뇌에서는 같은 화학작용이 일어난다. 새롭고 짜릿한 감각은 오래되고 친숙한 것보다 언제나 더 강하다. 그 결과 늘 함께하는 파트너와의 성관계며 친밀한 접촉이 감소하고, 그렇게 옥시토신 생성이 줄고 상대방과 마음도 멀어지고 분명 극심한 질투와 좌절감을 동반하게 된다. 그렇지만 어떤 경우에는 파트너가 타인이 욕망하는 대상이라는 사실이 성적 흥분을 불러와 커플의 성생활 또한 좋아지고 관계가 튼튼해진다.

파트너 양쪽에게 가끔 외도를 허용하는 유연한 일부일처제에 관한 논의와 더불어, 다자간 사랑polyamory에 관한 논의도 늘어나고 있다. 전 세계적으로 다자간 사랑을 지향하는 공동체가 커지는 추세이다. 다자간 사랑은 공동체 일원 모두의 동의하에, 파트너 한 명 이상과 사랑하는 관계를 맺는 생활양식이다. 다자간 사랑 집단에는 흔히 중심 파트너 한 명과 2차 파트너 여러 명으로 구성되는 서열이 있다. 보통 중심 파트너와 하나의 가족 단위로서 가정을 꾸리고 아이를 키우며 식사한다. 그런 한편, 각각 2차 파트너를 둔다. 순서에 따라 명확한 차이는 존재하지 않는다. 일부일처 커플이 자신들의 관계가 어떤지 그들만의 대화를 나누는 것처럼, 다자간 사랑 커플도 자신들을 위해 무엇이 좋은지 관계의 경계선은 어디에 있는지 함께 정하고 살핀다.

다자간 사랑 관계에서는 질투가 더 복잡하고 어려운 문제가 될 수밖에 없다. 타인과의 일회적인 성적 만남이 아니라 진짜 사랑에 관해 이야기를 나누기 때문이다. 파트너가 우리만이 아니라 다른 사람도 사랑하고, 그들이 섹스 말고도 우리 파트너의 정서적 욕구를 채워준다는 사실을 수용하기란 언제나 쉽지만은 않다. 질투는 생물학의 산물이거나 우리가 사는 문화의 산물, 혹은 둘 다의 산물일 수 있는데 어느 쪽이든 질투는 존재하며 의심의 여지 없이 다자간 사랑 시스템에서는 많은 갈등을 유발할 수 있다.

이런 이유로, 다자간 사랑 관계를 맺는 사람이라면 누구나 고통을 견디면서 어마어마한 참을성을 발휘할 것이다. 다자간 사랑을 선택한 사람들은 질투가 실로 우세한 정서임을 인정하지만, 다양한 방식으로 문제에 대처한다. 이들의 말에 따르면 질투는 파괴적이지 않고, 소유욕에 이끌리지 않는 건강한 형식이라고 한다. 다자간 사랑의 생활양식은 파트너에 대한 독점권을 잃게 된다고 해도, 파트너에게 행복한 삶을 주겠다는 큰 사랑에서 생겨난다. 다자간 사랑 주의자에 따르면, 우리는 사회에서 특정 생활양식을 배웠으나 이제 이들은 열린 마음과 습관의 변화가 필요한 다른 방식을 시도하고 있다. 다자간 사랑은 일부일처와 비교하면 훨씬 더 많은 시간과 에너지가 필요하다. 여러 관계를 유지해야 하는데, 정신없이 돌아가는 지금 시대에는 파트너들 가운데 한 명과도 시간을 공유하기 어려울 때가 많기 때문이다. 여러 관계에 투자한다는 의미는, 중심 파트너와 보내는 시간이 적다는 뜻이다. 그러면 옥시토신이 줄어들고, 관심의 부족으로 관계가 약해지고 손상될 수 있다. 일부일처 관계 상당수가 마음의 거리가 멀어지고 관계에 투자를 하지 않으면서 망가진다.

브리티시컬럼비아 대학교의 철학 교수 캐리 젠킨스Carrie Jenkins처럼 다자간 사랑 생활양식을 열성적으로 지지하는 전문가도 있다. 젠킨스는 저서 《사랑학 개론What Love is and What It Could Be》에서 낭만적 사랑에 대한 사회의 인식이 너무 좁고 배타적이라고 주장한다. 단지 사회 규범이 다자간 사랑을 포함하지 않는다고 해서, 다자간 사랑이 부적절하다고 볼 수는 없다. 반대로, 다른 가능성을 가지고 사회 구조에 도전할 이유가 된다. 젠킨스에 따르면, 낭만적 사랑의 구성 요소는 생물학적 요소와 사회적 요소로 나누어 볼 수 있다. 생물학적으로 볼 때, 사랑을 처리하는 우리 뇌의 화학은 일부일처, 혹은 한 사람과 맺는 하나의 관계가 필요하지 않다. 그러나 오늘날의 사회는 낭만적 사랑을 오직 일부일처 형식으로 정의하며 다른 방식은 전부 잘못이라고 간주한다. 젠킨스가 볼 때 이 같은 종류의 강압이 이성애 모델에도 존재하는데, 이 생활양식이 맞지 않는 사람에게 선택을 강요해서는 안 된다. 모든 사람에게 적합한 방식이 단 하나만 존재한다고 결정을 내려버린다면, 사람들에게 상자 하나에 들어가서 살라고 강요하는 일이 된다. 건강한 삶의 방식이 아닐 것이다.142)

젠킨스의 주장은 생물학으로 충분히 뒷받침되기도 한다. 유전학 연구에 따르면, 사랑의 역학 및 다른 정서의 처리 과정과 관련된 모든 것이 사람마다 아주 다르다. 한 사람에게 어울린다고 해서 다른 사람에게도 꼭 어울린다는 법은 없다. 우리는 한 가지 방식으로만 살던 구세계에서 모든 생활양식이 허용되는 신세계로 이행하는 시대에 낀 중간 세대라서 아주 혼란스럽다. 사회와 부모님의 관습과 규칙, 숨겨진 메시지가 여전히 우리의 마음과 배우자의 마음에 존재한다. 그래서 행복을 위해 변화를 시도할 때, 고통스럽고 파괴적인 갈등을 겪지 않도록 전문가의 도움을 찾는 일이 중요할 수 있다.

오래가는 사랑을 위한 처방전

우리는 분명 복잡한 세대이다. 이런저런 형식으로 수만 년 동안 이어져 온 사회 질서의 메커니즘을 우리 손으로 부쉈다. 이 같은 구조들은 사회의 권력 균형을 유지하는 수단이자, 서열 및 지배-의존 관계의 기반이기도 했다.

여성과 아이는 한때 가장의 소유였고, 다들 가족 내 자기 위치를 잘 알고 있었다. 사실 '가족'이라는 단어 자체가 하인을 뜻하는 라틴어 'famulus'에서 유래했다. 가족의 구조와 관련된 사회 규범, 그리고 남성 대 여성의 권력 위치는 대대로 어머니에게서 딸로, 아버지에게서 아들로 전해졌다. 이런 식으로 사회 질서가 유지되었다.

206

이런 사회 구조의 뿌리는 우리의 생물학에서 찾을 수 있으며, 다른 동물에게도 존재한다. 친자 관계를 통제하고 확인하려는 충동은 인류보다 더 오래되었으며, 더는 우리에게 맞지 않는다. 우리는 생물학을 초월하고자 한다. 우리는 동물도 아니고 침팬지도 아니다. 또한 DNA가 줄을 잡아당기는 대로 끌려가는 애완동물도 아니다. 우리는 유전자에 붙잡히고 싶지 않다. 우리는 새로운 구조, 새로운 사회 질서를 만들고자 한다. 결혼이라는 제도는 사라졌고, 남성 우위의 시대는 끝났다. 우리는 권력과 지배를 손에 넣으려고 투쟁하는 일 없이, 성 역할 기대와 국가의 개입에서 벗어나 평등한 결혼 제도를 만들고자 한다. 오늘날, 우리는 관계에서 우리 자신을 희생할 마음이 없으며 우리가 가질 수 있는 것을 포기할 뜻도 없다.

그런데 우리가 여전히 평등한 관계를 맺게 해줄 도구를 얻지 못했으니 혼란은 가중될 뿐이다. 우리는 그 도구들을 살 곳이 없었다. 우리는 감히 반란을 일으킨 첫 세대이지만, 기성 사회는 분명 우리를 돕지 않고 있다. 이 세상의 정치와 사회 구조는 우리가 진화한 속도만큼 달라지지 않았고, 변화에 관심이 없다. 노동의 세계는 겉으로 드러나든 아니든 여전히 성별 구분에 근거하는 경우가 대부분으로 남성은 장시간 일하면서 조직 내 사다리에서 올라가기 위해 업무에 100퍼센트 매달리는 모습을 보여야 한다. 이 같은 관점에서 양육은 여성의 책임이다. 아이를 가진 뒤 경력의 사다리에서 내려온 여성의 수는 여전히 많다. 직장 내 남성 중심적 환경과 조직 문화가 여전히 여성의 필요에 맞게 조정되고 있지 않아서, 많은 여성이 중요한 자리를 떠나고 있다.143)

역사적으로 근본적인 사회 불평등이자 평등한 관계를 막는 주된 장애물은 양육이 무급 노동으로, 국가회계(GDP)와 경제에 포함되지 않는다는 것이다. 조사에 따르면, 심지어 2021년에도 서구 사회의 여성들은 여전히 육아와 살림을 70퍼센트 담당하고 있다.[144] 자본주의의 아버지 애덤 스미스Adam Smith는 "당신은 저녁을 어떻게 챙기나요?"라는 유명한 질문을 던지며 빵을 파는 제빵사와 맥주를 만드는 양조업자와 고기를 파는 정육점 주인을 가리켰다. 다들 우리의 이득이 아니라 각자의 이득을 위해 일하고 있다고 설명했다. 그렇지만 스미스가 잊은 사람이 있다. 식사를 준비하고 요리하고 차려주는 사람은 누구일까? 스미스가 경제 분석에서 무시한, 신화 속 시시포스처럼 끝없이 힘든 일을 하는 사람은 누구일까? 스미스의 어머니다. 스미스는 독신남으로 헌신적인 어머니와 함께 살았다. 어머니는 재능 있는 아들이 조용히 연구에 집중할 수 있도록 식사를 차려주고 집안일을 해주었다.

여성은 국가회계에 포함되지 않지만, 국가 경제가 의존하는 무급 노동에 셀 수 없이 많은 시간을 쓴다. 경제 활동이 규칙적으로 돌아가게 하는 노동이자 미래의 생산 인구도 키우는 중요한 노동이다. 여성은 보이지 않는 노동자이며, 하는 일 또한 보이지 않는다.

게다가, 여성이 어머니가 되면 직장에서 구조적 차별을 겪을 때가 많다. 임금과 고용, 수입, 승진에 차별이 있고 아이 없는 여성과 비교하여 능력을 잘 인정받지 못한다. 또한, 아이 없는 여성에 비해 직장에 덜 헌신적이고, 책임감과 권위가 부족하다고 여겨진다. 이같은 현상을 가리켜 '모성 벌칙'이라고 한다. 오늘날, 이혼하고 아이를 공동으로 양육하는 아버지 또한 '부성 벌칙'을 받을 수 있으나 여성 쪽이 여전히 더 많은 영향을 받으며, 아이가 추가될 때마다 벌칙도 두 배가 된다. 생명을 창조하고 양육하는 과제가 남성의 몫이었다면 직장과 경제 세계가 완전히 다르게 나오리란 추정을 해볼 뿐이다.145)

여성 혹은 여성적으로 인식되는 대상이면 무엇이든 평가절하되는 상황은 성별 임금 격차에서도 나타난다. 여성의 연봉은 남성보다 평균 30퍼센트 적고 교육, 돌봄, 간호처럼 '여성적'으로 여겨지는 '옥시토신 직군'의 경우 평균 급여는 흔히 남성적이고 더 기술적으로 여겨지는 '테스토스테론 직군'의 절반이다. 이 같은 현실에서 여성은 남성에게 경제적으로 크게 의존하게 되고, 그렇게 사회의 권력 관계가 형성된다. 오늘날 세계 자본의 95퍼센트가 여전히 남성의 손에 집중되어 있다.

현실이 이러니, 동등한 관계를 만들고자 할 때 많은 어려움이 생기는 것도 전혀 이상하지 않다. 사회 구조의 불평등이 여전히 지속되는 한 많은 커플이 위기를 계속 겪는데, 주로 아이 양육이나 경력과 가족 사이의 갈등 문제이다. 두 사람 모두 꿈을 성취하고 자아를 실현하고픈 욕망이 있는데, 한편으로 가족을 꾸리고 아이를 키워야 하니 긴장이 생기는 것이다. 그리고 여기다 쿨리지 효과를 추가한다면, '죽음이 우리를 갈라놓을 때까지' 헌신하는 애정 관계의 유지는 심각한 도전에 직면하게 된다.

보통 부부 상담 때 등장하는 가장 흔한 갈등의 목록을 살펴보면, 1위가 가사노동 분담이다. 2위가 섹스를 둘러싼 다툼인데, 보통 쿨리지 효과를 동반한 다른 다툼의 산물이다. 3위는 아이의 교육과 양육을 둘러싼 다툼이다. 4위는 돈을 둘러싼 다툼이다. 5위는 배우자의 인척 때문에 생겨난 갈등이다.

여기에다 질투와 관련된 문제도 있다. 한쪽이 충분한 관심과 애정을 보여주지 않는다는 불만, 분노 폭발, 서로 힘겨루기, 의사소통이 부족하거나 금방이라도 싸움이 벌어질 것 같은 분위기 문제, 여가를 둘러싼 다툼, 상대가 감사하는 마음을 덜 표현한다는 느낌, 파트너 한쪽이 다른 쪽을 변화시키려고 하면서 느끼는 감정, 파트너를 신뢰하기 어려운 상황 등이다.

부부 싸움은 똑같은 불만에 사소한 변주를 가미하여 자꾸 반복되는 문제가 90퍼센트를 차지한다. 이 가운데 65퍼센트가 해결책이 없다. 쌓이고 쌓인 스트레스와 분노를 분출하는 수단일 뿐이다. 정해진 행동 패턴은 고치기 어려울 것이고 커플 사이의 일상적 대화로는 문제를 해결할 수 없으니 같은 갈등이 반복된다. 이런 문제들이 감정을 마구 날뛰게 하여 다툼을 키우는 이유는 배우자 한 명 혹은 둘 다의 기본적 욕구가 충족되지 않았기 때문이다. 앞서 언급했듯, 우리가 어떤 정서를 느낀다는 것은 욕구가 있다는 뜻이다. 감정은 중요하다. 그 무엇이든 강력한 감정을 끌어낸다는 것은, 때로 상대에게 전달하기 어려운 우리의 본질적 욕구를 건드리고 있다는 뜻이다.[146]

장기간 이어지는 애정 관계를 정서적 뇌가 아니라 전전두엽 피질을 통해 합리적이고 과학적인 방식으로 살펴본다면, 문제에 정서적으로 깊이 엮인 상황에서 잠시 물러나 새가 아래를 내려다보듯 어느 커플이든 어느 시점에 경험하게 되는 어려움과 장애물과 위기를 전체적으로 조망할 수 있다. 어떤 커플은 어려움을 극복하고, 또 어떤 커플은 헤어지는 이유는 무엇일까? 예상할 수 있는 위험은 어떤 것이고, 그런 위험에 빠지지 않으려면 어떻게 해야 할까? 이런 폭넓은 관점에서, 우리는 뇌와 생물학과 과학에 대한 이해를 근거 삼아 도구들을 만들어 행복하고 건강한 장기적 관계를 쌓아 나갈 수 있다. 물론, 우리가 하나의 관계를 원하고 있다고 가정할 때의 이야기이다….

인간은 선택의 자유가 있고 선택지를 탐색할 마음도 있다. 우리는 우리에게 좋은 것을 선택할 수 있다. 똑같은 여성은 없고, 똑같은 남성도 없다. 우리는 어마어마하게 다양한 존재이자 그만큼 뇌 배선도 다양하다. 언제 어떤 관계가 좋은지는 우리 자신만이 알 뿐이다. 어떤 관계에서 우리가 번성할 수 있고 또 어떤 관계에서 시들어버리는지도 우리 자신만이 알 뿐이다. 우리가 정말로 어떤 존재인지, 어떤 관계가 좋고 나쁜지, 우리를 구속하는 족쇄에서 벗어날 방법은 무엇인지 똑바로 바라보자. 물론, 우리는 살아가면서 변화할 수 있다. 우리의 뇌는 시간이 지남에 따라 성장하고 적응한다. 나이가 달라지면 세상을 다르게 보며 우리의 욕구 또한 달라진다. 스무 살의 우리에게 좋았다고 해서, 서른 살, 마흔 살, 혹은 예순 살의 우리에게 꼭 좋으리라는 법은 없다. 우리는 삶의 경험을 쌓고, 뇌에서 새로운 시냅스가 형성되고, 그렇게 생각이 달라진다.

여성은 변한다. 남성도 변하고, 사회 구조도 변한다. 우리는 자유로운 선택의 시대에 살고 있다. 옳고 그름은 없다. 금지된 일은 없고, 허락받을 일도 없다. 이 같은 상황은 자유와 해방을 주지만, 엄청난 혼란도 수반된다. 이를 가리켜 선택의 역설이라고 한다. 모든 선택지가 우리 앞에 딱 놓이게 되면, 결정을 내리기 힘들어진다. 우리는 손해 보고 싶지 않고, 기회를 놓치고 싶지 않다. 많은 편견에 사로잡히기 쉽다. 때로 우리 대신 결정을 내려줄 사람이 있으면 불평만 하면 되니 오히려 편하다.

일부일처는 해로운 제도로 보일 수 있지만, 연구에 따르면 좋은 일부일처 관계를 유지하며 사는 사람은 보통 더 건강하고 행복하며 더 오래 산다(옥시토신 덕분이다). 일부일처는 확신과 안전, 정신적 지지, 정서적 안정감, 한 사람과 깊은 유대를 맺을 힘을 제공한다. 삶의 여정은 좋을 때도 나쁠 때도 있고 고통스럽기도 하고 행복하기도 한데, 이 모든 순간을 헌신적인 동반자와 공유하는 것은 크나큰 특권이다. 행복에 관한 최근의 연구에 따르면, 이성애자 남성이 행복을 얻기 위한 최고의 선택은 여성과의 결혼이고 여성의 경우는 폭넓은 교우 관계라고 한다. 확실한 결론은, 여성 집단이 옥시토신을 늘려준다는 것이다.

이제 우리는 사랑이 생물학적으로 어떠한지 알고 있고, 오늘날 우리가 아는 일부일처제의 문화적 뿌리에 대해서도 이해하게 되었다. 그리고 우리는 아무 조건 없이 자유롭게, 장단점을 고려하여 안정적이고 안전한 일부일처 형태의 사랑을 선택한다. 이제 삶의 성공적 여정에 도움을 줄, 연구 결과에 근거한 도구들을 챙겨보자. "부부 사이의 사랑을 유지하기 위한 과학적 처방전"을 소개한다.

제대로 선택하는 법을 배우자

우리가 인생에서 내릴 수 있는 가장 중요한 선택 가운데 하나이자 우리의 행복에 가장 큰 영향을 미치는 일은 가족을 함께 꾸리고 싶은 파트너를 선택하는 일이다. 우리는 경력을 바꿀 수 있고, 새 직장을 찾을 수 있으며, 괜찮다 싶은 집으로 이사할 수 있다. 그러

212

나 아이들의 어머니 혹은 아버지를 바꿀 수는 없다. 그러므로 이 선택은 평생 함께한다. 그렇지만 이 선택 과정은 정서적 뇌가 처리하는데, 정서적 뇌는 이성적 뇌보다 7배 더 빠르게 작동하므로 배우자를 고를 때 완벽하게 신중한 선택을 내리기는 힘들다. 게다가 사랑에 빠지는 동안에는 사랑의 화학물질이 효과를 발휘하고 있어, 결정 능력이 완전히 고장 나고 때로는 우리에게 반드시 좋다고 할 수는 없는 선택을 내리고 만다.

무언가를 이해하면 그 대상으로부터 자유로워진다고 한다. 관심만 가져도 반은 간다. 새로 관계를 맺으면, 경고 신호를 확인하는 일이 중요하다. 상대가 당신이 다루기 어려운 기질이나 행동 패턴을 보이는지 주의해야 한다. 당신이 과거의 패턴을 반복하고 있지는 않은지 확인해야 한다. 혹시 공포 혹은 스트레스 때문에 관계를 맺게 되지는 않았는지 자문하라. 만일 의심이 생긴다면, 당신을 사랑하고 당신이 잘되기를 바라는 사람들에게 물어봐야 한다. 그들은 상황을 명확하게 볼 수 있다. 그들의 마음은 사랑의 화학물질로 넘쳐나지 않으니까.

상황을 계속 반추하는 태도, 즉 상황의 진전 없이 생각이나 행동을 반복하는 태도도 조심해야 한다. 오히려 관계에 방해가 될 수 있다. 만일 성장을 가로막는 관계를 반복하거나 유대 형성에 어려움을 겪고 있을 때, 특히 과거에 트라우마를 경험한 적 있다면 당신은 과거의 경험으로부터 마음을 치유해야 한다. 관계를 맺을 상대를 찾기 전에 부정적 조건화를 떨쳐내야 한다. 과거의 경험으로 인한 고통스러운 요인들로부터 자유를 얻게 되면 당신이 내린 선택과 당신의 사랑은 완전히 달라 보일 것이다.

이런 이성적 사고를 연습하는 한편, 선택에 관한 사랑의 수학 공식을 잊지 말자. 정서적 뇌는 믿고 싶지 않겠지만, '짝'을 찾을 가능성 혹은 모든 기준을 충족하는 상대를 만날 가능성은 1/562이다. 이 정도면, 우리가 백만장자가 되는 쪽이 10배 더 쉽다. 똑똑하고, 재미있고, 잘생기고, 현실적이고, 야망 있고, 연인으로 훌륭하고, 부모로서 모범적이고, 친절하고, 섬세하고, 당신과 관심사가 같은 완벽한 사람은 현실에 존재하지 않는다. 이런 특징은 10명에게 나누어져 있다. 가족 만들기, 튼튼한 기반 위에서 장기간 관계 맺기와 관련된 자질을 기준으로 파트너를 선택하는 쪽이 낫다. 이 같은 자질은 짧은 시간 폭풍처럼 몰아치는 관능적인 정사에서 중요한 자질과는 다르다. 많은 경우 가슴이 울렁거리거나 심장이 쿵쿵 뛰고, 첫 데이트에서 생식기에 자극이 오는 경험 같은 것은 없을 수도 있다. 이 같은 생리적 현상은 사랑 호르몬 옥시토신의 산물로, 처음 만난 사람과는 옥시토신을 생성하기까지 시간이 걸린다. 관계가 더 가까워져야 하고, 함께 시간을 보내야 한다. 경험을 공유하고, 친밀함을 느끼고, 서로 지지하고, 신뢰를 쌓아야 한다. 그러면 요술 지팡이를 휘두른 듯, 옥시토신이 혈류로 흘러들어와 가슴이 울렁거리고 혈압이 올라간다. 미래의 파트너 후보자가 별안간 더 아름답고 매력적이고 자극적으로 느껴지는 짜릿한 느낌이 똑같이 생겨난다. 비극은 우리가 흔히 옥시토신에 기회를 잘 안 준다는 것이다.

여러 가지 선택지는 우리를 미치게 한다. 주어진 선택지 하나를 얼른 왼쪽으로 밀어 제외한 다음, 또 다른 선택지를 확인한다. 옥시토신이 없으면 사랑이라는 마법은 일어나지 않는다는 사실을 기억하는 것이 중요하다. 그렇기에 디지털 세계는 타인과 유대를 맺는 인간의 능력에 치명적이다. 잡음 같은 자극들을 잔뜩 던져주면서 옥시토신 수치를 낮추기 때문이다. 그러므로 온라인 데이트 무대에서는 냉정을 잃지 말고 현명하게 행동하는 것이 중요하다. 테크업계의 수익 모델은 사용자의 장기적 관계 성공이 아니라, 앱에 많은 시간을 쓰게 하는 것임을 기억하라. 또, 데이트 앱은 뇌의 도파민 보상 시스템을 미치게 한다는 점에서 사실상 (앞서 살펴본) 스키너 상자와도 같다는 점을 상기하고 싶다. 시간이 지나면 감각이 무뎌지는 가운데 부정적 편견이 증가한다. 실망스러운 데이트를 하거나 바람을 맞은 후에 상대를 지나치게 걸러내고, 신랄하게 평가하고 비난하는 모습을 보면 알 수 있다. 그러므로 데이팅 앱에서 쓰는 시간에 제한을 두고, 때마다 휴식을 취하고, 친구들과 시간을 더 보내고, 오프라인에서의 만남을 주도하라. 눈 맞춤을 대체할 행위는 존재하지 않으며, 천연 옥시토신을 대체할 물질 또한 존재하지 않는다는 사실을 우리는 안다.

파트너 탐색을 그만둘 시기와 관련하여, 사랑의 수학에서 기억해 둘 만한 또 다른 통찰은 최적화이다. 평생 만날 수 있는 파트너 후보 가운데 37퍼센트와 데이트했다면, 28세(남자의 경우 30세) 이후에 이전보다 괜찮은 사람이 처음으로 나타나면 그 사람에게 정착해도 좋다. 결정을 너무 오래 끌어봐야 의미 없다. 가능성은 끝이 없고, 적어도 자궁의 생체 시계를 고려하면 서른 살이 새로운 스무 살이 될 수는 없기 때문이다. 28세에서 30세 사이가 좋은 이유는 전전두엽 피질이 완전히 성숙하고, 합리적 사고의 틀이 잡힌 시기라서 그렇다. 앞서 언급했듯, 여성의 경우 전전두엽 피질은 남성보다 2년에서 4년 정도 빨리 자란다. 그러므로 여성이 때로 남성이 덜 성숙했다고 느끼는 상황도, 뇌 연구에 어느 정도 근거가 존재한다.

우리가 흔히 다른 존재에 끌리긴 해도, 결국에는 친숙한 존재 곁에 머물게 된다는 연구 결과 또한 기억할 가치가 있다. 유전자는 유전적 다양성을 추구하기에 우리는 성격이나 출신 문화가 다른 사람에게 끌릴 수 있다. 그렇지만 연구에 따르면 성격적 특성이 닮고 고향과 배경이 비슷할수록, 시간이 지나도 함께할 가능성이 크다고 한다. 그 논리는 다음과 같다. 결국에 삶은 어려운 일의 연속이자 대립의 여정인데, 사람들이 위기를 다루고 문제를 해결하고 결정을 내리는 방식이 비슷할수록, 상대적으로 갈등을 덜 겪는다는 것이다. 따지고 보면 우리는 우리 자신과 가장 잘 지내며 우리 자신을 가장 잘 이해한다. 아마도 진화는 다양성을 원하겠지만, 마음은 친숙한 대상 곁에 머무르는 쪽을 원한다. 때로 강한 불꽃 같은 열정은 불이 붙은 속도만큼 빨리 꺼지는 한편, 벽돌을 한 장씩 올리듯 천천히 쌓아 올린 관계는 오래도록 이어진다.[147]

사랑을 나누며 옥시토신이 풍부한 지속적 관계를 맺는 법

우리가 짝을 찾는다면, 혹은 적어도 전에 만난 사람보다 더 좋은 상대를 찾는다면, 이제 생물학과 뇌 배선이 우리와 맞서는 현실을 깨달을 때다. 우리의 유전자는 인생을 위한 사랑을 장려하는 것이 아니라, 다양성에 끌리는 방향을 장려한다. 진화한 사회적 포유류로서, 우리 인간이 평생 일부일처 관계를 맺기 어려운 진화적 이유는 충분하다. 자원이 풍부한 환경이면, 일부일처가 유전자의 생존에 유의미한 이득을 준다고 볼 수 없기 때문이다. 그러므로 반지를 교환하고 혼인을 신고하고 가족과 친구 앞에서 서약하는 일 모두 아주 훌륭하나, 사랑이 승리를 거둔다는 보장은 없다. 성적 포화 효과, 즉 쿨리지 효과가 조만간 나타나고 흥분은 사그라들 것이다. 그것으로 충분하지 않다면, 임신과 출산과 육아 또한 부부 관계의 성욕에 특별히 친화적인 사건이 아니다.

그렇다면 무엇을 할 수 있을까?

이런 조건에서 사랑을 유지하려면, 옥시토신이 풍부한 관계를 만들어야 하고 사랑의 재료를 만드는 일을 잠시라도 포기하지 말아야 한다. 바일란 대학의 루스 펠드먼Ruth Feldman 교수는 새로 커플이 된 두 사람을 1년에 걸쳐 관찰하면서, 혈중 옥시토신의 농도를 주기적으로 측정했다. 실험 참가자들은 파트너의 사진 혹은 영상을 볼 때 옥시토신의 농도가 증가했다. 파트너에 대해 생각하거나 그들의 이미지를 보면 즉각 혈액에 옥시토신의 방출이 일어난다. 물론, 계속 사랑하는 상황이면 그러하다. 펠드먼의 연구에 따르면, 옥시토신 농도가 6개월 동안 계속 높은 수준을 유지한 커플의 경우 한 해가 끝나도 함께할 가능성이 더 큰 한편 파트너의 사진을 볼 때 옥시토신 농도가 낮았던 커플의 경우 헤어질 가능성이 더 컸다.148)

옥시토신은 동반자 관계를 구성하는 재료이다. 파트너의 사진을 보고 어떤 정서가 생겨나는지 살펴보는 것도 좋은 방법이다. 애정과 따뜻함 같은 긍정적 감정이 느껴진다면 당연히 사랑이 있다는 신호이나 스트레스, 압박감 혹은 괴로움 같은 부정적 감정이 생긴다면 상담을 받거나 심지어 헤어짐을 고려할 때일 수 있다. 정서는 우리의 행동을 이끈다. 만일 상대에게 부정적 정서를 느낀다면, 관계가 악화할 수 있으며 우리는 서로 불행한 상태로 지낼 이유가 없다.

사랑 호르몬 옥시토신은 우리를 서로 이어주고 낯선 사람들을 연인으로 만든다. 사랑에 빠진 단계는 앞서 언급했듯 6개월에서 2년까지 지속될 수 있으나 평균 1년이다. 이 단계가 끝나면 갈림길이 나타난다. 흥분이 줄고 거리가 생겨 헤어지거나 우정과 신뢰에 근거한 안정적 유대를 형성하는 것이다. 현실에서 진정한 우정과 신뢰에 근거한 안정적 관계를 유지하려면, 가슴 속 울렁거림이 잦아들고 걱정과 의무가 쌓여도 옥시토신 생성을 잠시라도 놓아버리면 안 된다. 옥시토신은 서로를 붙여 관계를 만들어 주는 일종의 접착제로, 이것이 없으면 유대가 떨어져 나가고 당신들은 잘 모르는 사이로 돌아갈 것이다. 당신들은 원래 가족이 아니었다. 즉 유전자를 공유하지 않으며 유년 시절 이래로 같이 성장하지도 않았으니, 당신들의 관계는 함께 살면서 생산한 사랑 호르몬에 더 많이 의존하고 있다.

혈중 옥시토신의 수명은 6분밖에 안 되니, 이를 보존하는 데 도움이 될 처방전은 다음과 같다.

파트너의 눈을 적어도 30초 동안 지그시 응시하기

이야기를 나눌 때, 옷을 벗고 있을 때, 섹스할 때, 파트너가 어떤 느낌인지 알고 싶을 때 이렇게 하라. 눈은 정서적 뇌의 창으로, 눈을 들여다보는 행위는 옥시토신의 즉각적 방출을 유도하며 진정 시스템인 미주 신경을 활성화한다. 눈 맞춤은 공감 증진, 서로의 뇌파 동기화, 친밀감에 중요하다.

손잡기

손을 잡으면 옥시토신이 방출되어 그 결과 호흡수와 심장 박동,

뇌 활동 패턴이 통증 감소 및 완화에 일조하는 방향으로 조정된다. 특히 둘 중 한쪽이 스트레스를 받거나 괴로운 상황이면 손을 잡아 보라. 손깍지를 추천하는데, 열정과 서로를 향한 끌림을 가장 잘 보여주는 모양이다. 안정된 느낌으로 손을 잡을 수 없다면, 관계가 나쁘다는 강력한 신호이다. 그 이유가 될 만한 것들을 진지하게 확인해 보라.

스킨십, 포옹, 애무를 넉넉하게

서로의 머리카락과 얼굴, 손, 팔, 어깨를 어루만져보라. 이야기를 나눌 때, 상대를 만날 때나 밥을 같이 먹을 때, 탁자에서 자연스럽게 일어날 때도 그렇고, 하루의 끝에 침대로 갈 때도 꼭 그래야한다. 긴장을 완화하고 관계를 강화하면서 아울러 관계에 대한 자신감을 키우는 포옹의 힘은 아무리 강조해도 지나치지 않다. 개나고양이가 토닥임을 필요로 할 때 우리가 기꺼이 손을 뻗듯, 인간 또한 어루만짐이 필요하다. 포옹은 그만큼 중요하다. 아침과 저녁, 적어도 20초 동안의 포옹을 추천한다. 옥시토신은 우리가 아기였을 때처럼 한참 포옹하면 방출된다. 포옹은 존재에 대한 긍정적 감정(누가 나를 지지한다), 편안함, 안전함, 서로 주고받는 기분을 느끼게 해준다. 정신 건강과 신체 건강에 좋으며, 미주 신경(긴장 완화 담당)을 활성화하고 유대를 강화한다.

함께 미소 짓고 웃기

미소를 지으면, 입과 귀의 주변 근육이 활동하면서 뇌에 세로토닌을 방출하라는 신호를 보낸다. 세로토닌은 기분을 좋게 해주고 긴장을 풀어준다. 미소와 웃음은 거울 뉴런 또한 활성화하여, 당신의 파트너가 스트레스를 받거나 화가 난 상황이라도 자동으로 미소 짓고 웃게 할 것이다. 긴장을 풀고 싸움을 끝내는 일에 미소와 웃음만큼 좋은 것도 없다. 또한, 우리는 우리를 미소 짓고 웃게 하는 사람과 더 많은 유대를 쌓게 되는데 웃음은 옥시토신을 방출하며 뇌의 기억 담당 영역의 활동을 30퍼센트까지 끌어올리기 때문이다.[149]

하루에 다섯 번 칭찬하기

칭찬은 옥시토신의 방출을 촉진한다. 기적처럼 관계를 개선하고, 친밀감과 관대함을 느끼게 한다. 우리는 모두 칭찬을, 특히 파트너가 해주는 칭찬을 원한다. 비판적인 말을 꺼낼 때마다 칭찬과 긍정적인 말을 다섯 번 해서 비율을 맞추는 일이 중요하다. 예를 들면 "당신을 보게 되어 기뻐요", "고마워요", "멋져 보이네요", "당신이 해준 일 혹은 말 덕분에 나는 편안하고 행복했어요" 같은 말이 있다. 우리에겐 좋은 일 대신 나쁜 일에 신경 쓰는 타고난 부정적 성향이 있기에 칭찬과 친절한 말의 중요성을 기억할 필요가 있다.

적어도 하루에 한 번 대화를 나누고 상대의 말 경청하기

누구나 상대의 판단과 조언 없이 온전하게 공감하는 태도로 받아들여질 필요가 있다. 우리의 말을 들어주는 사람, 우리가 어떤 일을 겪고 있는지 알아줄 사람은 우리와 유대를 맺고 있는 사람이다. 진심으로 공감하는 대화를 나누는 동안 옥시토신이 나오기 때문이다. 우리가 어떤 일을 겪고 있는지 정기적으로 공유하고 상대의 말을 경청한다면, 좋은 친구가 될 것이고 성욕 또한 증가할 것이다.

특히 여성의 경우, 솔직하게 약점을 드러내고 공감해주는 모습에서 친밀감이 형성된다. 여성의 성적 흥분은 뇌의 의사소통 및 정서의 중추를 통과한다. 정서적이고 공감 어린 대화를 나누는 동안 방출된 옥시토신은 생식기도 자극한다. 사랑 호르몬은 오르가슴 호르몬이고, 오르가슴에 도달하려면 당신은 정서적 중추를 통과해야 하고 옥시토신의 방출을 자극해야 한다. 우리가 솔직하게 약한 모습을 드러낸다면 상대방 또한 그렇게 자신을 내려놓도록 장려하는 일이 되고, 강한 친밀감이 생겨난다.

그렇지만 우리가 겪는 일을 진실하게 공유할 수 없는 느낌이 든다면, 심지어 경험을 숨기기까지 한다면 관계가 나쁘다는 신호일 수 있다. 물론 친밀감과 섹스에도 문제가 될 것이다. 이것들을 분리하기란 불가능하다. 그래서 경청 연습이 중요한데, 특히 지금이 부주의의 시대라서 그렇다. 파트너에게 기분이 어떤지, 어떤 일을 겪고 있는지, 그날이 어땠는지 물어보라. 상대에게 온전히 집중하고, 눈을 맞추고, 상대가 하는 말에 관심을 기울이고, 고개를 끄덕이며 짤막하게 말해보라. 판단도 비판도 하지 말고, 조언도 주지 말라. 경청은 동의가 아니다. 당신은 상대의 말에 동의하지 않아도 경청할 수 있다. 우리 각각의 내면에는 아주 정서적인 세계가 있는데, 이 세계에 파트너가 꼭 포함되어 있지는 않다. 우리가 혼자 이런저런 일을 겪다 보면 보통 기분이 안 좋아지고 죄책감, 자책감, 좌절감을 짐처럼 짊어지게 된다. 파트너에게 우리 내면의 정서적 세계를 살짝 보여준다면, 유대와 애착이 더 깊어질 것이다. 물론 크게 소리 낼 필요 없이, 정서로 소통하는 형식의 대화면 된다. 큰 소리로 말을 계속하면 우리가 아직 살피지 못한, 끝없이 이어지는 '해야 할 일' 목록을 환기하기 때문에

스트레스 호르몬 코르티솔이 늘어난다.

함께 음악 듣고 춤추기

음악은 옥시토신의 방출을 유도하므로, 함께 음악을 즐기면 유대가 형성된다. 특히 두 사람 모두 좋아하는 음악, 즐거운 기억을 환기하는 음악이면 그렇다. 옥시토신의 방출을 가장 많이 유도하는 음악은 어린 시절, 방출되는 옥시토신의 수치가 가장 높은 16세 무렵에 들은 음악이다. 10대 시절의 음악을 듣는 일에다, 춤을 추는 일도 중요하다. 춤을 추면 우리는 눈을 맞추고, 음악에 따라 몸을 움직이며 서로에게 가 닿는다. 뇌는 대량의 옥시토신을 보내고, 우리의 움직임은 하나로 동기화된다. 커플이 춤을 출 때, 이들은 말없이 서로 이어진다. 긴장이 완화되고 따뜻함과 사랑으로 가득한 관계가 만들어진다. 신체의 동기화는 마음의 동기화에도 영향을 줄 것이다. 춤 수업은 신혼부부에게 큰 선물이다.

자신의 사랑 언어와 파트너의 사랑 언어 배우기

우리는 사용하는 사랑의 언어가 저마다 다르다. 사랑의 언어는, 양육자가 빚어낸 언어이다. 사랑의 언어는 그 패턴이 편안하고 자연스럽게 느껴진다는 점에서 모국어와 비슷한데, 부모가 준 자극으로부터 형성된다. 우리가 부모로부터 옥시토신을 수용한 일반적 형식에서 사랑의 언어가 탄생했다. 사람마다 주요 언어가 있고, 보조 언어가 있다. 베스트셀러 작가 게리 채프먼Gary Chapman에 따르면, 사랑의 언어는 다섯 가지다. 인정의 말, 스킨십, 함께하는 시간, 도움 행위, 선물 주기.150) 장기간의 행복한 관계를 위해, 우리가 쓰는 주요 사랑의 언어를 알아야 하고 또 파트너가 쓰는 주요 사랑의 언어도 알아야 한다. 파트너는 우리와는 다른 환경에서 자랐고, 사랑의 자극 또한 다르게 경험했으며, 그 혹은 그녀의 마음은 아마 우리와는 아주 다른 모습으로 만들어졌을 것이다. 우리가 양육자에게 사랑받은 방식이, 흔히 우리가 사랑을 표현하고 사랑받기를 기대하는 방식을 형성한다.

• **인정의 말** : 애정과 사랑이 담긴 말, 지지의 말을 듣거나 상대가 자기 말을 경청하고 공감해주고 격려를 전할 때 사랑을 느끼는 사람들이 있다. 이들은, 파트너의 사랑을 확신하기 위해 긍정의 말을 듣는 일이 중요하다.

• **스킨십** : 스킨십에서 사랑받는다고 느끼는 사람들이 있다. 키스, 포옹, 애무, 손잡기 등 모든 접촉이 이들에겐 사랑의 표현이자 이들이 사랑을 드러내는 방법이다.

• **함께하는 시간** : 이런 유형은 함께 좋은 시간을 보낼 때, 상대가 시간을 할애해 주고 어떤 일을 겪고 있는지 경청해줄 때 사랑을 느낀다. 핵심은 무언가를 함께 하는 것이다.

• **서비스 행위** : 이런 유형은 뭔가를 해주거나 도움을 줄 때 사랑을 느낀다. 차를 차고에 가져가는 일, 설거지, 요리, 빨래 등. 그들이 우리를 위해 어떤 일이든 서비스해주는 것은 사랑의 표현이다.

• **선물의 언어** : 이런 유형은 선물을 받을 때 사랑받는다고 느낀다. 어떤 종류의 선물이든, 핵심은 주는 사람이 선물에 대해 생각하고 마음을 표현했다는 점이다. 또, 이런 유형은 같은 방식으로, 선물을 만들거나 사서 주면서 사랑을 표현한다.

적절한 사랑 언어를 알고 사용하면, 건강한 의사소통이 가능하다. 파트너가 완전히 다른 것을 찾고 있는데 우리가 우리만의 타고난 사랑 언어로 소통을 고집하는 상황이라면, 오해가 생길 수 있고 속도 상할 것이다. 양쪽 다 큰 좌절감을 느낄 수 있다. 때로는 좋은 관계를 유지하기 위해 사랑의 언어를 협상해야 한다. 이 점을 기억해두는 것이 좋다. 우리 뇌에서 가장 강력한 편견 가운데 하나가 '자기 편향'으로, 우리는 타인이 우리와 같다고 확신한다. 우리처럼 생각하고, 반응하고, 우리와 같은 것을 필요로 하고, 같은 세계관을 가지고 있다고 생각한다.

함께 짜릿한 활동 경험하기

함께 히말라야산맥을 여행하든, 스카이다이빙을 하든, 놀이공원을 가든, 번지점프를 하든 파트너와 함께 아드레날린(짜릿함과 생존의 호르몬) 농도를 올려주는 활동을 하라. 우리가 겁을 먹거나 흥분하면 아드레날린이 솟구치는데, 이는 뇌의 기억 부위에 영향을 준다. 그리고 두려움을 느낄 때 분비되는 옥시토신과 결합하면, 두 사람 모두의 기분을 좋게 해주는 긍정적 기억을 생성한다. 흥분과 두려움을 함께한 경험은 관계의 유대 강화에 도움이 된다.151)

낭만적 식사와 추억 나누기

일주일에 한 번씩 고기(지나치지 않게), 물고기, 해산물, 초콜릿, 칠리, 딸기, 아몬드, 호박씨, 수박, 꿀 같은 성욕을 늘려주는 음식을 먹으며 낭만적 식사를 하라. 고지방을 함유한 패스트푸드는 성욕에 해롭다. 스트레스를 받을 수도 있으니, 식사 중이나 그 후에 하루 동안 겪은 일이며 아이들에 관한 이야기는 피하라. 같이 다닌 여행이나 처음에 사귈 때 겪은 사건들을 회상하며 오랜 추억을 함께 나누면, 옥시토신을 자극하게 된다. 옛날 사진이나 영상을 보는 일 또한 기억을 공유하는 좋은 방법이다.

매주 마음을 터놓고 대화하기

많은 경우 우리의 대화는 누가 무엇을 언제 어떻게 왜 했는지를 나누는 업데이트 형식이다. 이 같은 유형의 의사소통은 사람 사이의 거리를 더 좁혀주지 않으며, 심지어 긴장을 유발할 수 있다. 감정과 생각, 정말 중요한 것들에 관해 이야기하는 정서 중심의 대화가 서로를 훨씬 더 잘 이어준다. 때때로 당신이 어떻게 사는지 무엇이 우선인지 깊고 의미 있게 진심이 우러나는 대화를 하라. 호기심과 흥미를 끄는 일에 관해 솔직하게 말하라. 2장에서 아서 아론 교수의 질문 목록을 살펴본 바 있다. 잘 모르는 사람들끼리 서로를 알아가고 사랑에 빠지도록 고안한 36가지 질문은 우리에게 동기를 부여하는 것, 우리 부모님과의 관계, 좋은 기억과 나쁜 기억, 우리가 가장 소중하게 생각하는 것, 우리의 꿈에 대한 것이다. 물론, 응답자의 옥시토신 생성을 촉진하는 질문이다. 파트너와 다시 사랑에 빠지려면, 판에 박힌 끝없는 잡담 말고 이 같은 의미 있는 대화를 때때로 나누는 일이 중요하다.

한 달에 21번의 오르가슴을

고농도의 사랑 호르몬은 오르가슴 때 방출된다. 그렇기에 오르가슴의 빈도가 관계의 강도에 직접 영향을 미칠 수 있는 것이다. 우리는 생식을 하도록 고안된 생명체이고, 노력하면 뇌는 보상을 받는다. 앞서 언급한 대로 오르가슴 동안, 뇌의 즐거움과 보상 시스템(도파민) 및 애착 및 사랑 시스템(옥시토신) 사이에 연결이 생긴다. 뇌는 우리가 사랑하는 사람을 보거나 그 냄새를 맡거나 목소리를 들을 때, 상대와 즐거움을 연합하고 도파민을 생성한다. 남성의 경우 추천하는 오르가슴의 횟수는 매달 21번이라고 앞서 설명했는데, 남성의 생식 기관 구조 때문이다. 남성이 여성보다 섹스에 대해 생각하는 빈도가 5배 더 많기도 하다. 많은 남성이 자신들의 주요 사랑 언어는 스킨십이라고 말할 것이다. 관계에서 공감이란, 우리가 파트너와 똑같이 만들어진 존재가 아니며 서로의 욕구와 욕망이 다르다는 점을 안다는 의미이기도 하다. 관계의 긴장은 두 사람의 성적 욕구가 양립하지 못해서 생길 때가 많다. 그러므로 이 부분을 건너뛰지 말고 대화를 나누는 일이 중요하다. 우리의 성에 관한 대화, 우리가 무엇을 좋아하고 무엇을 좋아하지 않는지, 우리에게 무엇이 좋은지에 관한 대화는 중요하다. 또한 파트너 중 한 명을 화나게 하고 성관계에 해를 끼치는 일이 있다면 도움을 요청하라.

함께하는 시간 동안 휴대전화 치우기

지금은 옥시토신이 난세를 만난 세상이다. 일상에 스며든 스마트폰과 앱은 21세기형 스키너 상자로, 메시지에 대답하고 알림을 확인하고 이메일에 답하느라 뇌는 쉴 틈이 없다. 그렇게 우리가 관심을 유지하는 시간이 적어지고, 파트너와의 눈 맞춤도 줄고, 스트레스가 늘어난다. 어떤 관계에나 아주 치명적이다. 연구에 따르면, 커플이 같이 있을 때 한쪽이 전화를 붙들고 있으면 헤어질 가능성이

30퍼센트까지 증가한다. 휴대전화의 사용은 옥시토신을 줄이고 불화를 더한다.152)

매사추세츠 공과대학의 셰리 터클Sherry Turkle 교수는 결혼에 해가 되는 일상적 상황을 연구한다. '딴청 효과elsewhere effect'라고 부르는 이 상황은 함께 있어도 혼자 있는 상태로 파트너 사이에도, 자식과의 관계에도 해롭다. 우리는 거실이나 식당 혹은 침대에서 함께 있으면서도 각자 휴대전화에 몰두한다. 터클에 따르면 이 같은 '딴청 시간' 동안 두 사람 모두 엔도르핀과 옥시토신이 감소한다.153) 앞서 2018년 이스라엘에서 진행된 가족의 날 기념 연구에서, 이스라엘 커플 1/3이 왓츠앱을 통해서만 의사소통을 한다는 결과가 나온 바 있다. 왓츠앱에서 이모지를 받을 때 혈중 옥시토신 농도는 늘어나긴 하나 그 정도가 미미하다. 관계에 위험이 도사리고 있는 것이다. 디지털 시대의 우리는, 관계에 옥시토신의 흐름이 부족할 때 생길 심각한 결과를 인식할 필요가 있다.

친구 관계 확장하기

주변 커플들과 친구가 되어라. 공통의 지인들이 있는 커플은 관계가 튼튼하다. 식사며 바깥 활동, 경험을 공유한 커플들은 두 사람의 관계 강화에 일조할 수 있다. 우리는 파트너와의 활동 말고도 다양한 사교 활동이 필요한 사회적 존재이고, 거기다 다른 커플들과 같이 있으면 그들의 관계에 비춰 우리의 관계를 점검할 수 있다. 주변 커플에 관한 대화는 우리 자신이나 우리가 맺은 관계에 도움을 줄 수 있는데, 이런 식의 도움은 다른 식으로는 받기 어렵다.154)

사랑 호르몬은 장기적 관계를 유지하기 위한 핵심 요소이다. 일상에 빠져 관계를 등한시하다가, 서로 눈치도 채지 못한 채 아주 쉽게 멀어질 수 있다. 사랑에 빠지는 사건이 요란하고 격렬한 화학적 폭풍 속에서 일어난다면, 이별은 흔히 느리고 조용히 진행된다. 사랑의 반대는 미움이 아니라 무관심이다. 파트너의 모습과 목소리와 감촉과 냄새가 더 이상 아무것도 환기하지 않을 때, 어떤 전기적 자극도 주지 않고 화학적 반응도 끌어내지 못할 때, 사랑이 말라버렸다는 신호일 수 있다. 이런 결과를 피하려면 관계에, 사랑 호르몬의 지속적 생성에 투자해야 한다.

일상에서 사랑 만들기

관계를 다지려면, 일상에서 다음의 행동을 함께 해보라.

- 산책하러 가서 깨끗한 공기 마시기
- 푸른 초목 사이로 흘러드는 햇빛 속에서 오래 머물기
- 개나 고양이 키우기
- 친구들과 시간을 보내고, 그들이 당신에게 얼마나 큰 의미가 있는지 이야기하기
- 사랑하는 사람과 서로 칭찬을 주고받기
- 좋아하는 음악을 튼 다음 눈을 감고 음악 청취하기
- 16세 때 듣던 음악을 틀어놓고 함께 혹은 혼자 춤추기
- 사랑하는 사람과 신체 활동을 함께하기
- 배가 아프도록 웃기
- 사랑하는 사람과 같이 앉아 상대의 눈을 바라보고 손을 잡고 서로 칭찬을 세 번씩 해주기
- 천천히 부드럽게 사랑을 나누며, 스스로 기쁨을 얻고 감정을

느껴보기

- 돼지고기, 아보카도, 수박, 바나나, 시금치, 녹차, 아몬드, 호박씨 같은 옥시토신 생성을 늘리는 음식으로 영양이 풍부한 식사를 준비하기

쿨리지 효과를 극복하고 성적 흥분을 유지하는 법

여러 번의 오르가슴은 옥시토신 생성 및 내밀한 관계에 중요하나 단점도 있다. 쿨리지 효과, 즉 성적 포화 효과의 시작이 빨라진다는 것이다. 쥐를 대상으로 한 실험이 보여주듯, 똑같은 자극은 시간이 지나면 내성과 지루함을 부른다. 수년 동안 똑같은 파트너와 성관계를 맺으면 오르가슴을 위해 더 많은 자극이 필요하다. 쿨리지 효과는 현실이고, 우리는 이를 바꿀 수 없다. 어떤 새로운 자극이든 우리가 오랫동안 알고 지낸 존재보다 더 흥미롭고 짜릿할 것이다. 진화는 유전적 다양성을 장려하는 방향으로 뇌 배선을 만들었다.

그러므로 우리는 유전자에 갇힌 죄수 신세이고, 쿨리지 효과 때문에 모든 관계는 실패할 운명일까? 동의하지 않는다. 우리는 쥐도 아니고 침팬지도 아니다. 발달한 전전두엽 피질 덕분에, 우리 인류는 사물을 존재하는 그대로 볼 수 있고 우리 자신에 관해 탐색하고 배워나갈 수 있다. 그리고 이 지식을 도구 삼아, 할 일을 선택할 수 있다. 우리 뇌의 배선에 대해 안다면, 우리 내면의 금기로 인한 죄책감과 수치심에서 벗어날 수 있다고 생각한다. 죄책감과 수치심은 관계를 무너뜨린다. 어떤 커플이든 시간이 지나면 성적 매력도 흥

분도 줄어드는데, 우리의 생물학이 원래 그렇게 만들어져 있어 생기는 아주 자연스럽고 정상적인 현상이다. 우리가 이 사실을 받아들인다면, 책임 소재를 바로 따질 일도 없고 우리 파트너가 사실은 우리와 맞지 않는다고 자동으로 결론을 내릴 일도 없을 것이다. 우리를 타인의 품으로 떠미는 인간의 성 생물학을 이해한다면 족쇄에서 해방되어, 우리의 성과 성적 욕구를 진정 열린 마음으로 받아들일 수 있을 것이다.

우리는 여러 세대에 걸쳐 성을 숨기라고, 부끄러워하고 입에 올리지 말라고 배웠다. 이 같은 금기는 세대에서 세대로 전해진다. 이제 사랑과 섹스를 둘러싼 모든 경계를 해체하고 오해를 풀 때가 되었다. 있는 그대로의 우리 자신을 받아들여서, 더 건강하고 멋진 삶을 개발할 때가 되었다. 우리를 자극하여 스위치를 켜는 것은, 정치적 올바름을 담당하는 새로운 부위의 한참 아래쪽에 존재하는 선사시대 부위임을 이해하는 것이 중요하다. 무엇이 당신을 자극하고 스위치를 켜는지 파트너와 터놓고 진지한 대화를 나누어 보라. 관심이 간다면, 역할극, 흥미로운 성인용품, 신체 결박과 지배 게임 등 침실에서 다양한 도구들을 사용하라. 에로틱한 영화를 혼자 혹은 같이 시청하라. 장기간에 걸쳐 만족스러운 성생활을 유지해야 할 필요성은 언제나 명확하게 나타나지는 않으며 많은 투자가 필요하다.

앞서 살펴보았듯, 남성은 섹스를 더 많이 생각하며 흔히 여성보다 더 자주 성관계가 필요하다고 한다. 성적 욕구가 서로 너무 다르면, 수년간 좌절과 분노가 쌓일 수 있다. 터놓고 이야기를 하는 태도, 섹스 또한 유의미한 문제로서 우선시하는 태도가 중요하다. 우리가 논의하고 협상하는 다른 모든 문제만큼이나 의미가 있다. 침실에서 말해지지 않는 것들은 다툼, 질투, 쓰라림, 냉소의 모습을 하고 일상에 나타날 것이다. 둘 중 한 명이 매력 없는 존재라는 기분이 든다면, 심지어 상대에게 거부당하고 성적으로 밀려난다는 느낌에 사로잡힌다면, 이런 감정은 침실에만 갇혀 있지 않으며 관계에 큰 긴장을 부를 수 있다. 많은 다툼은 그 근원이 침실에 있다. 적어도 일주일에 한 번 섹스하면 관계의 행복도가 올라갈 것이다. 장기간 관계를 유지하는 사람들의 보고에 따르면 그렇다.

모순을 해결하는 방법은 무엇일까? 결국, 행복한 관계를 유지하려면 섹스를 많이 해야 하지만 오랜 시간 함께 하고 나면, 섹스하고 싶은 욕망이 쿨리지 효과로 줄어든다. 먼저 이런 현상이 근본적 모순임을 인식하자. 그리고 직장과 아이들이 있는 일상의 스트레스 목록에 이 문제가 추가된다면, 중대한 어려움에 맞닥뜨리게 될 것이다. 내 생각에, 이 모순은 이별의 주요 원인 가운데 하나다. 욕망은 시간이 지나면 감소하고, 우리는 수없이 변명하며, 서로의 거리가 서서히 멀어지고 또 멀어져 정서적 친밀함이 줄어든다.

해결책은 무엇일까? 해결책은, 커플이 공유하는 다른 모든 관심사처럼 성생활 또한 관계의 중심에 두는 것이다. 섹스는 우선 사항에서 맨 뒤로 밀려나, 하루의 끝에 시간과 에너지가 남아 있을 때만 허용되는 편이다. 우리는 이에 대해 논의하지 않으며 더는 옥시토신 생활을 하지 않는다. 몇 주 동안, 심지어 몇 달 동안 침실에서 아무 일도 일어나지 않는다면 집의 배관에서 물이 심각하게 새는 상황과 다르지 않다. 누수가 일어나면 결국 토대가 무너질 것이다. 파이프에 물이 샐 때 그냥 두는 일은 없을 것이다. 우리는 집을 보호하기 위해 조치할 것이다. 그렇다면 왜 우리는 성생활을 소홀하게 다룰까?

여러 가지 이유가 있을 수 있는데, 이유마다 관심과 주의가 필요하다. 만일 욕망의 부재가 분노와 부정적 정서의 축적에서 비롯되었다면, 긍정적 정서를 만들지 않는 한 분노와 부정적 정서는 사라지지 않을 것이고 심해지기만 할 것이다. 너무 늦기 전에 분노를 허물고 장애물이 무엇인지 논의해야 한다. 우리의 욕구에 관해 이야기하고 도움을 구해야 한다. 상담으로 도움을 보지 않을 커플은 세상에 없을 것이다. 관계 상담이 기본 건강검진에 포함된다면, 성인과 아동 집단 모두 신체 질환과 정신 질환이 유의미하게 줄어들 것이라고 본다.

욕망이 부재한 원인이, 해결 안 된 상호적 분노가 아니라 스트레스와 결합한 쿨리지 효과일 수 있다. 스트레스 호르몬 코르티솔은 성욕의 유의미한 감소를 유발하고, 이는 악순환으로 진행된다. 스트레스를 받으면 욕망이 줄고, 더는 상대와 접촉하거나 사랑을 나누고 싶은 마음이 없고, 그래서 옥시토신이 덜 생성되어 더 많은 스트레스를 받게 되고… 그렇게 꼬리에 꼬리를 물고 이어진다.

그러므로 힘든 직장 일이나 육아 때문에 기분이 뒤죽박죽이고 지쳐 있다면 우리 자신에 다시 집중하는 일이 중요하다. 긴장을 풀고, 짐을 좀 내려놓고, 휴식을 취하고, 작업에 도움을 요청하고, 일을 다른 사람에게 맡기고, 우리 자신을 위한 시간을 만들고, 휴대전화를 끄고, 반사요법이나 마사지나 침술 등 스트레스 완화 처치를 받는 등 방법을 찾아야 한다. 자연으로 나가서 신체 활동을 하고 즐겁게 음악을 들어보라. 정서적 건강을 잃지 말아야 사랑할 여유가 생긴다.

스트레스와 쿨리지 효과가 결합하면 어떤 관계든 무너뜨릴 수 있다. 성욕은 신체 내 화학물질의 흐름에 따라 시시각각 변하며 우리를 순간적으로 속이는 감정이다. 번개가 치듯 에로틱한 짜릿함이 우릴 덮쳐 와 (예전처럼) 주방 조리대에서 사랑을 나누고픈 충동이 별안간 생겨나길 기다릴 수도 있지만, 간단히 말해 그런 일은 일어나지 않을 것이다. 욕망의 자극을 위해 선제적으로 나서야 할 수도 있다. 엔진을 예열하듯 섹스 관련 화학물질의 생성을 위해 행동하는 것이다. 부드러운(혹은 힘이 들어간) 스킨십, (오늘날에는 아주 폭넓게 활용 가능한) 성인용품, 섹스 비디오, 따뜻하게 녹아드는 메시지, 야한 음악 등을 활용하면, 뇌의 성적 부위가 깨어난다. 몸을 움직여 엔도르핀과 세로토닌, 테스토스테론, 옥시토신, 페닐에틸아민, 도파민이 뇌에 바로 작용하는 시간을 누리자. 곧 우리는 안정을 찾고, 친밀감을 느끼며 잠들 것이다.

삽입이 꼭 필요하지는 않으며 오르가슴 또한 마찬가지라는 점을 아는 것이 중요하다. 인간의 성은 폭넓고 매혹적인 지식의 장이다. 탄트라의 수행법을 비롯한 여러 사랑의 기술은 커플의 성생활을 증진하고, 옥시토신이 충만하고 만족스러운 정서적 관계에 도달하게 해줄 경이로운 도구이다.155) 오늘날에는 화상 수업을 통해 멋진 기술들을 침대에서 배울 수도 있다. 사랑을 나누는 방법을 배운 적 없고 자신의 성에 대해 잘 알지 못한다면, 지금이 기회이다. 좋아하는 것은 무엇이든 함께 해보라. 핵심은 침실에서의 옥시토신 생성이다. 스트레스와 쿨리지 효과에 승리를 넘기지 말라.

성생활과 사랑을 우선순위에 두는 것도 중요하지만, 각자의 공간에서 따로 활동하는 것도 중요하다. 쿨리지 효과를 입증한 최초의 쥐 실험에서 연구진은 수컷과 암컷을 일주일 동안 분리했다. 그러자 동물들은 서로를 처음 만난 사이처럼 대했고, 오르가슴에 빨리 도달했다. 즉, 우리 뇌는 때로 휴식과 거리 두기가 필요하다. 갈망을 위해서는, 흥분에 일종의 재시동을 걸어 줄 시간이 필요하다. 건강한 관계의 핵심에는 "함께 또 따로"라는 진언이 있다. 함께 움직이고 사랑을 나누면서도, 각자의 독립성과 욕망과 야심과 독자성을 누려야 한다. 혼자든 친구와 함께하든 서로 떨어져서 활동하기, 자기만의 취미를 유지하고 개인적 교우 관계를 누리기가 중요하다.

흥미롭게도 유대교의 '니다Niddah' 기간 또한 이 같은 통찰을 제시한다. '니다'는 월경부터 배란기까지의 시간을 가리키는데, 이 시간 동안 부부는 성적 접촉을 피한다. 이렇게 거리 두기를 하면, 쿨리지 효과가 감소하고 파트너에게 다시 새로운 성적 흥분을 느낄 수 있다. '두 번째'를 즐기는 커플, 즉 무너진 동반자 관계의 잔해 속에서 새 관계를 일군 커플을 대상으로 한 연구 결과를 봐도 비슷하다. 동거하지 않기로 결심한 커플이 처음의 열정을 오래 유지한다는 것이다. 생물학적으로 설명하자면, 파트너가 주는 자극에 적당히 노출된 결과 상대를 갈망하게 된다. 자극에 많이 노출되고, 함께하는 시간이 길수록 쿨리지 효과가 더 빨리 일어날 것이다.156)

그렇지만 소위 두 번째 결혼은 평균 유지 기간이 2년 정도로 헤어질 가능성이 70퍼센트이다. 여러 가지 이유가 있다. 그 가운데, 정리되지 않은 과거의 부정적 경험이 새 관계에 영향을 미칠 수 있다는 것도 문제이다. 우리는 사실 과거의 경험에서 배움을 얻은 것이 아니며, 상처에 대한 걱정과 두려움을 한 무더기 끌고 온다. 또 다른 이유는 관계가 법적으로 더 복잡할 수 있고 여러 외부 요인에 영향을 받을 수 있기 때문이다. 우리의 뇌 또한 나이가 들면 덜 유연해진다. 긴 세월 형성된 습관은 우리의 마음에 단단히 자리 잡으며, '치즈를 옮기는 일', 즉 변화를 꾀하는 시도는 무엇이든 저항에 직면한다.

이 모든 이유로 인해, 두 번째 관계를 맺을 때는 어떤 어려움이 있는지 인식하고 잠재적 위험을 피하면서 큰 관심을 기울여야 한다. 예를 들어, 이전 관계에서 생긴 아이들을 모두 데리고 파트너와 동거하기로 서둘러 결론을 내서는 안 된다. 먼저, 쿨리지 효과가 문제이다. 새 파트너와의 관계에서 직면한 어려움 앞에, 쿨리지 효과는 분명 도움이 되지 않을 것이다. 두 번째로, 새 가족 일원끼리 대립하면 파트너와의 갈등도 커질 수 있다. 기억하라. 이기적 유전자로 인해 우리는 우리와 유전자를 공유한 자식의 욕구를, 바탕이 다른 유전자의 욕구보다 언제나 우선시하게 된다.

섹스는 젊은 사람의 전유물이 아니다. 살아가다 보면, 여성의 경우 성적 욕망의 강도에 영향을 주는 성호르몬의 생성이 줄어든다. 한편 에스트로겐의 감소는 질 건조증을 유발한다. 그렇지만 오늘날의 여성과 남성은 성생활 유지가 얼마나 중요한지 아주 잘 알고 있으며 생리적 제약을 극복하기 위해 여러 방법을 이용할 의향이 있다. 미국에서 60세부터 80세까지의 남성과 여성을 대상으로 한 조사에 따르면, 남성의 90퍼센트와 여성의 70퍼센트가 지난 1년 동안 섹스를 즐겼다고 보고했다. 게다가, 여성의 62퍼센트와 남성의 86퍼센트는 노년기 관계 유지를 위해 섹스가 '중요하다 또는 아주 중요하다'라고 평가했다.[157] 성적 활동은 뇌의 장수에 일조한다. 함께 하든 자위행위를 하든, 성적 활동 및 오르가슴 동안 뇌는 다양한 부위의 활동이 크게 늘며 이는 재생과 부활로 이어진다. 매일 우리는 뇌에서 뉴런을 잃는다. 섹스나 자위 동안 일어나는 뇌 활동은 재생을 끌어낼 수 있고, 스트레스로 인한 손상 복구에 도움을 준다.

식생활 또한 성욕에 영향을 미친다. 성욕의 자극에 도움을 주는 식품들을 섭취하면 수준을 끌어올릴 수 있다. 아보카도, 아스파라거스, 바나나는 발기 기능을 증진하는 브로멜라인 효소를 제공한다. 석류 주스는 테스토스테론 농도 증가에 도움이 된다. 고추는 혈액을 활성화하고 신체 온도를 올린다. 혀를 톡톡 쏘는 맛의 무를 섭취하라. 철갑상어알 절임은 아연이 풍부하고, 테스토스테론 생성에 도움을 준다. 마늘은 혈액을 자극하고 각성 수준을 끌어올린다. 그리고 큰 행복감을 자아내는 페닐에틸아민이 함유된 초콜릿을 잊지 말라. 마지막으로 고대 다산의 상징이었던 아몬드는 비타민 E와 마그네슘이 풍부하다.

적당히 다투고 코르티솔이 적은 관계 만들기

관계의 유대를 유지하기 위해서는 사랑의 재료를 계속 만드는 것도 중요하지만, 가능하다면 미움을 만드는 재료를 줄이는 것도 중요하다. 우리가 상대를 공격하고, 모욕하고, 비판하고, 비난하고, 마음대로 단정하고, 창피를 주고, 경멸하거나 냉소와 비꼼으로 대한다면 스트레스 호르몬 코르티솔과 아드레날린이 다량으로 분비된다. 보통 사소한 것으로 시작하는 말다툼이 쉽게 비난과 모욕의 장으로 악화될 수 있다. 그러면 처음 말다툼의 코르티솔 수치가 두 배, 세 배로 늘어난다.

싸움 없는 삶은 불가능해 보인다. 말다툼의 90퍼센트는 오랫동안 반복된 논쟁이고, 부부 싸움의 70퍼센트는 해결책이 없다. 다툼은 태도의 차이에서 생겨나며, 긴장을 해소하는 수단이자 관심을 간절히 요구하는 수단일 때가 많다. 새폴스키 교수의 개코원숭이 연구를 다시 떠올려보면, 스트레스를 받을 때 자가 진정을 찾는 메커니즘의 핵심은 '타인에게 화풀이하기'이다.[158] 상사에게 화풀이할 수는 없고 아이들에게도 그럴 수 없으니, 거의 언제나 파트너가 위험 상황에 놓인다.

그렇지만 다툼은 관계가 건강하다는 뜻일 수도 있다. 때때로 싸운다는 것은 우리가 왜 괴로운지, 또 우리의 한계는 무엇인지 서로에게 말할 수 있다는 의미이다. 분노는 아주 기본적이고 중요한 정서인데, 이런 분노를 표현할 만큼 관계를 충분히 안정적으로 느끼고 있다는 의미이기도 하다. 다툼 없는 관계라면, 무언가 억눌려 있을 수 있다. 둘 중 한 명이 분노를 느끼고 있거나, 반대로 완전히 관심이 없을 수 있다. 건강하고 안정적인 관계는 커플이 갈등을 조절하고, 개인적 집단적 스트레스에 대응하고, 관계에서 나타나는 부정적 행동(코르티솔 행동)과 긍정적 행동(옥시토신 행동) 사이에서 합리적으로 균형을 잡는 능력에서 비롯된다. 의사소통의 95퍼센트는 정서적이고, 우리는 거울 뉴런을 통해 서로의 정서에 영향을 주기 때문에 다툼 동안 코르티솔과 아드레날린을 조절하는 일이 중요하다. 분노 조절이 안 된다면, 스트레스 호르몬은 자동으로 갈등을 키울 것이고 모든 분노 버튼을 눌러 관계를 악화시킬 것이다. 그러므로 '적절하게 싸우는 방법'을 배우는 일이 아주 중요한데, 다음의 지침이 도움이 될 수 있다.[159]

1. 모욕 피하기

파트너를 상대로 부담과 긴장을 털어내는 일은, 거의 언제나 상대를 향한 모욕을 수반한다. 이를 '투사'라고도 한다. 우리가 파트너와 싸울 때, 사실 파트너와 싸우는 것이 아니라 자신의 과거 혹은 현재와 맞서 싸우는 때가 있다. 우리가 좋아하지 않는 우리 자신의 특성과 싸우기도 한다.

파트너처럼 우리의 모든 버튼을 누를 수 있는 존재는 없다. 우리 내면에서 갈등하는 서로 다른 우리의 모습을 보여주는 존재라서 그렇다. 좋든 싫든 그들은 우리의 거울 역할을 한다. 대체로, 우리는 우리를 화나게 한다고 생각하는 대상에는 전혀 화내지 않고 그냥 모욕한다. 주로 과거의 해결되지 않은 문제와 관련된 우리 자신의 부정적 모습을 다른 사람이나 상황에 투사하는 것이다. 이렇게 투사하면서, 우리에게 생겨나는 특정 정서 혹은 문제가 우리의 것이 아니라 상대의 것이라는 확신을 얻는다.[160]

투사는 실제로 자기방어적 메커니즘으로, 부정적 정서와 스트레스로부터 우리 자신을 보호하고 트라우마에 대처하기 위한 것이다. 투사는 우리 마음속 약한 모습과 반대되는 한 쌍으로, 내면의 감정이 불편하고 불안하고 당황스럽거나 과거 트라우마와 관련되었을 경우 모습을 드러낸다. 우리는 이 불편한 내면의 감정을 빨리 제거할 방법을 찾는데, 가장 빠르고 오래된 방식이 타인을 모욕하는 것이다. 여러 언어권에서 나타나는, 가장 흔한 다섯 가지 말하기 형식은 다음과 같다.

① 빈정거리기 / 다투기

② 공격하기

③ 비난하기

④ 복종하기

⑤ 말하기

이 가운데 대화로 이어지는 방식은 단 하나라는 점에 주목하자. 우리의 자동적 의사소통은 공격적이고 모욕이 가득하며, 우리가 스트레스와 압박에 시달리고 있으면 공격과 비난과 투사가 늘어나 투쟁 혹은 도피 반응으로 이어진다. 스트레스를 받을 때 대화에서 공감 어린 말을 주고받는 일은 어렵고 거의 불가능하다. 스트레스가 심해지면, 의사소통 또한 더 폭력적으로 변할 것이다. 그래서 투쟁 반응이 보통 몇 분 내로 증폭되는 것이고, 특히 우리가 풀리지 않는 상처를 안고 있을수록 더욱 그렇다. 대체로 이 같은 자동 방어 메커니즘은 부정적 감정을 파트너에게 투사하도록 만든다.

우리가 그저 모욕하고 있을 뿐이라는 사실은 어떻게 알까? 모든 관계에는 긴장, 실망, 의견 충돌이 일정 정도 존재한다. 의견의 충돌은 두 사람 모두 그만의 욕구와 욕망이 있는 독립적인 인간임을 보여주므로, 관계가 건강하다는 뜻이다. 그렇지만 커플이 감정에 휘말려 어쩔 줄 모르겠고 그저 상대의 결점에만 매달리고 있는 것 같고, 갈등이 일상이 되었다면 멈추고 자세히 살펴야 할 때이다. 무슨 일이 일어나고 있는가? 어쩌면 파트너를 모욕하고 있지는 않은가?

• **종일 불평하는 대상**이 파트너라면, 잠시 시간을 내어 내면을 들여다보자. 본인에 대해서는 어떤 느낌이 드는가? 끊임없이 찾아내는 파트너의 결점은… 어떻게 보면 자기 자신에게도 찾을 수 있

지 않을까?

• **파트너를 비난하는 이유**는 파트너로 인한 감정 때문인가, 아니면 자기 자신에게 일어난 부정적인 사건 때문인가? 힘이 되어주는 건강한 관계를 위한 첫 단계는 자기 자신의 스트레스와 감정은 개인적 책임임을 수용하는 것이다. 그리고 비난의 악순환을 끊어내는 것이다.

• **과거는 미래가 아니니**, 선택해야 한다. 말다툼하는 동안, 흔히 우리는 현재 상황에 반응하는 것이 아니라 이 순간 우리가 투사하는 과거 사건에 반응하고 있다. 이미 겪은 상황, 느낀 감정, 이미 과거에 다친 내면의 약한 부분을 반복하고 또 반복하는 것이다. 우리의 영혼은 과거 경험의 총합으로 구성된다. 과거에서 벗어나기란 쉽지 않다. 그러므로 과거에 일어난 부정적인 사건의 결과로 뇌에 형성된 모든 신념 체계와 조건화에서 벗어나야 한다. 이 조건화를 근거로 우리는 세상에 대한 여러 일반론을 형성한다. 예를 들어, 과거 경험이나 심지어 가까운 이들의 경험을 근거 삼아 남성과 여성에 관한 일반론을 만들어 이를 파트너에게 투사한다. 과거 트라우마로 인한 부정적 신념 체계를 파트너에게 투사하면, 매일 그 트라우마를 되살려내는 악순환에 빠진다. 그러므로 갈등이 생기면, 파충류 뇌의 자동 반응에 굴복하는 대신 잠시 숨을 돌린 다음 전전두엽 피질을 활성화하고 어떤 반응이 나오는지 살펴야 한다. 현재 상황이 과거의 감정을 끌고 올 수 있는 것은, 뇌가 그렇게 하도록 만들어졌기 때문이다. 이 감정을 있는 그대로 인식하고 파트너에게 알려보라. 파트너는 과거에 어떤 사건이 있었는지 혹은 어떤 일을 겪고 있는지 모른다. 설명해보라.

"당신이 이런 식으로 행동하면 나는 공포 / 좌절 / 죄책감 / 슬픔 / 분노 / 두려움을 느껴. 왜냐면 과거의 …가 생각나기 때문이야… 당신이 알아주면 좋겠어."

이런 식으로 서로를 더 잘 알게 되고, 공감할 수 있게 될 것이다. 모든 사람은 위기와 어려움을 경험한다는 사실을 기억하라. 내면의 약한 부분을 솔직하게 드러내고, 과거의 트라우마 상자를 천천히 열어보라. 상대와 더 가까워지고, 어깨에서 짐을 덜고, 관계가 더 단단해질 것이다. 우리는 서로 돕도록 만들어진 존재이다. 사람들은 원래 도움을 주고 싶어 하며, 특히 사랑하는 사람과 관련된 상황이면 그렇다. 그러니 기회를 줘보라.

모욕은 어떤 관계든 파괴할 수 있다. 스트레스에 시달리는 위기 상황에 뇌에서 작동하는 자동 방어 메커니즘은 공감력을 줄이고 공격성과 비난 욕구를 키운다. 관계를 이어나가려면 우리는 제대로 논쟁하는 법, 코르티솔을 줄이는 법을 배워야 하고 모든 갈등을 우리 자신과 파트너에 관해 더 알아갈 기회로 삼아야 한다. 우리가 그토록 힘들게 숨기고 억누르려고 하다가 싸울 때 터트리고 마는 것들이 무엇인지 정확히 배울 기회이다. 왜 그런 식으로 반응했을까? 특정 행동이 우리에게 촉발하는 그 감정은 어떤 것일까? 말다툼하는 동안 우리가 느낀 감정들은 무엇일까? 그 감정은 어디에서 온 것일까? 이 같은 반응을 끌어낸 조건화는 어떤 것이고, 무엇이 우리의 기분을 좋게 만들어 줄까? 우리의 파트너는 우리를 비추는 거울이며, 우리도 그들을 비추는 역할을 한다. 그들은 때로 고통의 원천이 되지만, 최고의 약이 되어줄 수도 있다.

2. 무의미한 협박 피하기

떠나겠다는 협박은 최후의 무기이다. 관계의 안정성을 훼손하기 때문이다. 극도의 분노에 휩싸인 순간이라도, 이 무기를 쓰지는 말라. 헤어진다는 협박이 나오면 커플은 '다음'을 생각하게 되는데, 당신이 의도한 바는 아니다. 알다시피, 우리는 각자 자기 자신을 우선하고, 자아상을 보호하고, 성공적으로 살아남아 번식하도록 프로그램되어 있다. 뇌는 대부분의 시간 동안 현재 말고 미래를 예측하기 바쁘다. 누군가 헤어짐의 가능성을 꺼내면, 두 사람 모두 이별 후의 삶이 어떨지 벌써 시뮬레이션을 돌리고 있다. 떠난다는 협박은 정해진 관계에 더는 투자할 필요가 없다는 결론으로 이어질 수 있다. 과거의 경험을 근거로 버림받을 수 있다는 불안이 얼마나 심한가에 따라, 파트너의 마음은 생존 모드에 접어들 수 있고 모든 조건화가 다 발동하는 상황에 접어들 수 있다.

3. 다툼에서 피해야 할 '치명적인 의사소통 방식' 네 가지

관계를 연구하는 존 가트맨 박사는 결혼한 커플이 15분 동안 벌인 다툼을 3,000건 이상 분석했다. 표정, 목소리 어조, 눈 맞춤, 억양, 대화록을 분석하고 커플들에게 질문지를 작성해달라고 했다. 박사는 커플 각각이 짓는 정서적 표정, 그리고 배우자 각각이 상대의 감정을 어떻게 경험하는지 살폈다. 심박수, 피부 전도도, 혈류를 측정하여 스트레스를 얼마나 느끼는지 추가로 확인했다. 그 결과 어떤 주제든 상관없이, 15분 동안 이루어진 말다툼을 근거로 커플이 계속 만날지 아니면 헤어질지 90퍼센트의 정확도로 예측할 수 있었다. 박사는 이별을 예측할 수 있는 네 가지 의사소통 패턴을 알아냈

는데, 이를 가리켜 '묵시록의 네 기사'라고 불렀다.161)

• **비판** : "당신은 언제나 너무 이기적으로 굴어", "당신은 당신 엄마와 똑같아", "당신은 무심해…" 같은 표현은 어떤 특정 문제나 행동이 달라지기를 바라며 하는 구체적 비판이 아니다. 앞서 언급했듯 보통 상대를 모욕하면서 나오는 표현으로, 파트너의 성격 자체를 강하게 비판하는 일이다. 지독한 비판은 파트너의 성격과 특성에 결함이 있음을 뜻하는 메시지이다. 이 같은 메시지에는, 어떤 건강한 개인이든 부정적 반응을 보이게 된다. 공격당한 느낌을 받을 것이고, 받아칠 것이다. 상대를 비판하는 대신, 사실을 근거로 어떤 것이 필요한지 구체적으로 전달하면서 파트너의 성격과 자아상을 깎아내리지 말라. 건강한 자아상을 가진 사람은 정상적인 자아 방어 메커니즘으로 개인적 비판을 그냥 넘길 수 있다. 비판적 말하기를 피하는 방법은 "내 느낌에…"로 시작하는 일인칭 말하기를 하고 상대를 칭찬하는 것이다.

• **경멸** : '이 바보 같은, 당신은 멍청이야…' 모욕, 조롱, 우월감 드러내기, 멸시적 호칭, 저주, 상대를 흉내 내며 업신여기기, 눈알 굴리기 같은 모욕적 행동, 여기에 비판과 비꼼까지… 경멸의 뜻은 말뿐만이 아니라 어조, 표정, 몸짓 언어로도 전달할 수 있다. 우리 대부분은 말이 없어도 불만 섞인 얼굴과 몸짓 언어에 힘들어한다. 경멸의 목적은 상대가 쓸모없는 사람이라는 느낌을 받게 하는 것으로, 진정한 의사소통과 문제 해결을 가로막는다. 이런 유형의 의사소통은 이별을 가장 확실하게 예측하는 요인으로, 고농도의 코르티솔을 생성한다. 이 패턴을 바꾸려면, 조롱과 모욕과 냉소 등 상대를 경멸하는 모든 방식을 피해야 한다. 해결책은 서로 존중하고, 감사

하고, 상대의 좋은 점을 인정하는 것이다. 이렇게 할 수 없다면, 파트너에게 감사한 기분이 들지 않고 처음에 끌렸던 이유를 찾을 수 없다면, 헤어져야 할 때이다. 서로 계속 비참하게 지낼 이유는 없다. 몸과 마음이 모두 부담스러운 상황이다.

• **방어** : 우리는 공격을 받으면 방어를 한다. 주먹이 날아오면, 반격하고 되돌려 준다. '우리가 늦은 건 내 책임이 아니야, 당신 때문이야. 난 화나지 않았어, 당신은 내 모든 반응을 그런 식으로 해석해.' 결백을 주장하며 우리 자신을 방어하면, 상대는 자기 말이 진지하게 받아들여지지 않고 심지어 고려의 대상이 된 적도 없다는 느낌을 받는다. 건강한 관계라면 우리는 언제나 상대의 말이 타당한지 확인하고, 무조건 밀어내지 말고 상대에게 여유를 주고 배려해야 한다. 예를 들어, "무슨 일인데? 내가 목소리를 높인 게 아니야, 당신의 해석일 뿐이야"라고 말하는 대신 "당신이 하는 말을 듣고 있어, 내가 목소리를 높였을지도 모르니 혹시 기분이 상했다면 사과할게"라고 말하라. 당신이 언제나 방어적 태도로 기울어진다면 바로 대답할 필요가 없다. 파트너의 말을 잘 들었으니 마음이 좀 차분해지면 생각해보겠다고 할 수 있다. 우리는 파트너의 말을 경청하고, 확인하고, 이해하고, 인정할 필요가 있다. 방어적 태도의 해결책은 파트너가 제기한 문제에 관해 조금이라도 책임이 있음을 인정하는 것이다.162)

• **담쌓기** : 도피, 틀어박히기, 혹은 정서적 위축이 이 범주에 속한다. 문제를 제기하면, 반응을 멈추고 달아나는 것이다. 이런 사람은 말 대신 몸짓 언어로만 반응하는데 입을 다문 채 긴장 어린 분위기를 만들고, 시선을 피하며 팔짱을 끼고, 방을 나가 티브이를 켜

고, 대화를 피하는 식이다. 남겨진 사람은 파트너가 벽 뒤에 숨어버린 까닭에 다가갈 수 없다는 느낌을 받는다. 보통 이런 모습은 정서적으로 혼란스러워 어찌해야 할 줄 모를 때의 반응이다. 의식적인 선택은 아니다. 파충류의 뇌와 편도체가 작동한 결과이다. 이들은 자신이 어떤 부당한 대우를 받았는지, 자기 행동은 어떻게 정당화할 수 있는지, 상대에게 어떤 책임을 물을 수 있는지를 주로 생각한다. 그러다 보니 상대는 무시당했다고 느끼며, 확인 과정도 이해 과정도 없다. 보통 상호작용을 해보려고 시도하는 과정에서 다툼이 더 커진다.

담을 쌓는 상황의 해결책은 이런 일이 벌어질 때마다 싸움을 그만하기로 미리 합의하는 것이다. 적어도 20분 동안 쉬었다가(혈중 코르티솔 효과의 지속 시간이다) 다시 이야기를 시작한다. 두 사람이 시간과 여유를 가지는 일이 매우 중요한데, 특히 스트레스 상황에서 그러하다.

사람들이 지닌 사랑의 언어가 서로 다르듯, 이렇게 스트레스 언어 또한 다르다. 사람들은 스트레스 상황에 다양한 반응을 보인다. 우리의 정서 시스템은 인생 초기 몇 년 동안 형성되며 유전, 후성유전, 성장 환경, 양육자가 함께 어우러진 산물이다. 정서 시스템의 형태를 바꾸는 일은 어려울 수 있다. 그러므로 우리가 어떤 언어를 쓰는지 또 스트레스 상황에 어떻게 대처하는지 인식하는 일, 그리고 파트너에게 이를 알리고 이해를 구하는 일은 우리 몫이다. 투쟁, 도피, 경직, (아첨하기라고도 불리는) 배려와 친교 같은 모든 스트레스 언어는 갈등을 키울 가능성이 농후하므로 비폭력적 소통 방법을 의식적으로 배워야 한다. 다르게 소통하는 방법을 배워야 한다. 그렇지 않으면 파충류 뇌의 자동 반응으로 관계가 코르티솔 포화 상태에 빠지고, 악순환에서 벗어나지 못할 것이다. 결국 파트너는 우리가 싫어하고, 피하고 싶은 사람이라는 꼬리표를 달게 될 것이다. 파트너의 겉모습과 목소리마저도 다정함과 사랑이 아니라 공포와 혐오를 일으키게 되는 것이다.

가트맨 박사는 이런 결말을 막기 위해 건강한 관계를 위한 공식을 개발했다. 1대 5의 공식, 즉 스트레스 상황에서 코르티솔이 한 번 분비될 때마다 옥시토신을 다섯 번 분비하자는 공식이다. 서로 한 번씩 말로 공격할 때마다 다정한 상황을 다섯 번 만들어야 한다. 불필요한 못된 말을 했다면, 가급적 같은 날에 긍정적 상호작용을 다섯 번 해야 한다. 가트맨에 따르면 유대가 강한 커플의 경우 비율이 1대 15, 즉 부정적인 순간이 있을 때마다 긍정적 순간이 15번이라고 한다. 뜻이 있다면 우리가 언제든 할 수 있는 일이 있는 만큼, 우리는 서로 화해하고 조화롭게 사는 법을 의식적으로 배워야 한다.

4. 다툼을 적절히 다루기 위해 비폭력 대화법 활용하기

다툼은 대부분 반복적이고 주제가 같다. 집안일 분담, 돈 문제, 아이들 교육. 통제력을 잃고 자동 반응에 굴하여 상대를 공격하고 비난하며 잘난 체하면서 싸움을 키우기 전에, 다음의 비폭력 대화법을 연습해 보자.

• **먼저, 느낌을 말하라** : 우리의 자동 반응은 상대를 비난하는 경향이 있으므로 자신의 느낌이 어떤지, 왜 정말로 화가 났는지, 어떤 과정을 거쳐 그런 느낌을 받게 되었는지 설명하라. 정서를 분석하

면, 우리 자신의 욕구가 무엇인지 이해할 수 있고 배움을 구할 수 있다. 우리의 마음이 다치고 화가 난 것은, 어떤 욕구가 충족되지 못해서일까? 파트너가 우리를 이해하지 못해서 생겨난 일종의 무력감 때문에 통제력을 잃을 수 있다. 그러므로 상대를 비난하고 공격하는 대신, 자신의 느낌이 어떤지 설명하고 이해를 구하는 것이 중요하다. 소통을 멈추거나 보복하면 안 된다. '당신'이 아니라 '나'에 초점을 두고 이야기한다. "이런 느낌이고… 그래서 상처를 받았고… 겁이 났고…" '나'로 시작하는 말은 '당신'으로 시작하는 말과는 완전히 다른 대답을 얻게 될 것이다. 다툼 동안, 주먹질이 아니라 의미 있는 소통이 이루어질 것이다.

• **파트너의 말을 경청하라** : 말을 그만하고 피하고 싶어도 꾹 참으라. 파트너가 하려는 말을 경청하고 이해하라. 공감의 마음으로, 상대가 감정을 다룰 수 있도록 돕고자 하는 마음으로 상대를 바라보라. 화가 나면 우리는 상대의 말을 듣지 않으며 공감을 발휘하기도 어렵다. 대신 쏟아지는 비난을 피하면서, 긍정적 자아상을 유지하려고 애쓴다. 때로는 입씨름을 잠시 멈추고 파트너를 좀 떨어진 곳에서 바라보며, 공감을 발휘하고 그들의 고통을 경청해야 한다.

• **부탁하라** : 이제 자신의 느낌이 어떤지, 어떤 욕구가 충족되지 않았는지 설명했다. 파트너의 말도 경청했다. 그렇다면 이제는 부탁할 시간이다. 욕구 충족과 부정적 감정 해소를 위해 파트너가 해줄 일을 부탁하라. 어떤 일이든 이야기하라. 우리가 강요하듯 요구한다면 상대는 대화를 바로 끝내버릴 테지만, 필요한 것을 진심으로 부탁한다면 상대는 우리를 도와주고 지지하고 싶은 마음이 들 수 있고 힘겨루기를 하지는 않을 것이다. 필요한 부분을 분명하고 정확하게 부

탁한 다음, 그 내용과 두 사람의 감정과 욕구를 놓고 대화할 수 있다. 상대를 사랑하고 지지하는 입장에서 협상하는 것이다.

마셜 로젠버그Marshall Rosenberg 박사가 개발한 비폭력 대화, 혹은 '연민의 대화'의 원칙은 '변명과 비판과 요구'의 관점에서 말하는 대신, 판단과 비하 없이 '감정과 필요와 부탁'의 언어로 말을 건네는 것이다.163) "지금 상황에서 내 느낌은 뭘까? 내게 필요한 것은 뭐지? 무엇을 부탁할까?"

모든 인간에게는 내면에 강한 감정을 불러일으키는 공통의 기본 욕구가 있다. 다음과 같은 것들이다.

① 음식, 수면, 섹스

② 안전, 재정 문제의 확실성

③ 소속감, 정체성, 사랑

④ 존중, 이해, 인정

⑤ 자아실현, 자유

이 욕구들 가운데 무엇을 부탁해야 할까?

5. 언제나 마지막엔 화해하라

7년 동안 침팬지 무리의 관계를 연구한 침팬지 연구가 프란스 드 발Frans de Waal 교수는 흥미로운 사실을 발견했다. 가장 강한 유대는 싸움을 전혀 하지 않는 사이가 아니라, 자주 싸우고 정기적으로 화해하는 개체 사이에 존재했다. 침팬지는 서로 이를 잡아주고 몸을 비비며 화해한다. 드 발은 화해가 사회적 유대의 강화 차원에서 아주 중요하다는 것을 알게 되었다. 우리 인간도 마찬가지이다. 싸움의 주제가 무엇이든, 얼마나 오래 싸웠든 화를 계속 내는 대신 화해하는 것이 언제나 중요하다. 다툰 지 한 시간 반 이내에 화해하고 다시 관계를 이어가면 좋다. 다툼이 화해로 마무리되는 대신, 아무 일도 없었다는 듯 일상으로 복귀하면 정서적 단절이 생기고 관계에 앙금이 남는다. 반대로, 며칠 혹은 몇 주 동안 계속 싸우는 일도 꼭 피해야 한다. 좌절과 분노와 억울함만 늘어날 것이고 훗날 화해하기도 아주 힘들 것이다.

그런데 건강한 화해는 굴종이나 공포로 이루어지지 않는다. 혹은 관계의 평화를 위해 당신이 하지도 않은 어떤 일을 사과한다고 해서 건강한 화해가 될 수는 없다. 진정성이 없다면 분노를 쌓아 올리는 일일 뿐이고, 언젠가 터져버릴 것이다.

서로 화해한다는 것은 동반자 관계로 돌아와 부드러운 접촉, 친절한 말, 용서 구하기, 사과하기 같은 옥시토신 생성 행동을 한다는 뜻이다. 다툼은 어떤 정서적 힘이 있다. 강한 분노와 좌절, 고통이 화산이 터지듯 폭발할 수 있는데, 이는 우리의 욕구가 충족되지 않았다는 신호이다. 그렇지만 일단 그렇게 터트리면서 무엇 때문에 괴로운지 말하고 기분이 어떤지 드러내고 욕구를 표현하면 코르티솔 농도가 떨어지고 한결 편안해진다. 이때가 화해의 손길을 건네며 다시 접촉할 시기이다. 화해할 시기가 두 사람 모두에게 똑같이 찾아오지는 않는다. 한 사람이 다른 사람에 비해 코르티솔 농도가 여전히 높을 수 있다. 그러므로 다툼 이후의 화해는 번갈아 가며 시도해야 한다. 옥시토신 화해 제스처는 어깨에 손 얹기, 어떤 식으로든 접촉하기, 사과, 상대의 기분을 풀어주는 미소, 재미있는 말, 호의를 담은 행동, 용서한다는 뜻의 전달, 친절한 태도, 선물, 음식 준비, 상대에게 힘을 실어주는 말 등 긍정적이면 다 된다. 둘의 관계에서 어떤 행동이 화해 제스처에 해당하는지 정해 두어야 한다. 그래야 둘 중 한 명이 그 행동을 보일 때, 다른 쪽이 답하고 화해할 수 있다.

상대를 용서하고 사과한다고 해서 우리가 나약해진다거나 상대에게 굴종한다는 뜻은 아니며, 오히려 그 반대라는 점을 기억하는 것이 중요하다. 사과를 전하면서 그때 왜 화가 났는지 무엇 때문에 마음이 상했으며 느낌이 어땠는지 말한다면, 우리 마음의 약한 부분을 솔직하게 드러내는 일이 된다. 그렇게 파트너에게 공감을 자아낸다.

용서에는 두 가지 유형이 있다. 하나는 우리에게 상처를 준 사람을 용서하고 관계를 끝내는 것이다. 두 번째는 우리에게 상처를 준 사람을 용서하고 관계를 계속 이어가는 것이다. 심지어 화해 덕분에 긍정적 감정이 생겨났으니 바라건대 이를 계기로 관계가 더 단단해지는 것이다. 두 유형의 용서 모두 우리의 행복에 일조한다. 그리고 커플 사이의 용서는 대부분 두 번째 유형에 해당하며, 아주 중요하다. 건강의 관점에서 볼 때, 용서를 거부하고 부정적 정서를 품고 있으면 정신 건강 및 신체 건강에 좋지 않다.

2013년, 이탈리아 피사 대학 피에트로 피에트리니Pietro Pietrini 박사는 실험 참여자에게 가상의 상황을 상상하라고 요청하고 뇌를 MRI로 촬영하였다. 가까운 사람이 이런저런 방식으로 상처를 줬는데 그들을 용서할지 아니면 복수할지 결정하는 상황을 상상하는 것이었다. 실험 참여자는 상상으로 느낀 분노와 좌절이 얼마나 되는지 평가하고 상대를 용서할지 말지를 보고했다. 그 결과 용서를 고른 사람의 경우 긍정적인 정서적 상태와 이어졌고 공감, 친밀감, 양

심 및 자아 인식과 관련된 뇌 영역의 활동이 증가했다.164)

심리학자 샬럿 반오옌 위트빌릿Charlotte vanOyen-Witvliet은 용서하는 시간 동안 신체에서 어떤 일이 일어나는지 조사했다. 여러 명의 실험 참여자에게 과거에 상처 준 사람을 떠올리고 이들을 용서하거나 화해하는 상황을 생각해보라고, 혹은 용서를 실제로 했다면 그 사실을 떠올려보라고 청했다. 그리고 이들의 혈압, 심박수, 얼굴 근육의 긴장도, 혈중 코르티솔 농도, 땀 분비를 측정하고 분석했다. 실험 참여자는 사건 자체를 회상하는 동안 스트레스 수준이 높아졌으나 용서하고 화해하는 모습을 상상할 때는 스트레스 수준이 정상으로 돌아왔다.165)

사과하고 용서하기, 모욕하고 창피 주는 일 없이 상대를 존중하고 친절하게 대화하기, 화해 행위, 서로의 사랑 언어 및 스트레스 언어에 익숙해지기. 이 모든 것이 안정되고 튼튼하고 건강한 관계에 필요한 핵심 기술이다.

우리 각자는 서로 다른 양육 환경에서 자랐기에, 뇌도 서로 다른 자극을 받았고, 좋든 나쁘든 정해진 방식으로 소통하는 법을 배웠다는 점을 기억하자. 우리는 이 모든 것을 관계로 끌고 오는데, 인식조차 하지 못한다. 가족을 통해, 평생의 경험을 통해 마음에 새겨진 언어와 습관은 쉽게 바꾸기 어렵다. 만일 우리에게 해를 끼치는 조건화를 바꾸도록 도와줄 사람이 있다면, 그런 사람은 우리를 사랑하고 도와주기를 원하는 파트너밖에 없다. 서로를 도우려면 우리는 내면의 약한 모습을 솔직하게 드러내야 하고, 판단이나 비판 없이 서로를 깊이 알아가야 하며, 둘의 관계가 어떤지 잘 알아야 한다. 폭풍이 지나가면, 어떤 일이 일어났는지 서로 이야기를 나누고 원인이 무엇인지 말해야 한다. 그러면 여정을 계속 함께할 수 있다.

아주 격렬한 다툼을 벌인 후에도 서로 소통하고 화해하는 커플은 오랫동안 함께할 가능성이 크다. 만일 화해가 어렵다면, 가능한 한 빨리 관계 치료사의 도움을 구해야 한다. 그래서 증폭된 감정으로 분노를 쏟아내고 서로 적대하는 일은 막아야 한다. 당연히, 관계에 치명적일 수 있기 때문이다.

보노보 원숭이는 마음을 풀어주는 사랑 행위의 중요성을 알려준다. 그들은 매번 싸우거나 충돌이 있어도 결국에는 손이나 입으로 쾌락을 찾으며 화해의 섹스를 한다. 성관계는 옥시토신, 엔도르핀, 세로토닌, 도파민의 농도를 즉각 올리는 완벽한 방법이다. 두 사람 모두 스트레스 지표가 떨어지면서, 기분이 좋아지고 관계가 강화된다. 그렇지만 싸움 동안 발생한 코르티솔이 성욕을 억누를 수 있고, 또 여성이 혈중 코르티솔 농도가 더 높으므로 두 사람이 기분을 가라앉히거나 심지어 섹스에 대해 생각하는 일만으로도 시간이 평소의 두 배가 걸릴 수 있다. 해결책은 어쩌면 옷을 다 벗고 싸우는 것일까? 옷을 벗고 싸워보자. 옥시토신과 세로토닌 농도가 바로 올라갈 것이고, 다툼은 잠잠해질 것이다…!

6. 너무 화가 난 채로 잠들지 않기

이것은 신혼부부가 처음에 듣는 충고 가운데 하나이다. 오늘날에는 뇌과학으로 과학적 설명도 가능하다. 밤이 되면 뇌는 잠시도 쉬지 못한다. 감각을 통한 자극 수용을 그만두고 근육에 메시지를 보내는 일도 멈추고 정보 처리에 힘을 쏟는다. 우리가 잠을 자는 사이, 뇌는 정서적 기억을 통합하고 수정한다. 최근 며칠 동안의 느낌들은 좋았던 것, 싫었던 것 등 관련된 모든 자극과 함께 재조합된다. 그리고 기억은 정서의 강도에 따라 수정된다. 이렇게 기억이 수정되면, 억누르기가 어렵다.

그러므로 우리가 밤에 열띠게 다투고 부정적 정서에 휩싸인 채 잠들었다면, 잠에 빠지기 전까지 머릿속에 싸움 생각이 가득했다면, 아침에 깨어났을 때 파트너의 눈을 바라보고 손을 잡고 스킨십을 나눌 마음은 거의 생기지 않을 것이다. 밤 동안 뇌는 부정적 기억을 처리하고 이를 파트너가 주는 자극과 연합한다. 즉 파트너의 외모며 목소리, 촉감 같은 자극이 불쾌한 기억과 연합하는 것이다. 파트너는 무언가 부정적인, 기분을 해치는 존재라는 꼬리표를 달게 된다. 다툼이 힘들고 고통스럽고 트라우마로 남을수록, 뇌는 잠으로 탈출하라고 우리를 떠밀어 그 결과 강한 정서적 자극이 기억으로 저장될 것이다. 그러므로 이런 상황에서는 잠을 청하지 말고 장기 기억 담당 기관인 해마를 보호하는 일이 중요하다. 필요하다면 새벽 두 시까지 대화하며 서로 공감해보라. 완벽하게 화해하지 못했다고 해도 어느 정도 긍정적인 상태로 잠자리에 들라. 서로의 말을 끝까지 들어주었고, 서로의 감정과 욕구를 이해하고 수용하였고, 우리의 관계는 튼튼하고 안전하며, 중요한 일이니까 내일 계속 얘기하자는 느낌이 들면 좋다. 안타깝게도 오랜 세월 불만스러운 다툼으로 각방을 쓰거나 때로는 며칠 동안 분노가 쌓여, 상대의 모습이나 목소리만으로도 비이성적이고 때로는 무의식적인 부정적 감정을 품게 된다. 이런 상황에서는 옥시토신의 긍정적 효과는 사라지고 이별은 시간문제일 뿐이다.

7. 유머를 발휘하라

웃음은 모든 인류를 이어주는 보편적 언어이다. 누구나 유머로 의사소통을 할 수 있다. 사람들이 파트너를 볼 때 가장 먼저 보는 자질 가운데 하나가 유머이다. 자신을 웃게 하는 상대를 찾는다는 뜻이다. 유머는 옥시토신을 늘리고, 얼굴 근육의 움직임을 통해 미주 신경을 즉각 활성화하며, 긴장을 풀어주고 스트레스를 빠르게 줄여준다.166)

앞서 살펴보았듯, 남들을 웃기거나 웃긴 사람들과 같이 있으면 건강에 좋다. 유머가 있으면 일이 더 쉽게 풀리고, 우리 자신이나 현실을 너무 심각하게 생각하지 않게 된다. 또한 웃음을 통해 스트레스가 줄고 긴장이 풀리니 화해가 한층 쉬워진다. 연구에 따르면, 함께 웃는 커플이 계속 잘 지낸다. 유머는 일종의 의사소통 채널로, 경계를 허물고 부드러운 분위기를 만든다. 유머 채널은 메시지를 널리 퍼트려 주고, 상대에게 적대적 반응을 끌어내지 않을 방식으로 비판할 수 있게 해준다. 심지어 상대의 경청을 끌어낼 수도 있다. 유머는 불안에 대항하는 방어 메커니즘이기도 하다. 당신이 어떤 대상을 향해 웃음을 터트리면, 그 대상은 덜 위협적으로 보인다.

그렇지만 유머의 다양한 양식이 지닌 차이를 구별해야 한다. 풍자, 공격적 유머, 조롱 같은 형식은 관계에 도움이 되지 않는다. 심한 부정적 감정이 쏟아지며 갈등이 악화할 뿐이다. 관계에 도움이 되는 유머는, 기분을 끌어 올려주고 낙관적 시선과 긍정적 관점을 준다. 커플이 즐기는 농담과 재미난 말을 공유하여 유대가 튼튼해지면 또한 관계에 도움이 된다.

한편 유머의 대상을 자기 자신으로 삼아서, 본인의 단점이나 겪고 있는 갈등과 실패를 놀리는 방식도 있다. 이런 유머를 할 줄 알면, 미래의 문제에 대한 저항력이 생긴다. 자기 자신을 놀리는 능력은 아주 효과적인 방어 메커니즘이다. 어쨌든 자기 자신을 공격하는 사람을 누가 공격하고 싶어 할까?

8. 가족을 그만 끌어들이라

원가족과의 관계로 논쟁하지 않는 커플은 거의 없다. 파트너를 만나기 한참 전부터 우리는 원가족과 중요하고 광범위한 관계를 맺어왔고, 계속 그럴 것이다. 원가족에는 아버지, 어머니, 형제자매, 조부모, 대가족 일원 등이 따로 또 같이 하나로 묶인다. 가족 시스템의 역학 관계는 다양하고 복잡하며 뿌리가 아주 깊은 경우가 많아 외부자는 이해하기 어려울 것이다. 이 맥락에서, 파트너는 이방인이고 언제나 이방인일 것이다.

가족 시스템은 아주 강력하다. 가족 관계의 힘이며 이 관계가 개인에게 미치는 효과는 다양한 한편 언제나 그대로 존재한다. 진화론적 관점에서, 우리는 우리와 유전자를 공유하는 사람들을 보호하고 그들과 가장 강한 유대를 유지하도록 프로그램된 것처럼 보인다. 그들의 성공은 우리의 성공이므로, 이 시스템은 복잡하며 개개인에게 영향을 미친다. 보통, 원가족이 서로 다를수록 마찰이며 오해가 더 크다. 수많은 커플이 원가족 문제 때문에 헤어진다. 그러므로 미리, 다음의 영원한 진리를 염두에 두도록 하자.

먼저, 원가족은 어떤 주제에도 절대 객관적일 수 없다. 그들은 타인에 맞서 자기들의 유전자를 물려받은 자식의 편을 들도록 프로그램되어 있다.

두 번째로, 유전자 보존 법칙이다 : 자식에게 충분히 좋은 사람, 즉 가족의 유전자풀에 포함될 만한 가치를 지닌 사람은 이 세상에 존재하지 않는다.

그러므로 조화로운 관계를 위한 최고의 조언은, 다툼이 있을 때 원가족이 끼어들 수 없어야 한다는 것이다. 그들의 조언을 구하지 말라. 그들이 당신의 파트너를 신경 쓴다면, 그들에게 속내를 털어 놓는 식이어서는 안 된다. 그들을 중재자나 조정자로 활용하려고 해서도 안 된다. 두 사람이 침대에서 화해하고 서로 안아주며 옥시토신 가득한 시간을 가지는 사이, 당신의 가족들은 당신 말고(!) 당신의 파트너에 관해 나쁜 생각을 하면서 마음 졸일 것이다. 당신의 생각을 말로 꺼내서 터트리거나 생각을 정리할 필요를 느낀다면, 친구에게 연락하라. 하나 더 추가하자면, 당신이 싫어하게 될 일을 다른 가족 일원에게 하지 말라. 아이들이나 다른 가족 일원의 부부 관계에 절대 개입하지 말라.

여성의 뇌와 남성의 뇌

"남자는 화성에서 왔고, 여자는 금성에서 왔다"라고 유명한 결혼 상담가이자 저자 존 그레이John Gray가 말한 바 있다.167) 이 말은, 남성과 여성의 진화적 차이에서 오는 여러 가지 어려움을 지적하고 있다. 앞서 언급했듯 호르몬은 정서에 영향을 미치고, 정서는 행동을 동기화한다. 그러므로 남성과 여성은 호르몬 차이로 인해 정서와 행동이 사뭇 다르다. 호르몬은 의사소통 방식, 사고 패턴, 충동과 욕구, 긴장 완화법 및 스트레스 대처에 영향을 미칠 수 있다. 그렇다면 이 호르몬들은 어떤 것이고, 평균적으로 남성과 여성의 호르몬들은 어떤 차이를 보일까? 그리고 우리의 행동에 어떻게 영향을 미칠까?

먼저, 영광의 자리는 성호르몬인 에스트로겐과 테스토스테론이 차지한다. 앞서 살펴보았듯 여성과 남성이 모두 이 호르몬들을 생성하나, 테스토스테론의 농도가 여성보다 남성이 15배에서 100배까지 높을 수 있다. 에스트로겐의 농도는 여성마다 다르고 월경 주기 동안 변하는데, 배란기에 최고로 높다. 이 두 호르몬은 자궁 속 태아 시절부터 노년까지 발달 단계마다 영향력을 발휘한다. 또, 남성과 여성의 얼굴과 외양이 눈에 띄게 다른 것도 이 두 호르몬 때문이다. 실제로 이들은 세포와 조직 내 유전자 발현에 변화를 주는 전사 인자이다. 인간 유전체의 1/3에 해당하는, 최소 6,500개 유전자가 남성의 조직과 여성의 조직에서 다르게 발현되는데(세포조직, 근육, 지방, 신경세포, 간, 심장 등), 유전체에 대한 성호르몬의 작용 때문이다. 성호르몬은 임신 8주 차가 되면 태아의 성별을 결정한다. 태아가 여성의 생식 기관을 가질지 남성의 생식 기관을 가질지 결정한다는 뜻이다. 8주까지는 우리 모두 여성으로, 자연의 기본 상태이다(내 말을 못 믿겠다면, 고환과 성기 사이 튀어나온 줄을 눈여겨보라. 8주까지 있었던 질의 남은 부분이다). 13주 차가 되면, 성호르몬은 뇌의 성 정체성 및 성적 지향에 영향을 미친다. 즉, 자기 자신을 남성으로 인식할지 여성으로 인식할지 결정하고 아울러 어느 성별에 끌릴지 결정한다는 뜻이다. 생식 기관의 확립과 성 정체성 및 성적 지향의 확립 사이에 5주라는 시간적 차이가 존재하는데, 과학자들은 이 시차가 인간의 성 정체성과 성적 지향이 보이는 폭넓은 다양성의 원천이라고 추정한다. 이 부분은 완전히 타고나는 영역이

자 생물학적인 영역이고, 자궁 환경의 후성 유전적 효과가 영향을 미치는 영역이기도 하다.168)

성호르몬이 신체와 뇌에 영향을 미치는 다음 단계는 출생 때이고, 마지막 단계는 사춘기이다. 그 이후로 성호르몬은 등락을 거듭할 뿐이다. 사춘기 동안 우리는 성호르몬이 전사 인자로서 발휘하는 영향력을 목격할 수 있다. 신체의 모든 조직, 가슴, 얼굴, 허리, 엉덩이, 피부, 근육, 생식기, 냄새를 맡는 방식, 그리고 모든 이차 성징에 영향을 미친다. 물론 뇌에도 영향을 미쳐, 성욕 및 특히 이성의 호감을 사기 위해 같은 성별과 경쟁하고 싶은 욕구를 만들어낸다.

성호르몬의 영향으로 남성과 여성의 신체 조직이 다르게 형성되듯 호르몬 및 신경 화학물질의 발현 또한 달라지고 그 결과 신경계와 정서, 생각, 행동 방식도 영향을 받는다.

앞서 4장에서 에스트로겐이 사랑 호르몬 옥시토신의 농도를 어떻게 높이는지 알아보았다. 그런 까닭에, 여성의 옥시토신 농도는 남성보다 두세 배 높다. 반대로 테스토스테론은 아드레날린의 생산을 늘리고 옥시토신 및 코르티솔의 생산을 억제한다. 즉 흥분을 더 많이 원하고 위험 회피 및 공감 능력이 감소하게 된다는 뜻이다. 문화 전반에 걸친 남성과 여성의 위험 감행 성향의 차이, 그리고 동물의 세계에서 수컷과 암컷의 위험 감행 성향의 차이를 살핀 연구들에 따르면, 암컷이 확실히 수컷보다 위험을 회피한다. 수컷은 암컷보다 다툼과 짜릿함을 반기고, 위험해도 행동에 착수하는 성향이 있다. 한편, 여성은 공감력이 더 뛰어나다. 즉 남성보다 정서를 인식하는 능력과 언어 및 소통 기술이 뛰어나다. 데이터에 따르면, 남성은 하루 평균 7,000개의 단어를 말하는 한편 여성은 2만 1,000

개의 단어를 말한다. 이 같은 차이는 에스트로겐이 촉진하는 여성의 옥시토신 농도 때문이며, 또 테스토스테론이 남성의 뇌에 미치는 효과 때문이다.[169] 14세 소년의 뇌는 테스토스테론에 푹 젖어서, 의사소통 및 공감 중추의 발달이 늦어지고 편도체가 커진다. 편도체는 스트레스, 공격성, 성욕과 관련이 있으며 테스토스테론 수용체로 완벽하게 덮여 있다. 이 같은 연구 결과는, 세계적으로 아이와 여성과 동물을 향한 잔혹한 행위가 주로 남성의 소행인 이유를 설명할 때 참조할 수 있다. 교육과 사회의 영향으로도 일부 설명이 되겠지만 인간의 타고난 생물학, 즉 인간의 행동 형성에 핵심적 역할을 맡는 유전자와 호르몬과 뉴런 때문이기도 하다.

이 같은 차이는 물론 진화 때문이다. 앞서 보았듯, 자연에서 암컷과 수컷의 번식 전략은 다르다. 암컷은 선택하고 수컷은 씨를 뿌린다. 암컷은 다음 세대로 자기 유전자가 전달된다고 확신할 수 있다. 그리고 보통 양육을 전적으로 책임지므로, 암컷의 번식 전략은 가장 좋은 유전자를 지닌 알파 수컷을 선택하고 열등한 존재를 피하는 것이다. 자신이 선택하지 않은 수컷과 짝짓기를 강요당한 암컷 쥐는 새끼를 방치했다. 암컷은 양육을 위해 고안된 기계와도 같다. 그러므로 새끼의 욕구에 집중하고, 공감력을 발휘하고 소통해야 하며, 불필요한 위험을 부담하지 않도록 아주 조심해야 한다.[170]

한편, 수컷의 경우 승자가 아니면 존재감이 희미하다. 그래서 진화는 수컷을 싸움 기계로 만들었다. **준비해, 위험에서 물러나지 마, 기회를 이용해, 약한 모습을 보이지 마, 넌 중요한 존재야, 경쟁자를 제거하고 세계 나가, 아니면 누가 널 원하겠니?** 테스토스테론이 하는 말이다.

이런 생물학적 결정론의 관점은 정치적 올바름과는 더는 맞지 않을 것이다. 그렇지만 진화의 관점에서 보면, 암컷을 양육 기계로, 수컷을 전쟁 기계로 고안한 설정이 생존에 이득이 될지 아니면 더는 안 될지 결정할 만큼 충분한 시간이 흐르지는 않았다. 사실, 이득이 되지 않는 쪽으로 가는 것 같다. 여성이 양육을 거부하고, 남성이 싸움을 거부하면서 기계의 경계가 흐릿해진 현실은 적어도 유전자와 진화의 관점에서 볼 때 예전의 방식이 더는 생존의 이점을 제공하지 않는다는 것을 증명하고 있다. 유전자와 관련된 단 하나의 최종적 결과는 기계 역할을 거절하는 사람들이 자손을 적게 낳는다는 것이기 때문이다.

우리가 호르몬으로 인한 차이를 수용하든 않든, 이 차이는 커플이 소통할 때마다 표면에 드러날 수 있다. 그러므로 호르몬의 차이를 알고, 이해하고, 파트너에게 공감하는 일이 중요하다. 스트레스와 관련된 행동적 차이부터 시작해 보자….

과거 스트레스 반응은 언제나 '투쟁 혹은 도피'로 불렸다(의심의 여지 없이 남성 과학자가 수컷을 상대로 자료를 수집해서 그렇다). 압박이 있으면 수컷은 테스토스테론과 아드레날린을 혈액에 더 많이 방출하는데, 이는 편도체에서 '투쟁 혹은 도피' 반응을 장려한다. 한편 스트레스를 받는 암컷의 경우 에스트로겐과 옥시토신을 더 많이 분비하는데, 이 호르몬들은 다른 반응을 선호한다. '경직 혹은 친밀과 친교', 즉 위험이 지나갈 때까지 가만히 그대로 있거나 혹은 새끼를 돌보고 고통 덜기에 도움을 줄 존재와 친하게 지내는 것이다.

스트레스에 대한 이 두 가지 상이한 반응은, 서로 다른 호르몬을 매개로 나타나며 진화적 논리에 근거하고 있다. 자연에서 암컷이 겪는 스트레스는 대부분 수컷이 원인을 제공하며, 근육량이 적은 암컷은 수컷에 맞서 싸우거나 달아날 가능성이 거의 없다. 그것도 그렇고 새끼들은 어떻게 해야 할까? 투쟁 혹은 도피 같은 대처법은 실패하기 마련이다. 그대로 가만히, 상황이 끝나고 다시 혼자 남겨지기를 기다리는 쪽으로 반응하는 것이 중요하다. 그러므로 진화는 암컷이 자신의 본질적 속성에 더 적절하게 움직이는 방향을 선호한다. 경직 반응은 성폭력 및 성희롱과 관련하여 자주 등장하는, 분노를 자아내는 흔한 질문도 설명해 줄 수 있다. **왜 너는 도망가지 않았니? 왜 소리치지 않았니?** 신체가 일종의 시스템 정지 상태에 들어가기 때문이다. 암컷의 다음 반응은 자기 새끼를 돌보는 것, 트라우마 해결에 도움을 줄 친구들에게 연락하는 것이고, 모두에게 잘해주면서 계속 나아가는 것이다. 인류 역사를 간략히 살펴보면, 입을 다문 채 자기 자식을 보호하고 친구들에게 힘든 사정을 공유한 여성들과 비교하여 감히 싸우거나 저항하고 달아난 여성들에게 어떤 일이 일어났는지 알 수 있다.

이 같은 호르몬 차이는 부부 싸움에도 나타난다. 여성과 남성 모두 비슷한 반응을 보인다. 투쟁, 도피, 경직 혹은 타인과의 위로 공유. 그렇지만 평균적으로 남성은 갈등을 대면하기를 피하거나, 더는 견딜 수 없으면 분노를 터트릴 가능성이 크다. 한편 여성은 공격적이고 신랄한 말들, 심지어 독설까지 퍼부을 것이다. 여성은 상대가 앞에서 분노를 터트리면 경직되었다가, 나중에 친구들과의 대화에서 그 다툼을 재탕할 수 있다.

옥시토신은 과거의 사건을 반추하게 한다. 그 외에, 여성의 혈중 코르티솔 농도는 기본적으로 남성보다 두세 배 높다. 앞서 언급했듯, 수컷의 테스토스테론은 코르티솔 분비를 떨어뜨리는 일을 맡고 있다. 그래서 말다툼이 일어나면, 여성이 진정하는 데 필요한 시간은 남성의 그것보다 평균 두 배 걸린다. 코르티솔은 혈중에 20분에서 40분 동안 머문다.

전 세계적 데이터에 따르면, 여성은 남성보다 불안과 우울을 두세 배 더 겪는다. 실제로 우울증 진단을 받을 위험이 가장 큰 인구 집단은 어린이를 키우는 어머니이다. 코르티솔 농도가 높다 보니 여성은 남성보다 식이 장애에 시달릴 확률이 10배 더 높고, 40대 이후 자가면역질환에 걸릴 가능성이 유의미하게 크다. 이 질환은 면역계가 통제를 벗어나 신체를 공격하는 것으로, 면역계를 억누르는 코르티솔의 해로운 효과로 인한 것이다. 트라우마 이후의 일반적 증상 또한 여성과 남성이 다를 수 있다. 여성은 보통 감정 마비, 회피, 기분 불안정, 불안 및 우울장애, 수치와 자기 비난 등으로 나타난다. 남성의 경우 화를 참지 못하기, 성급한 태도, 울화통 터트리기, 충동적으로 행동하기, 중독성 물질에 빠지기, 편집증, 경계 및 과잉 각성으로 나타난다.[171]

싸울 때도 그렇고 전체적으로 스트레스를 받는 시기에 여성은 울음을 터트리기 쉽다. 이유는 무엇일까? 몇 년 전 이스라엘 바이츠만 과학연구소 신경생물학 부서의 노암 소벨 교수가 근사한 연구를 진행했다. 연구진은 연구소 주변에 호기심을 자극하는 포스터를 붙였다. "우리는 영화와 광고를 보고 우는 사람을 찾습니다." 여성 여러 명과 남성 한 명이 이 초대를 받아들였다.[172]

실험 참가자는 슬픈 영화를 보고 시험관에 눈물을 모으게 되었다. 다음으로, 다른 참가 집단이 시험관에 모인 여성의 눈물 냄새를 맡고, 대조 표본으로 생리 식염수 냄새도 맡게 했다. 놀랍게도, 진짜 눈물은 30분 만에 남성의 혈중 테스토스테론의 농도를 20퍼센트까지 떨어뜨렸다! 혈중 호르몬의 농도에 영향을 미치는 다른 외부 자극은 알려진 바 없다. 알고 보니, 우리의 눈물에는 휘발성 화학물질인 페로몬이 있다. 페로몬은 후각 상피를 거쳐 뇌에 도달해, 혈중 테스토스테론의 감소를 끌어낸다. 울음은 약점이 아니라, 테스토스테론의 농도를 낮추어 우리에게 상처를 입히려는 상대의 공격성을 꺾는 진화적 초능력이다. 새끼들이 종일 울어대는 이유이기도 하다. 야생에서 태어난 새끼들은 이들을 노리는 수컷들의 치명적 공격에 노출되어 있기 때문이다. 이제부터 싸울 때 눈물이 나면, 눈물 속 페로몬과 그 목적을 기억하라.

통계에 따르면, 부부 사이의 위기는 대부분 첫 아이 탄생 후 약 3년이 지나면 발생한다. 심리학자와 관계 치료사는 육아가 결혼 생활의 조화를 어떻게 파괴하게 되는지 다양한 과정을 설명해 준다. 그렇지만 여기서 우리의 주된 관심사는 생물학의 역할이다. 앞서 보았듯, 임신과 출산 동안 여성의 신체와 마음은 중대한 변화를 겪는다. 뇌는 근본적으로 재조직되는데, 즐거움 시스템에서 옥시토신을 방출하는 뉴런의 수가 증가하고 백질과 회색질에서 구조적 변화가 일어난다. 이는 뇌의 다른 경로를 잃는 대신 양육, 공감, 의사소통 담당 구역의 경로를 강화하기 위함이다.

스페인 바르셀로나 대학의 연구진들은 여성 25명을 대상으로, 첫 임신 전후에 뇌를 MRI로 촬영하고, 임신하지 않은 여성의 뇌 및 남성의 뇌와 비교했다. 그 결과, 모든 임신한 여성의 뇌가 회색질이 유의미하게 감소했으며, 같은 부위에 집중되어 있었다는 사실을 발견했다. 감소의 정도가 워낙 커서, 회색질의 변화를 근거로 여성의 임신 여부를 알 수 있을 정도였다.[173]

뇌의 회색질은 신경 세포체로 구성되어 있고, 백질은 신경세포의 긴 섬유로 이루어져 있는데 이 섬유는 뉴런들을 이어주고 감각계 및 운동계를 연결한다. 회색질 부피가 줄어든다는 것은, 뇌에서 전문화 과정이 이루어지고 있다는 뜻이다. 임산부의 뇌에서 이와 비슷한 회색질 부위의 변화가 일어난 마지막 시기는 사춘기였다. 사춘기 동안 사람의 뇌는 뇌세포 시냅스(연결 부위)에 변화가 일어나는데, '신경 가지치기'라고 부르는 과정이다. 이 같은 변화는 10대 시절의 정서 및 인지 발달에 아주 중요하다. 임신 동안 비슷한 과정이 사회적 행동과 공감 능력, 대인 관계와 관련된 뇌 부위에서 일어난다. 바르셀로나의 연구진은 어머니가 보살핌 기술을 늘리고, 아기와의 정서적 유대를 확립하고, 주변을 경계하면서 아기의 욕구에 집중할 수 있도록 뇌가 효율적인 방향으로 변화하는 것이라고 보았다. 앞서 살펴본 대로, 양육 기계로 변화하는 것이다.

실제로 연구진들은 산모에게 아기 사진을 보여주고 뇌 활동을 관찰했는데, 회색질이 감소한 바로 그 부위에서 활동이 증가했다. 어머니들이 작성한 질문지를 분석해보니 뇌의 변화와, 아기와의 애착 정도 사이에 양의 상관관계가 나타났다.

어머니의 마음에서 이 모든 사건을 일으키는 계기는 임신 동안 몸에 범람하는 호르몬인 태반호르몬, 프로게스테론, 에스트로겐(옥시토신 및 프로락틴의 분비 증진), 아드레날린, 코르티솔이다. 이 호르몬들은 신체의 모든 세포조직과 시스템, 기관에 영향을 미친다. 대사 작용, 체액, 에너지 시스템, 소화관, 배설계, 혈액계, 면역계,

지방 저장 관리, 유방 발달 등이 해당한다. 게다가 이 호르몬들은 여성의 정서 및 정신 건강에도 큰 영향을 미친다.

에스트로겐과 프로게스테론은 자아상의 변화도 가져온다. 에스트로겐은 즐겁고 행복한 감정을 가져오는 한편, 프로게스테론은 자신감을 낮춘다. 이 호르몬들의 농도가 빠르게 변하면, 급격한 기분 변화 또한 일어난다. 출산 후 호르몬들이 확 줄면, 여성들은 '베이비 블루스'를 겪을 위험에 처하며, 기분이 가라앉거나 심지어 우울해질 수 있다.

옥시토신은 아이와의 유대감, 사람들과 친해지고 싶고 부모와 화해하고 싶은 욕망, 공동체를 찾고 싶고 어머니와 아기를 위한 사회적 연결망에 들어가고 싶은 욕망을 만들어낸다.

프로락틴은 임신 동안 가슴이 커지도록 한다. 아이가 태어나면, 프로락틴의 농도가 높아져 젖의 분비로 이어진다. 모유 수유 어머니의 경우 프로락틴이 계속 높은 수치를 유지하며, 옥시토신과 함께 어머니와 신생아의 정서적 애착을 강화하는 효과를 낸다. 프로락틴은 배란 및 산모의 성욕을 억제한다. 어쨌든 생물학적 관점에서 보면 '양육 기계'는 이 시기에 수컷의 관심을 끄는 일에 흥미를 보여서는 안 되고 아기 돌봄에 집중해야 한다. 프로락틴이 오르가슴 직후 남성과 여성 모두에게 분비되면, 지연 메커니즘이 작동하여 또 다른 오르가슴에 바로 도달하지 못하게 된다. 프로락틴은 테스토스테론과 에스트로겐의 농도를 낮추고, 성욕 또한 떨어뜨린다.

여성들의 행복 파괴에 프로락틴으로 충분하지 않다면, 기분을 망치고 자아상을 어지럽히는 에스트로겐과 프로게스테론도 있다. 마지막으로 스트레스 호르몬 코르티솔과 아드레날린도 있다. 스트레스 호르몬은 대체로 임신 후기 동안 분비되므로, '양육 기계'는 주변을 경계하며 곧 위험한 세상에 태어날 아기와 본인을 보호할 태세를 갖춘다. 코르티솔은 어머니가 된 여성에게 나타날 수 있는 성적 욕망을 지우는 작업을 벌써 진행하고 있다.

그렇다면 아버지에게는 어떤 일이 일어날까? 아버지는 임신도 출산도 하지 않으며, 머릿속에서 대규모 재조직화가 일어나지도 않는다. 자연에서는 95퍼센트의 암컷이 새끼를 그 아버지의 도움 없이 키우며 이를 위해 대체로 자기 자신을 희생한다. 인간의 경우 아버지는 다른 포유류 수컷과는 달리 육아에서 점점 제 역할을 담당하고 있다. 이런 까닭에, 아버지는 어머니와 함께 혹은 혼자 아기를 돌보면서 호르몬의 변화를 겪는다. 어머니 및 아기와 함께 있으면 아버지의 혈중 테스토스테론 농도가 낮아지고, 옥시토신이 증가하며, 코르티솔 농도 또한 늘어나 어머니의 그것에 가까워진다. 모두 거울 뉴런 덕분이다. 아버지는 기분 변화와 스트레스를 겪을 수 있다. 또한 파트너와 아기에게 강한 유대도 느낀다. 그렇지만 새로 아버지가 된 남성은 더 천천히 달라지며 어머니만큼 강한 변화를 겪지는 않으므로 혼란스러울 수 있고 혼자 남겨진 느낌, 집 안 분위기와 잘 맞지 않는다는 느낌을 받을 수도 있다. 아버지와 아이의 관계는 시간이 지남에 따라 접촉과 놀이와 대화 및 좋은 시간의 공유를 통해 옥시토신을 공동으로 생성하며 만들어진다.

이처럼 아이 탄생 이후 어머니와 아버지가 겪는 변화의 차이는 둘이 셋으로 가족이 될 때 나타나는 갈등을 많은 부분 설명해 준다. 어머니는 옥시토신 및 뇌의 공감과 의사소통 중추의 변화로 인해 아기의 옹알이며 울음에 귀 기울이게 된다. 뇌의 거울 뉴런이 아주 활발하게 활동하며, 어머니는 때로 텔레파시를 쓴 것처럼 아기의 욕구를 감지할 것이다. 어머니는 여러 아기의 울음소리 중에서 어떤 소리가 본인의 아기가 내는 소리인지 알아내는 대단한 능력이 있다고 한다. 한편 아버지는 아기의 욕구를 바로 인지하지는 못할 것이고, 아기의 울음마다 어떤 의미가 있는지 어머니처럼 매번 신경 쓰지는 못할 것이다. 이 같은 차이의 결과, 아기의 욕구 및 돌봄과 관련하여 갈등과 의견 불일치, 다툼이 벌어질 수 있다. 이 모든 충돌은 아기가 성장한 후에도 한참 이어진다.

무엇보다도, 임신과 출산 및 양육으로 인한 호르몬의 변화는 부부 간 성욕의 차이를 더 키울 수 있다. 먼저, 기본 조건을 보면 전망이 밝지 않다. 남성은 테스토스테론 농도가 15배에서 100배 더 높고, 생식 기관은 성욕을 평균 5배 더 키우며, 섹스에 대해 훨씬 더 많이 생각한다. 아기가 태어나도 남성의 성욕에는 큰 문제가 생기지는 않는다. 오히려 아버지가 되면서 옥시토신 농도가 높아지고 아이의 어머니인 파트너에게 강한 친밀감을 느끼게 되어, 실제로 성적 흥분이 일어나고 성관계를 통해 교감하고 싶은 욕망이 커진다. 이 욕망은, 파트너와 함께 산후 우울증에 따른 코르티솔 증가를 겪지 않는 정도에 비례한다. 그렇지만 어머니의 성욕은 욕망을 억제하고 양육을 장려하는 여러 호르몬 때문에 그 어느 때보다도 낮아진다. 수면 부족과 근심에 시달리고, 여러 가지 일을 동시에 처리해야 하고, 계속 피곤하다. 자책과 파트너를 향한 비난, 서로를 향한 짜증, 수치심과 축적된 분노가 모여 걷잡을 수 없는 지경에 이르는 시점이다. 이 모든 요인으로 인해 작고 무의미한 사건을 놓고 불필요한 다툼이 늘어난다. 명백한 문제를 놓고 아무도 이야기하지 않기 때문이다. **아이가 생긴**

이후로 우리의 성생활이 어떻게 되었을까?

야생의 암컷 오랑우탄 사례를 다시 살펴보면, 오랑우탄의 경우 새끼를 낳으면 평화롭게 양육하며 혼자 지낸다. 수컷에게 관심이 전혀 없다. 8년이 지나고 자식이 품을 떠나면 오랑우탄의 혈중 에스트로겐 농도가 돌아온다. 그러면 성욕이 다시 생겨, 근처에 있는 알파 수컷을 확실히 따를 것이다. 그 수컷과 3일 동안 정신없는 신혼 생활을 보낼 것이고, 임신한 다음 다시 물러나 새끼를 키울 것이다.

여성과 남성의 신체와 뇌에 작동하는 생물학과 화학의 차이가 우리의 행동, 대처 방식 및 사고를 어떻게 형성하는지 이해하면 우리의 서로 다른 능력과 욕구에 도움이 되는 관계를 맺을 수 있을 것이다. 생존을 위해 수백만 년 동안 진화가 우리 존재에 심은 생물학적 차이를 무시하고 부인한다면, 남성과 여성의 관계에 해가 될 수 있다. 관계에서 성별 공감이란 남성과 여성으로서의 차이를 인식하는 일로, 이를 통해 우리는 상대의 입장에 서 볼 수 있다. 우리가 겪고 있는 일을 그들은 꼭 겪지는 않으며, 우리가 느끼는 것을 그들이 언제나 느끼지는 않는다는 것을 의식적으로 알아가는 것이다. 우리가 어려움에 대처하는 방식이 꼭 파트너의 전략이 될 필요는 없다. 우리가 사랑을 구하는 방식이 꼭 파트너의 방식일 필요도 없다. 해결책은, 늘 그렇듯 공감이다.

결론

10여 년 전, 나는 사랑에 관한 이야기를 탐색하는 이 매혹적인 여정을 시작했다. 내가 경험한 사랑, 내면의 실망스러운 부분들, 내가 내린 선택을 둘러보니 사랑과 관련된 내 행동의 근간에는 무엇이 있는지, 결정을 내리는 방식은 어떤지, 나를 이끄는 충동과 정서는 어떤 것인지 알고 싶어졌다. 생물학과 진화의 관점으로 세상을 바라보는 과학자로서 나는 과학이 건넨 모든 도구를 챙겨 들고 우리의 연애사를 빚는 뉴런, 호르몬, 유전자를 조사했다. 내 안의 이기적인 본능은 내가 어떤 면에서는 특별한 존재라고 생각하도록 장려하였으나, 주변을 둘러보니 사랑과 관련된 문제라면 나는 분명 내 친구들이나 동료들과 다를 것 없는 존재임을 대번에 파악할 수 있었다.

이 책을 통해 내가 모은 지식을 공유하게 되어 무척 기쁘다. 우리 자신에 대해 더 깊이 이해하는 일에 도움이 되기를 바라며, 아울러 파트너와의 관계 증진을 위해 이 지식을 사용하기를 바란다.

종종 이런 질문을 받는다. "결국, 이 모든 지식이 내 연애사에 해가 되지는 않나요? 모든 것이 뇌 화학의 산물이고 유전자가 사실 뒤에서 은밀히 우리를 통제하고 있다는 지식이 나의 사랑 찾기에 방해가 되면 어쩌죠?"

나는 그 반대가 진실이라고 말해준다. 책의 시작에서 언급했듯, 무언가를 이해하는 일이야말로 그것으로부터 자유로워지는 길이라고 믿는다. 우리의 정서와 행동의 동기를 이해하고 뇌의 무의식적이고 자동적인 부분이 아니라 의식적 부분을 가동해야 행동을 제어할 수 있다. 특히 사랑과 관련해서 우리가 보이는 실망스러운 모습은, 진화적 부호와 알고리즘이 지시한 비이성적이고 본능적인 행동에서 유래한 것이다. 우리가 이런 부호와 본능을 알고 이해하면, 그들이 우리를 제어하는 대신 우리가 그들을 제어할 수 있다.

우리는 침팬지가 아니고, 원숭이도 쥐도 아니다. 우리에겐 전전두엽 피질이 있다. 이 부위는 인간이 500만 년 전 침팬지와 갈라졌을 때부터 진화한 부위로, 의식과 사고와 이성을 담당하는 세 번째 층이다. 오늘날 우리가 지구상 그 어떤 동물에게도 가능하지 않은 방식으로 연애사의 생물학과 화학에 관해 지적인 논의를 펼치고, 본능과 충동을 분석할 수 있는 것도 이 영역 덕분이다.

오늘날 인류 역사상 처음으로 우리는 우리 자신에게 좋은 것을 선택할 수 있는 지식과 자유를 누리고 있다. 적어도 현대의 서구 사회에서 여성과 남성은 최고의 사랑을 누릴 수 있다. 원한다면 어떤 나이든 결혼할 수 있고, 혹은 안 할 수 있다. 가족 만들기가 어울린다면 아이를 가질 수 있고, 안 가질 수도 있다.

이 같은 자유에는 한계와 단점도 있다. 디지털 데이트 세계의 수많은 선택지는 인지적 홍수를 불러오고 지나치게 따지는 결과를 초래한다. 생체 시계가 남성과 여성에서 다르게 돌아간다는 점 또한 좌절을 안겨줄 수 있다. 서른 살이 새로운 스무 살이라는 명제는 여성에게 유효하지 않기 때문이다. 자궁은 수천 년 동안 변하지 않았고 여성의 가임력은 여전히 33세 이후로 유의미하게 떨어진다. 나아가 우리는 경제 발전의 풍요를 누리며 살고 있다. 자원이 풍부하고 유혹도 풍부한 시대에 평생의 일부일처는 진화적 이득이 없다. 자원이 풍부하면 우리의 유전자는 다양성 및 위험 분산을 부추긴다. 싱글들이 사용할 기술이 쏟아지는 시대에, 우리의 선택 뒤에 숨어있는 사랑의 과학을 이해하고 제대로 선택하는 법과 사랑을 지속하는 법을 아는 일은 훨씬 더 중요할 수밖에 없다.

개인적 차원에서, 마흔다섯 살의 내가 알게 된 사랑에 관한 지식을 스무 살에도 갖추었다면 의심의 여지 없이 연애와 결혼의 역사가 달라졌을 것이다. 아마도 열여덟 살에 만난 첫 번째 남자친구와 결혼하지 않았을 것이다. 10대 시절이란 인생 최초로 강력한 사랑 물질이 마음속에 흘러넘치는 때라서, 결혼처럼 정확한 정보를 바탕으로 결정할 일에 아주 중요한 변수들을 보지 못한다는 사실을 받아들였을 것이다. 전전두엽 피질이 아직 성숙하는 중이고 정서적 뇌가 푹 젖어있는 상황에서, 헤어짐은 시간문제였을 뿐이다. 내 경우, 2년 반이 걸렸다.

그리고 내게 유독한 관계의 조짐을 눈치채고 사랑이 불가능한 상대를 알아볼 지식이 있었더라면 더 조심했을 것이다.

낯선 사람에게 느낀 강력한 매력 때문에, 스물여덟의 나이로 두 번째 결혼을 서둘러 결정할 일도 없었을 것이다. 머나먼 네팔을 여행하며 그곳의 풍경과 사람들에게 매혹된 시절, 도파민과 아드레날린에 젖은 채 아주 매력적인 네팔 남자와 사랑에 빠졌다. 여행에서 아드레날린이 솟구친 경험은(사실 젊은 남성과 여성 모두에게 나타난다) 다시 한번 결혼으로 결말을 맞이했다. 인간은 자기 자신과는 다른 낯선 존재에게 끌리는 생물학적이고 진화적인 경향이 있긴 하나, 친숙한 대상에 느끼는 매력이 심리학적 이유로 더 오래 지속된다는 사실을 알았더라면 결혼을 미루었을 수도 있다.

그리고 출산 후 아이를 키우는 부부의 생활에 프로락틴이 어떤 파괴적인 효과를 내는지 알았다면, 내 행동이 달라졌을 수도 있다. 임신과 출산 동안 어머니의 뇌와 신체에 어떤 일이 일어나는지 자세히 알았더라면, 진화의 관점에서 양육 기계로 변신한 내가 양육 불안에 시달리는 존재이자 덜 성적인 존재가 되어버린다는 것을 알았더라면, 상황은 달라졌을 수도 있다.

살면서 내린 결정을 후회하지는 않는다. 모든 경험에서 배움을 얻었다. 나의 가장 소중한 옥시토신 생명, 사랑하는 마야와 밀란을 이 세계로 맞이하는 특권도 누렸다.

전전두엽 피질이 완전히 성숙하고 정서적 뇌가 자기 자신을 더 잘 조절하게 된 마흔한 살이 되어, 마침내 나와 잘 맞는 파트너를 세 번째로(이자 마지막으로) 선택하게 되었다. 마침내 내가 어떤 사람인지 완전히 파악하고 연애와 결혼 생활을 통제할 수 있게 되었다. 나는 친숙한 대상에서 편안함과 안락함을 찾았다. 파트너 에레즈는 친절하고 매력적이며 결혼 및 가족생활에 잘 어울리는 사람이다. 외모 또한 마음속 강렬한 옥시토신 기억을 환기한다. 바로 내 인생의 중요한 양육자, 나와 형제자매를 끝없는 헌신으로 키워주시고 사랑에 대한 내 모든 앎을 가르쳐주신 사랑하는 아버지에 관한 기억이다.

오래전에 비틀즈는 "필요한 것은 사랑뿐"이라고 노래했다. 실로 우리는 사랑을 위해, 옥시토신을 위해 태어난 존재이다. 자궁에 있을 때부터 노년기에 이르기까지 우리 뇌는 사랑 호르몬의 성장과 번영이 필요하다. 다른 여러 포유류처럼, 우리 인간은 생존을 위해 서로에게 전적으로 의존하는 사회적 동물이다. 외로움은 우리에게 해롭다. 우리의 신경계가 쉬려면 다른 신경계가 가까이 있어야 한다. 우리는 사람들 속에 있을 때 긴장을 내려놓으며, 이것이 우리 생물학의 본질적인 부분이다. 아주 최근, 전염병으로 사회적 거리 두기를 경험한 시대에 우리는 그 어느 때보다도 이 같은 조치가 우리의 정서적 건강과 정신 건강에 어떤 결과를 초래하였는지 이해할 필요가 있다. 우리의 뇌 배선은 사랑과 사회적 연결을 지향한다. 우리는 소중한 사람들을 돕고 형제자매의 행복을 증진하며 인생의 의미를 찾는다. 그래서 우리가 인간일 수 있다.

옮긴이 후기

대중적인 진화론 책은 읽을 때는 대체로 재미있다. 유전자는 이 세상에 가능한 한 다양한 속성의 씨를 뿌리고자 하는 경향이 있다. 뇌의 배선도, 호르몬도 이 같은 목적을 뒷받침한다. 그래서 남성은 남성대로, 여성은 여성대로 각자 주어진 역할에 충실하게 행동한다 등등. 그렇지만 책을 덮고 나면, 생물학적 설명이 과연 어디까지 적용될 수 있을까 궁금해진다. 얼마 전에는, 미국의 Z세대는 영화 속 섹스 장면을 그리 원치 않는다는 뉴스를 접했다. 90년대에는 사랑과 성애가 일종의 해방구처럼 매체에서 그려질 때가 있었는데, 그런 시절은 돌아오지 않을 과거가 된 것 같다.

한국도 분위기가 그리 다르지 않을 것이다. 한때는 나이가 차면 다들 결혼하고 아이를 낳았는데 어느 순간 결혼이 줄고 지금은 연애도 결혼도 하지 않은 젊은 세대가 전례 없이 많다. 아이 없이, 파트너 없이 사는 생활양식이 한번 자리 잡고 나면 다시 변할 일은 없다고 하니 이런 추세는 계속될지도 모르겠다. 사실 전 세계적으로 인구가 줄어들고 있으며 이제 인구 감소에 대비해야 한다는 담론이 본격적으로 등장하고 있다.

그렇다고 연애, 혹은 이 책에서 말하듯 나를 이해해 줄 영혼의 짝을 만나 사랑을 나누고 싶은 욕망이 정말 사라졌나 하면 그렇지는 않은 것 같다. MBTI별 연애할 때의 특징이나 결혼에 잘 어울리는 사람의 속성 같은 목록들은 계속 생산된다. 알파 메일이나 알파 남성 같은 단어도 자주 등장하는데, 집단 내 서열 1위를 뜻하기도 하지만 매력 있고 사귀고 싶은 상대라는 맥락에서도 쓰인다.

이 책에서 인상 깊었던 부분은, 유전자 혹은 인간의 타고난 본능이 우리 전두엽의 사회적 판단과 어긋날 수 있으며 사회의 변화 속도에 맞추어 인류가 진화할 만큼 시간이 충분히 주어지지 않았다는 지적이었다. 과학자로서 저자는 이 같은 모순을 최대한 봉합하고자 하며, 인간이 서로에게 잘 맞는 짝을 찾아 안정된 일부일처 관계를 맺을 방법을 제시하고자 한다. 그렇다면 문명의 변화를 따라잡을 만큼 인류가 진화한다면 그때 사랑의 풍경은 어떤 모습을 보일지 궁금하다. 인류에게 그만큼의 시간이 주어질 수 있는지, 어쩌면 인구 감소 혹은 기후 변화가 더 빨리 닥칠지 알 수 없는 일이지만.

주석 및 참고문헌

1) Joseph Ledoux, *The Emotional Brain: The Mysterious Underpinnings of Emotional Life*, Simon & Schuster 1998.

2) G. Rizzolatti, L. Fadiga, V. Gallese, L. Fogassi, "Premotor cortex and the recognition of motor actions," *Cognitive Brain Research*, 3, pp. 131-141, 1996. G. Rizzolatti, S. Corrado, *Mirrors in the Brain: How Our Minds Share Actions, Emotions, and Experience*, Oxford University Press, 2008.

3) P. J. Zack, *The Moral Molecule: The Source of Love and Prosperity*, Dutton, 2012.

4) Carter CS, Porges SW. The biochemistry of love: an oxytocin hypothesis. EMBO Rep. 2013 Jan ; 14(1):12-6. doi: 10.1038/embor.2012.191. Epub 2012 Nov 27. S. W. Porges, *The Polyvagal Theory: Neurophysiological Foundations of Emotions, Attachment, Communication, and Self-Regulation*, Barnes and Noble, 2011.

5) E. Madsen, R. Tunney, G. Fieldman, H. Plotkin, R. Dunbar, J.-M. Richardson, D. McFarland, "Kinship and altruism: A cross-cultural experimental study," *British Journal of Psychology*, 98, pp. 339-59, 2007.

6) C. Darwin, *The Descent of Man, and Selection in Relation to Sex*, London.

7) H. Eiberg, J. Troelsen, M. Nielsen, A. Mikkelsen, J. Mengel-From, K. W. Kjaer, L. Hansen, "Blue eye color in humans may be caused by a perfectly associated founder mutation in a regulatory element located within the HERC2 gene inhibiting OCA2 expression," *Human Genetics*, 123, pp. 177-87, 2008.

8) K. Schmida, M. David, A. Samalc, "Computation of a face attractiveness index based on neoclassical canons, symmetry, and golden ratios," *Pattern Recognition*, 8, 41, pp. 2710-2717, 2008.

9) S. Richmond, L. Howe, S. Lewis, S. Evie, A. Zhurov, "Facial Genetics: A Brief Overview," *Frontiers in Genetics*, 2018.

10) S. Geniole, T. Denson, B. Dixson, J. Carré, C. McCormick, "Evidence from Meta-Analyses of the Facial Width-to-Height Ratio as an Evolved Cue of Threat," *Plos One*, 7, 10, p. e0132726, 2015.

11) M. J. Law-Smith, D. I. Perret, B. C. Jones, R. E. Cornwell, F. R. Moore, D. R. Feinberg, L. G. Boothroyd, S. J. Durrani, M. R. Stirrat, S. Whiten, R. M. Pitman, H. S. G, "Facial appearance is a cue to oestrogen levels in women," *Proceedings of the Royal Society B: Biological Sciences*, 1583, 273, pp. 135-40, 2006.

12) E. Bruch, F. Feinberg, K. Y. Lee, "Extracting multistage screening rules from online dating activity data," *Proceedings of the National Academy of Sciences,* 38, 113, pp. 10530-10535, August 2016. L. Waterlow, "Size matters in online dating: Short men get less interest from women than their taller counterparts-and those at 6ft have the most luck," 2013[on-line] daily mail.co.uk.

13) J. Shepperd, A. Strathman, "Attractiveness and Height: The Role of Stature in Dating Preference, Frequency of Dating, and Perceptions of Attractiveness," *Personality and Social Psychology Bulletin,* 1989. J. Pinsker, "The Financial Perks of Being Tall," *The Atlantic,* 2015.

14) N. Li, J. Yong, W. Tov, O. Sng, G. Fletcher, K. Valentine, Y. Jiang, D. Balliet, "Mate preferences do predict attraction and choices in the early stages of mate selection," *Journal of Personality and Social Psychology,* 5, 105, pp. 757-776, 2013.

15) S. Walters, C. Crawford, "The importance of mate attraction for intrasexual competition in men and women," *Ethology and Sociobiology,* 1, 15, pp. 5-30, 1994.

16) A. Aron, E. Melinat, E. Aron, R. Vallone, B. Renee, "The Experimental Generation of Interpersonal Closeness: A Procedure and Some Preliminary Findings," *Personality and Social Psychology Bulletin,* 1997.

17) John G. H. Cant. "Hypothesis for the Evolution of Human Breasts and Buttocks." *The American Naturalist,* vol. 117, no. 2, 1981, pp. 199-204. JSTOR, www.jstor.org/stable/2460501. Accessed 23 Sept. 2023.

18) S. Tifferet, O. Gazie, Y. Baram, "Guitar Increases Male Facebook Attractiveness: Preliminary Support for the Sexual Selection Theory of Music," *Letters of Evolutionary Behavioral Science,* 1, 3, pp. 4-6, 2012.

19) A. Zahavi, *The Handicap Principle: A Missing Piece of Darwin's Puzzle,* Oxford University Press, 1997.

20) S. Street, T. Morgan, A. Thornton, G. Brown, K. Laland, C. Cross, "Human mate-choice copying is domain-general social learning," *Scientific Reports.* 2018, 1, 8.

21) C. Wedekind, T. Seebeck, F. Betten, A. Paepke, "MHC-dependent mate preferences in humans," *Proceedings of the Royal Society of London. Series B: Biological Sciences.* 1995, 1359, 260.

22) S. Kirshenbaum, *The Science of Kissing: What Our Lips Are Telling Us,* Grand Central Publishing, 2011.

23) C. Wyart, W. Webster, J. Chen, S. Wilson, A. McClary, R. Khan, N. Sobel, "Smelling a Single Component of Male Sweat Alters Levels of Cortisol in Women," *Journal of Neuroscience,* 6, 27, pp. 1261-1265, 2007.

24) T. Saxton, A. Lyndon, A. Little, C. Roberts, "Evidence that andro-stadienone, a

putative human chemosignal, modulates women's attributions of men's attractiveness," *Hormones and Behavior,* 54, 5, pp. 597-601, 2008. M. J. Olsson, J. N. Lundström, S. Diamantopoulou, F. Estevesa, "A putative female pheromone affects mood in men differently depending on social context," *European Review of Applied Psychology,* 56, 4, pp. 279-284, 2006.

25) CNN, "Sniff out your soul mate at a pheromone party-creator Judith Prays explains how it works," CNN, 2012.

26) Westermarck, Edvard A. (1921). *The History of Human Marriage* (5th ed.). London: Macmillan.

27) *Incest. A biosocial view.* By J. Shepher. New York: Academic Press. 1983. xiv 213

28) Wolf, Arthur P. (2005). "Chapter 4: Explaining the Westermarck effect, or, what did natural selection select for?". In Wolf, Arthur P.; Durham, William H. (eds.). *Inbreeding, Incest, and the Incest Taboo: The State of Knowledge at the Turn of the Century.* Stanford, California: Stanford University Press.

29) Malikov, Azim. (2018). Kinship Systems of Xoja Groups in Southern Kazakhstan. *Anthropology of the Middle East.* 12. 10.3167/ame.2017.120206. https://www.ethiopianorthodox.org/biography/02thelawoyings.pdf.

30) B. Laeng, O. Vermeer, U. Sulutvedt, "Is Beauty in the Face of the Beholder?" *Plos One,* 2013.

31) M. Robinson, A. Kleinman, M. Graff, A. Vinkhuyzen, D. Couper, M. Miller, W. Peyrot, A. Abdellaoui, B. Zietsch, I. Nolte, J. v. Vliet-Ostaptchou k, H. Snieder, "Genetic evidence of assortative mating in humans," *Nature Human Behaviour,* 1, p. 16, 2017.

32) T. Bereczkei, G. Petra, G. Weisfeld, "Sexual imprinting in human mate choice," *Proceedings of the Royal Society B: Biological Sciences,* 271, pp. 1129-1134, 2004.

33) M. Vicedo, "The Father of Ethology and the Foster Mother of Ducks: Konrad Lorenz as Expert on Motherhood," University of Chicago Press. 2009.

34) I. P. Owens, C. Rowe, T. A. L, "Sexual selection, speciation and imprinting: separating the sheep from the goats."

35) T. Bereczkei, P. Gyuris, P. Koves, L. Bernath, "Homogamy, genetic similarity, and imprinting; parental influence on mate choice preferences," *Personality and Individual Differences,* 5, 33, pp. 677-690, 2002.

36) Roberts, S. C., Little, A. C., Burriss, R. P., Cobey, K. D., Klapilová, K., Havlíček, J., Jones, B. C., DeBruine, L., & Petrie, M. (2014). Partner Choice, Relationship Satisfaction, and Oral Contraception: The Congruency Hypothesis. *Psychological Science,* 25(7), 1497-1503. C. Roberts, M. Gosling, V. Carte, M. Petrie, "MHC-

correlated odour preferences in humans and the use of oral contraceptives," *Proceedings of the Royal Society B: Biological Sciences*, 1652, 275, pp. 2715-22, 2008.

37) Geoffrey Miller, Joshua M. Tybur, Brent D. Jordan, Ovulatory cycle effects on tip earnings by lap dancers: economic evidence for human estrus? *Evolution and Human Behavior*, Volume 28, Issue 6, 2007, pp. 375-381.

38) Sexual side effects of SSRIs: Why it happens and what to do Coping with this common side effect from an-depressants. July 7, 2023, Reviewed by Howard E. LeWine, MD, Chief Medical Editor, Harvard Health Publishing.

39) Fisher, HE and JA Thomson (2007) Lust, Attraction, Attachment: Do the side effects of serotoninenhancing antidepressants jeopardize romantic love, marriage and fertility? In S Platek, JP Keenan and TK Shackelford (Eds.) *Evolutionary Cognitive Neuroscience*. Cambridge, MA: MIT Press. pp. 245-283. H. Fisher, *Why We Love: The Nature and Chemistry of Romantic Love*, Holt Paperbacks, 2004.

40) J. Kincaid, "OkCupid Checks Out the Dynamics of Attraction And Your Love Inbox," Techcrunch, 2009. [on-line] techcrunch.com/2009.

41) P. Backus, "Why I don't have a girlfriend - an application of the Drake equation to love in the UK," 1999. E-harmony, "One in 562 - the odds of finding love," 2009 [on-line] thirdcity.co.uk.

42) B. Shivali, "Mathematicians reveal odds finding love," August 2017. [on-line] dailymail.co.uk.

43) H. Fry, *The Mathematics of Love: Patterns, Proofs and the Search for the Ultimate Equation,* Ted Books, 2015.

44) M. Freiberger, "Strategic dating: The 37% rule," Plus Magazine. Plus Magazine, "Kissing the frog: A mathematician's guide to mating," Plus Magazine.

45) M. Iqbal, "Tinder Revenue and Usage Statistics (2021)," 2021.

46) VIDA Select, "Should I Lie in My Online Dating Profile." S. Rosenbloom, "Love, Lies and What They Learned," *The New York Times*, pp. Section ST, Page 1, November 2011. R. Epstein, "The Truth about Online Dating," *Scientific American Mind,* 3, 20, 54-61, 2009.

47) B. Schwartz, *The Paradox of Choice - Why More is Less. How The Culture of Abundance Robs Us of Satisfaction,* Harper Perennial, 2004.

48) Hate It or Love It, Tinder's Right Swipe Limit Is Working Jordan Crook, techcrunch.com

49) C. B. Ferster, B. F. Skinner, *Schedules of reinforcement,* Appleton-Century-Crofts, 1957.

50) B. F. Skinner, *Science and human behavior,* New York: The Free Press, 1953.

51) A. Paul, "Is Online Better Than Offline for Meeting Partners? Depends: Are You Looking to Marry or to Date?," *Cyberpsychology, Behavior, and Social Networking.* 2014, 10, 17.

52) Traister, Rebecca. *All the Single Ladies: Unmarried Women and the Rise of an Independent Nationm,* Simon & Schuster, 2016.

53) B. Rammstedta, F. Spinath, D. Richte, J. Schupp, "Partnership longevity and personality congruence in couples," *Personality and Individual Differences,* 7, 54, pp. 832-835, 2013.

54) H. Osborne, "More Gay Dolphins Observed Off Coast of Western Australia," 2017 [on-line], newsweek.com.

55) Wikipedia, "List of animals displaying homosexual behavior."

56) A. Barron, B. Hare, "Prosociality and a Sociosexual Hypothesis for the Evolution of Same-Sex Attraction in Humans," *Frontiers in Psychology,* 2020.

57) J. Barthesa, B. Godellea, M. Raymondb, "Human social stratification and hypergyny: toward an understanding of male homosexual preference," *Evolution and Human Behaviour,* 3, 34, pp. 155-163, 2013.

58) D. Hamer, S. Hu, V. Magnuson, N. Hu, A. Pttatucci, "A linkage between DNA markers on the X chromosome and male sexual orientation," *Science,* 5119, 261 pp. 321-7, 1993.

59) A. Sanders, G. Beecham, S. Guo, K. Dawood, G. Rieger, J. Badner, E. Gershon, R. Krishnappa, A. Kolundzija, J. Duan, P. Gejman, M. Bailey, E. Martin, "Genome -Wide Association Study of Male Sexual Orientation," *Nature,* p. 16950, 2017.

60) A. Ganna, K. Verweij, M. Nivard, R. Maier, R. Wedow, A. Busch, A. Abdellaoui, S. Guo, J. F. Sathirapongsasuti, 2. Team Research, P. Lichtenstein, "Large-scale GWAS reveals insights into the genetic architecture of same-sex sexual behavior," *Science,* 6456, 365, 7693, 2019.

61) J. Balthazart, "Fraternal birth order effect on sexual orientation explained," *Proceedings of the National Academy of Sciences,* 2, 115, 234-236, 2018.

62) A. F. Bogaert, M. Skorska, C. Wang, J. Gabrie, A. MacNeil, M. Hoffarth, D. VanderLaan, K. Zucker, R. Blanchard, "Male homosexuality and maternal immune responsivity to the Y-linked protein NLGN4Y," *Proceedings of the National Academy of Sciences,* 2, 115, 302-306, 2018.

63) S. Nila, P.-A. Crochet, J. Barthes, P. Riani, B. Juliandi, B. Suryobroto, M. Raymond, "Male Homosexual Preference: Femininity and the Older Brother Effect in Indonesia," *Evolutionary Psychology,* 4, 17, 2019.

64) A. F. Bogaert, M. Skorska, "Sexual orientation, fraternal birth order, and the

maternal immune hypothesis: a review," *Frontiers in Neuro-endocrinology*, 2, 32, 247-54, 2011.

65) A. F. Bogaert, M. N, Skorska, C. Wang, J. Gabrie, A. J. MacNeil, M. R. Hoffarth, D. P. VanderLaan, K. J. Zucker, R. Blanchard. "Male homosexuality and maternal immune responsivity to the Y-linked protein NLGN4Y," *Proc Natl Acad Sci USA*. 2018 Jan 9;115(2):302-306. doi: 10.1073/pnas.17058951 14. Epub 2017 Dec 11.

66) F. Galis, C. Ten Broek, S. Van Dongen, L. Wijnaendts, "Sexual Dimorphism in the Prenatal Digit Ratio (2D:4D)," *Archives of Sexual Behavior*, 1, 39, 57-2, 2010.

67) B. Gladue, W. Beatty, J. Larson, D. Staton, "Sexual orientation and spatial ability in men and women," *Psychobiology*, 18, 101-8, 1990.

68) E. Hampson, S. Janani, "Hand preference in humans is associated with testosterone levels and androgen receptor gene polymorphism," *Neuropsychologia*, 8, 50, 2018-25, 2012.

69) W. Rice, U. Friberg, S. Gavrilets, "Homosexuality as a Consequence of Epigenetically Canalized Sexual Development," *The Quarterly Review of Biology*, 4, 87, 343-368, 2012.

70) T. Ngun, E. Vilain, "The biological basis of human sexual orientation: is there a role for epigenetics?" *Advances in Genetics*, 86, 167-184, 2014.

71) Kinsey, Alfred C., Wardell B. Pomeroy, and Clyde E. Martin. *Sexual Behavior in the Human Male*. Philadelphia, PA: W. B. Saunders Company, 1948.

72) Attanasio M, Masedu F, Quattrini F, Pino MC, Vagnetti R, Valenti M, Mazza M. Are Autism Spectrum Disorder and Asexuality Connected? *Arch Sex Behav*. 2022 May; 51(4):2091-2115.

73) Baettig L, Baeumelt A, Ernst J, Boeker H, Grimm S, Richter A. The awareness of the scared − context dependent influence of oxytocin on brain function. *Brain Imaging Behav*. 2020 Dec; 14(6):2073-2083.

74) Frans B. M. Waal, Bonobo Sex and Society, in *A Special Editions* 16, 3s, 14-21, June 2006.

75) Nave, Gideon, Amos Nadler, David Zava, Colin Camerer. 2017. "Single Dose Testosterone Administration Impairs Cognitive Reflection in Men". *Psychological Science* 28 (10): 1398−407. P. O. Gurnani, M. Dwyer, "Serum Testosterone Levels in Sex offenders," *Journal of Offender Counseling, Services and Rehabilitation* Volume: 11(1) Dated: (Fall-Winter 1986) Pages: 39-45.

76) H. G. Pope, E. M. Kouri, J. I. Hudson, "Effects of supraphysiologic doses of testosterone on mood and aggression in normal men: a randomized controlled trial." *Arch Gen Psychiatry*. 2000 Feb;57(2):133-40; discussion 155-6.

주석 및 참고문헌

77) Adam. S. Sprouse-Blum, Greg Smith, Daniel Sugai, F. Don. Parsa, "Under-standing endorphins and their importance in pain management," *Hawaii Med J.* 2010 Mar;69(3):70-1.

78) Larry J. Young, Loretta M. Flanagan-Cato. Editorial comment: oxytocin, vasopressin and social behavior. *Horm Behav.* 2012 Mar;61(3):227-9.

79) T. H. C. Kruger, "Specificity of the neuroendocrine response to orgasm during sexual arousal in men," *Journal of Endocrinology*, 1, 177, pp. 57-64, 2003.

80) J. T. Winslow, N. Hastings, C. S. Carter, C. R. Harbaugh, T. R. Insel, "A role for central vasopressin in pair bonding in monogamous prairie voles," *Nature,* 6446, 365, pp. 545-8, 1993.

81) P. Wang, H.-P. Yang, S. Tian, L. Wang, S. Wang, F. Zhang, Y.-F. Wang, "Oxytocin-secreting system: A major part of the neuroendocrine center regulating immunologic activity," *Journal of Neuroimmunology*, 289, pp. 152-61, 2015.

82) K. E. Gabry, "The Science of Orgasm," JAMA. 2008;299(6):701–702.

83) M. Leitzmann, E. Platz, M. Stampfer, W. Willett, E. Giovannucci, "Ejaculation frequency and subsequent risk of prostate cancer," *The Journal of Urology*, 13, 291, pp. 1578-86, 2004.

84) S. Ortigue, F. Bianchi-Demicheli, N. Patel, C. Frum, J. Lewis, "Neuroimaging of Love: fMRI Meta-Analysis Evidence toward New Perspectives in Sexual Medicine," *The Journal of Sexual Medicine*, 7, 11, pp. 3541-3552, 2010.

85) R. Burriss, C. Roberts, L. Welling, D. Puts, A. Little, "Heterosexual Romantic Couples Mate Assortatively for Facial Symmetry, But Not Masculinity," *Personality and Social Psychology Bulletin,* 5, 37, pp. 601-13, 2011.

86) P. Bos, D. Hofman, E. Hermans, E. Montoya, S. Baron-Cohen, J. van-Honk, "Testosterone reduces functional connectivity during the 'Reading the Mind in the Eyes' Test," *Psychoneuroendocrinology*, 68, pp. 194-201, 2016.

87) S. Okabe, K. Kitano, M. Nagasawa, K. Mogi, T. Kikusui, "Testosterone inhibits facilitating effects of parenting experience on parental behavior and the oxytocin neural system in mice," *Physiology & Behavior*, 118, pp. 159-164, 2013.

88) E. H. Albers, "The regulation of social recognition, social communication and aggression: Vasopressin in the social behavior neural network," *Hormones and Behavior,* 3, 61, pp. 283-292, 2012. Y. Delville, K. Mansour, C. Ferris, "Testosterone facilitates aggression by modulating vasopressin receptors in the hypothalamus," *Physiology & Behavior,* 1, 60, pp. 25-29, 1996.

89) M. Mcclure, "Stanford researchers discover the African cichlid's noisy courtship ritual," *Stanford Report,* 2012.

90) J. Desjardins, J. Klausner, R. Fernald, "Female genomic response to mate information," *Proceedings of the National Academy of Sciences*, 49, 107, pp. 21176-21180, 2010. M. Shwartz, "Social status triggers genetic response in male cichlid fish," *Stanford Report*, 2005.

91) G. Doron, D. Derby, O. Szepsenwol, "Relationship obsessive compulsive disorder (ROCD): A conceptual framework," *Journal of Obsessive-Compulsive and Related Disorders*, 2, 3, pp. 169-80, 2014.

92) C. Riley, "The dolphin who loved me: the Nasa-funded project that went wrong," *The Guardian*, 2014.

93) CDC Vital Signs Report, June 2018.

94) G. R. Patankar, J. W. Choi, J. M. Schussler, "Reverse takotsubo cardiomyopathy: two case reports and review of the literature," *Journal of Medical Case Reports*, 7, 84, 2013.

95) J. Holt-Lunstad, T. Smith, M. Baker, T. Harris, D. Stephenson, "Loneliness and Social Isolation as Risk Factors for Mortality: A Meta-Analytic Review," *Perspectives on Psychological Science,* 2015.

96) J. Bowlby, The Bowlby-Ainsworth attachment theory. *Behavioral and Brain Sciences*, 2, 4, pp. 637-638, 1979.

97) C. Servin-Barthet, M. Marànez-García, C. Pretus, et al. The transition to motherhood: linking hormones, brain and behaviour. *Nature Reviews Neuroscience*, 24, pp. 605-619, 2023.

98) M. Pereira, "Structural and Functional Plasticity in the Maternal Brain Circuitry," *New Directions for Child and Adolescent Development,* 153, pp. 23-46, 2016.

99) E. Hoekzema, E. Barba-Müller, C. Pozzobon, M. Picado, F. Lucco, D. García-García, J.-C. Soliva, A. Tobeña, M. Desco, E. Crone, A. Ballesteros, S. Carmona, O. Vilarroya, "Pregnancy leads to long-lasting changes in human brain structure," *Nature Neuroscience,* 20, pp. 287-296, 2017.

100) N. Scott, M. Prigge, O. Yizha, T. Kimchi, "A sexually dimorphic hypothalamic circuit controls maternal care and oxytocin secretion," *Nature,* 525, pp. 519-22, 2015.

101) M. Skrundz, M. Bolten, I. Nast, et al. Plasma Oxytocin Concentration during Pregnancy is associated with Development of Postpartum Depression. *Neuropsychopharmacol* 36, pp. 1886-1893, 2011.

102) N. Scott, M. Prigge, O. Yizhar, T. Kimchi, "A sexually dimorphic hypothalamic circuit controls maternal care and oxytocin secretion," *Nature,* 525, pp. 519-22, 2015.

103) I. Gordon, O. Zagoory-Sharon, J. Leckman, R. Feldman, "Oxytocin, cortisol, and triadic family interactions," *Physiology & Behavior*, 5, 101, pp. 679-84, 2010.

104) E. Abraham, G. Gilam, Y. Kanat-Maymon, Y. Jacob, O. Zagoory-Sharon, H. Talma, R. Feldman, "The Human Coparental Bond Implicates Distinct Corticostriatal Pathways: Longitudinal Impact on Family Formation and Child Well-Being," *Neuropsychopharmacology*, 42, pp. 2301-2313, 2017.

105) J. E. Swain, P. Kim, S. S. Ho, "Neuroendocrinology of Parental Response to Baby-Cry," *Journal of Neuroendocrinology*, 11, 23, pp. 1036-1041, 2011.

106) K. Pilyoung, P. Rigo, L. Mayes, R. Feldman, J. Leckman, J. Swain, "Neural plasticity in fathers of human infants," *Social Neuroscience*, 9, 2014.

107) Patricia Schreiner-Engel, Raul C. Schiavi, Daniel White, Anna Ghizzani, Low sexual desire in women: The role of reproductive hormones, *Hormones and Behavior*, 23, 2, pp. 221-234, 1989.

108) C. M. Meston, D. M. Buss, *Why women have sex: understanding sexual motivations from adventure to revenge (and everything in between)* (1st ed.), Times Books, 2019.

109) S. W. Porges, *The Polyvagal Theory: Neurophysiological Foundations of Emotions, Attachment, Communication, and Self-Regulation*, Barnes and Noble, 2011.

110) E. Lisitsa, "The Four Horsemen: Criticism, Contempt, Defensiveness, and Stonewalling," *The Gotman Institute,* 2013.

111) https://www.mako.co.il/news-lifestyle/2020_q1/Ar-cle-164bae7a2db70710 27.htm

112) World Population Review, "Divorce Rate By State 2021," *World Population Review.*

113) F. A. Beach, L. Jordan, "Sexual exhaustion and recovery in the male rat," *The Quarterly Journal of Experimental Psychology,* 8, pp. 121-133, 1956.

114) G. L. Lester, B. B. Gorzalka, "Effect of novel and familiar mating partners on the duration of sexual receptivity in the female hamster," *Behavioral and Neural Biology,* 3, 49, pp. 398-405, 1988.

115) B. Phillips-Farfán, M. Romano-Torres, A. Fernández-Guasti, "Anabolic androgens restore mating after sexual satiety in male rats," *Pharmacology, Biochemistry and Behavior,* 89, pp. 241-46, 2007.

116) E. Koukounas, R. Over, "Habituation of male sexual arousal: effects of attentional focus," *Biological Psychology*, 1, 58, pp. 49-64, 2001.

117) T. Love, C. Laier, M. Brand, L. Hatch, R. Hajela, "Neuroscience of Internet Pornography Addiction: A Review and Update," *Behavioral Sciences*, 3, 5, pp. 388-33, 2015.

118) R. F. Baumeister, "Gender differences in erotic plasticity: The female sex drive as socially flexible and responsive," *Psychological Bulletin*, 3, 126, pp. 347-374, 2000.

119) M. Ketchiff, "Infidelity Survey: What Cheating Looks Like," Shape.com, 201.

120) S. C. Griffith, S. Immler, "Female Infidelity and Genetic Compatibility in Birds: The Role of the Genetically Loaded Raffle in Understanding the Function of Extrapair Paternity," *Journal of Avian Biology,* 2, 40, pp. 97-101, 2009.

121) R. Dawkins, *The Selfish Gene,* Oxford University Press, USA, 1976.

122) S. Pappas, "Genetic testing and family secrets," *American Psychological Association,* 6, 49, pp. 44, 2018.

123) W. Arndt, J. Foehl, E. Good, "Specific Sexual Fantasy Themes: A Multidimensional Study," *Journal of Personality and Social Psychology,* 48, 2, pp. 472-480, 1985.

124) R. F. Baumeister, *Social Psychology and Human Sexuality,* Routledge, 2001.

125) R. M. Sapolsky, *A primate's memoir: A Neuroscientist's Unconventional Life Among the Baboons,* New York, Scribner, 2001.

126) E. J. Heske, R. J. Nelson, "Pregnancy interruption in Microtus ochrogaster: Laboratory artifact or field phenomenon?," *Biology of Reproduction,* 31, 1, pp. 97-103, 1984.

127) B. G. Dias, K. J. Ressler, "Parental olfactory experience influences behavior and neural structure in subsequent generations," *Nature Neuroscience,* 17, pp. 89-6, 2014

128) Eva, Jablonka, Marion J. Lamb, Eytan Avital, "'Lamarckian' mechanisms in Darwinian evolution," *Trends in Ecology & Evolution,* 13, 5, pp. 206-210, 1998.

129) https://en.wikipedia.org/wiki/Parthenogenesis.

130) N. P. Hemanth, L. J. Young, "Vasopressin and pair-bond formation: genes to brain to behavior," *Physiology,* pp. 146-52, 2006.

131) E. Amadei, Z. Johnson, Y. J. Kwon, A. Shpiner, V. Saravanan, W. Mays, S. Ryan, H. Walum, D. Rainnie, L. Young, R. Liu, "Dynamic corticostriatal activity biases social bonding in monogamous female prairie voles," *Nature,* 7957, 546, pp. 297-301, 2017.

132) A. Bendesky, Y. M. Kwon, J. M. Lassance, C. L. Lewarch, S. Yao, B. K. Peterson, M. X. He, C. Dulac, H. E. Hoekstra, "The genetic basis of parental care evolution in monogamous mice," *Nature,* 544, pp. 434-39, 2017.

133) H. Fujii-Hanamoto, K. Matsubayashi, M. Nakano, H. Kusunoki, T. Enomoto, "A comparative study on testicular microstructure and relative sperm production in gorillas, chimpanzees, and orangutans," *American Journal of Primatology,* 6, 73, pp. 570-577, 2011.

134) R. Baker, *Sperm Wars: Infidelity, Sexual Conflict, and Other Bedroom Battles,* Basic Books, 2006.

135) M. Jensen-Seaman, L. Wen-Hsiung, "Evolution of the Hominoid Semenogelin Genes, the Major Proteins of Ejaculated Semen," *Journal of Molecular Evolution,* 57, pp. 261-270, 2003.

136) M. Zajenkowski, G. E. Gignac, R. Rogoza, J. Górniak, O. Maciantowicz, M. Leniarska, P. K. Jonason, K. S. Jankowski, Ego-Boosting Hormone: Self-Reported and Blood-Based Testosterone Are Associated with Higher Narcissism. *Psychol Sci.* Sep;34(9):1024-1032, 2023.

137) T. Zerjal, The Genetic Legacy of the Mongols. *The American Journal of Human Genetics,* 72, 3, pp. 717-721, 2003.

138) G. P. Murdock, "Atlas of World Cultures," The University of Pittsburgh Press, 1981.

139) "Monogamy", *Encyclopaedia Judaica,* 12, pp. 258-260.

140) H. Walum, L. J. Young, The neural mechanisms and circuitry of the pair bond. *Nature Review Science* 19, pp. 643-654, 2018.

141) Rosin Hanna, *The End of Men and the Rise of Women,* New York: Riverhead Books, 2012.

142) C. Jenkins, *What Love Is: And What It Could Be,* Basic Books, 2017.

143) Marilyn Waring, *Counting for Nothing: What Men Value and What Women are Worth,* University of Toronto Press, 1999.

144) British Social Attiudes Survey, 2022, [on-line] bbc.com/news/uk-66866879.

145) *The Price of Motherhood: Why the Most Important Job in the World Is Still the Least Valued,* Ann Crittenden, Picador, 2010.

146) J. M. Gottman and S. Carrere, Why can't men and women get along? Developmental roots and marital inequities. In D. J. Canary and L. Stafford (Eds.), *Communication and Relational Maintenance,* Academic Press, Ch. 10, pp. 203-229, 1994.

147) N. Shpancer, "How Your Personality Predicts Your Romantic Life," psychologytoday.com, 2016.

148) I. Schneiderman, O. Zagoory-Sharon, J. F. Leckman, R. Feldman, "Oxytocin during the initial stages of romantic attachment: Relations to couples' interactive reciprocity," *Psychoneuroendocrinology,* 8, 37, pp. 1277-1285, 2012.

149) R. Wise, "Dopamine, learning and motivation," *Nature Review Neuroscience* 5, 6, pp. 483-494.

150) G. D. Chapman, *The five love languages,* Walker Large Print, 2010.

151) K. McKinney, *The Effects of Adrenaline on Arousal and Attraction,* Scholars: McKendree University Online Journal of Undergraduate Research, 17, 2011.

152) J. A. Roberts, M. E. David, "My life has become a major distraction from my cell phone: Partner phubbing and relationship satisfaction among romantic partners," *Computers in Human Behavior,* 54, pp. 134-141, 2016. B. T. McDaniel, S. M. Coyne, "Technoference": The interference of technology in couple relationships and implications for women's personal and relational well-being," *Psychology of Popular Media Culture,* 1, 5, pp. 85-98, 2016.

153) Sherry Turkle, *Alone Together: Why We Expect More from Technology and Less From Each Other.* New York, Basic Books, 2012.

154) G. L. Grief, K. H. Deal, *Two Plus Two, Couples and their Couple friends,* Routledge, 2012.

155) Cheryl Lynn Kruse, *Couples' experiences of sacred sex/Tantra practices,* California Institute of Integral Studies ProQuest Dissertations Publishing, 2002.

156) The UK Wedding Report, 2022.

157) "A healthy sex life-at any age!" *Harvard Healthbeat Newsletter,* April 6, 2010.

158) R. M. Sapolsky, *Behave: The biology of humans at our best and worst,* Penguin Books, 2017.

159) "marriages: A recommendation for a new marital therapy called "minimal marital therapy," In W. O'Donahue and L. Krasner (Eds.), *Handbook of Psychological Skills Training: Clinical Techniques and Applications,* Ch. 13, pp. 287-305; J. M. Gottman and S. Carrere, "Why can't men and women get along? Developmental roots and marital inequities," In D.J. Canary and L. Stafford (Eds.), *Communication and Relational Maintenance,* Academic Press, Ch. 10, pp. 203-229.

160) Liora Weinbach, *The Speech code,* Beit Alim Publisher, Hebrew.

161) J. Gottman, *The seven principles for making marriage work,* Orion, 2000.

162) K. Hall, "Understanding Validation: A Way to Communicate Acceptance," psychologytoday.com, 2012.

163) M. B. Rosenberg, "Nonviolent Communication: A Language of Life: Life-Changing Tools for Healthy Relationships," PuddleDancer Press, 2015.

164) E. Ricciardi, G. Rota, L. Sani, C. Gentili, A. Gaglianese, M. Guazzelli, P. Pietrini, "How the brain heals emotional wounds: the functional neuro-anatomy of forgiveness," *Frontiers in Human Neuroscience,* 7, 839, 2013.

165) C. V. Witvliet, T. E. Ludwig, D. J. Bauer, "Please Forgive Me: Transgressors' Emotions and Physiology During Imagery of Seeking Forgiveness and Victim Responses," *Journal of Psychology and Christianity,* 21, 3, pp. 219-233, 2002.

166) Jeffrey Hall, "Humor in romantic relationships: A meta-analysis: Humor

meta-analysis," *Personal Relationships,* 24, 2, pp. 306-322, 2017.

167) John Gray, *Men Are from Mars, Women Are from Venus: a Practical Guide for Improving Communication and Getting What You Want in Your Relationships.* New York, NY: HarperCollins, 1992.

168) M. Gershoni, S. Pietrokovski, "The landscape of sex-differential transcriptome and its consequent selection in human adults," *BMC Biology,* 15, 7, 2017.

169) L. Brizendine, *The female brain.* New York, Morgan Road Books, 2006.

170) R. A. Palombit, Infanticide as sexual conflict: coevolution of male strategies and female counterstrategies, *Cold Spring Harbor Perspect Biology,* 7, 6, 2015.

171) R. M. Sapolsky, *Why Zebras Don't Get Ulcers: The Acclaimed Guide to Stress, Stress-Related Diseases and Coping,* Holt Paperbacks, 2004.

172) S. Gelstein, Y. Yeshurun, L. Rozenkrantz, S. Shushan, I. Frumin, Y. Roth, N. Sobel, "Human Tears Contain a Chemosignal," *Science,* 6014, 331, pp. 226-30, 2011.

173) E. Hoekzema, E. Barba-Müller, C. Pozzobon, M. Picado, F. Lucco, D. García-García, J. C. Soliva, A. Tobeña, M. Desco, E. A. Crone, A. Ballesteros, S. Carmona, O. Vilarroya, "Pregnancy leads to long-lasting changes in human brain structure," *Nature Neuroscience,* 20, pp. 287-296, 2017.